JN109831

国際安全保障がわかる
ブックガイド

赤木完爾
国際安全保障学会 ^{編著}

慶應義塾大学出版会

刊行にあたって

「ポスト冷戦」と呼ばれた時代が終わり、大国間競争への回帰が顕著になった今日、国際安全保障の様々なテーマへの関心は、限られた専門家の一群を超えて、広がり深まっている。しかしながら安全保障の問題は、我々の日常生活とは決定的に縁遠く、理解も難しいとのイメージが広く持たれていることも否定できない。さらに関係する諸問題を理解しようとすると、雑多な事実との格闘にもなりかねない難しさがあり、多くの人々にとっては、どこから手をつけるか、躊躇することもしばしばであろう。

けれども私は、むしろ問題が難しいがゆえに、関心を持ったところから気軽に出発することが重要だと考えている。そのための特色のある文献案内の必要を常日頃から感じていた。安全保障研究で展開される議論は、少し考えればやや高級な常識であることが多く、自分に関心のあるところから始めて、疑問にぶつかる度に、それについての考えるヒントを見つけることができれば、自ずと理解は深まっていく。獲得した知識も整序されながら徐々に広がっていく。本書は、初学者に様々な視角から安全保障を考えるきっかけとなる手引きをめざして企画した。

このブックガイドは国際安全保障学会の創立50年を記念して編纂された。国際安全保障学会は、1973年に防衛学会として誕生し、2000（平成12）年に国際安全保障学会と改称し、今日に至っている。発足以来、日本で唯一の軍事・安全保障の研究に焦点を当てた学術研究団体として活動していたが、2000年以降は、その中核的な研究領域に加えて、非伝統的な安全保障問題（紛争予防、テロリズム、サイバー、環境など）にも関心の幅を広げて、複雑化する課題に取り組んできた。

国際安全保障研究には、学問分野として確立された領域が存在せず、問題や課題が存在するのみであるとの見解がある。もちろん安全保障研究は、そもそも戦争と平和の研究からはじまった国際政治学と、戦争や紛争をめぐる歴史研究に、もっとも類縁関係が深い分野であろう。けれども同時代の喫緊の課題を取り扱うに際しては、研究がすぐれて学際的な取り組みを必要としていることも、また論を俟たないところである。

編纂にあたっては、2023年の春に神谷万丈副会長を委員長とする出版企画委員会を学会の第8期役員を中心に組織し執筆を依頼した。結果としてはほぼ問題なく、現代の安全保障研究を網羅するような手引きとなった。なお種々の事情から、執筆を辞退された方もあることを記しておきたい。本書で取り上げた書籍には、すでに新刊書としては入手困難なものも含まれていることをお断りしておく。また邦訳の出ていない外国語の書籍は取り上げなかった。

　出版企画委員としてお力添えをいただいたのは神谷万丈委員長はじめ、以下の委員の方々である。村田晃嗣、足立研幾、岩間陽子、楠綾子、千々和泰明、細谷雄一、久保田徳仁、板山真弓（順不同、敬称略）。

　このうち、ことに久保田徳仁氏および板山真弓氏には、学会側で編集実務を担当する様々な局面において、絶大なご尽力を頂戴した。記して厚く御礼を申し上げたい。

　さらにあまり例のない、多人数の執筆する書籍の出版を引き受けていただいた慶應義塾大学出版会、ならびに編集を担当していただいた乗みどり氏に感謝申し上げたい。加えて、縁あってブックデザインを担当していただいた竹田壮一朗氏にも感謝申し上げたい。学会誌『国際安全保障』の表紙も彼の作品である。

　私どもの学会が編纂した書籍としては、本書は2冊目である。防衛学会時代の1980年に学会は朝雲新聞社から『国防用語辞典』を刊行している。類書がなかった時代に重宝した思い出があるが、このブックガイドが国際安全保障に関心を持っている、あるいは持ちつつある人々に、出発点として長く受け入れられることを願っている。

　2023年12月

国際安全保障学会会長　赤木完爾

目　次

V　国際問題——現状と展望

VI　戦争論・戦略論・戦争研究・地政学・軍隊

XI　テキスト　基本図書

Ⅰ　古　典

『三国志演義』全4冊（井波律子訳）講談社（講談社学術文庫）、2014年

背景・概要

　中国の歴史小説で、作者は羅漢中と言われ、14世紀末〜15世紀初に成立したと考えられている。あまりに有名で、知らない人はいないだろう。2〜3世紀、後漢が混乱の末に滅び、魏蜀呉の三国は外交、軍事、経済と文化を組み合わせたハイブリッド戦争（平和と戦争の境界はあいまい）を戦った。『三国志演義』は後漢から三国時代の権謀術数や人間ドラマを描き、今では漫画やゲームにもなっている。しかし、『三国志演義』と『三国志』の違いを知らない人も多い。違いを知っている人は、『三国志演義』はちゃんとした歴史書ではないとして、下に見ることがある。確かに虚構と事実は区別すべきで、歴史学の手法習得は、ハイブリッド戦の一部である認知戦を戦うには必須である。認知戦の要の一つは、「真実」と「偽情報」を見分けることとされ、その基本手法は歴史学とインテリジェンスでほぼ共通である。だから、歴史学を軽視するインテリジェンスはそれなりのツケを払うことになる。

　一方、小説は認知戦の手段であるだけでなく、相手の心理、特に本音を知る重要な手がかりの一つである。『三国志演義』は、中国でも表向きはハイブリッド戦、本音ではライバル打倒の実例集・参考書と見なされ、読み継がれてきた。

推奨ポイント

　『三国志演義』には、中国の思考や行動の基本的なパターン、たとえばお互いを読み合う交渉の手法、紛争や闘争の策略、指導者がやってしまいがちな失策、また本音と建前の使い分けなどについて、エッセンスがたくさんつまっている。

　一般に、安全保障の研究にはリアリズムの理解が不可欠とされ、そのリアリズムの理解には古代ギリシア・ローマ、東ローマやルネサンス期イタリアのものに代表される西洋古典などとともに、中国の古典がベースになる。この中で、『孫子』、『六韜三略』、『管子』や『韓非子』はやや敷居が高いかもしれないが、『三国志演義』はそういうことがほとんどなく、読みやすく、楽しめる。

　例を挙げれば、「韜光養晦」（才能を隠して実力を蓄える）がある。すでに大きな勢力のトップに立っていた曹操は、まだ頭角を表していなかった劉備を警戒し、

宴会を口実に家に呼びつけて殺そうとした時、危機に気づいた劉備がちょうどその時にとどろいた雷鳴に心底おびえたふりをして、曹操を騙し、なんとか逃げおおせた。後に劉備は蜀に政権を打ち立て、曹操の強力なライバルとなった。このように「韜光養晦」には、真意を隠して時機を待つ、という意味合いがある。

　中国では『三国志演義』は非常に広く読まれているので、1989年の天安門事件や1991年のソ連崩壊後、鄧小平が「目立たないようにしろ」、江沢民が「実力をひけらかすな」とそれぞれ言えば、説明が全くなくとも周囲は指導者の本当の狙いを簡単に推測できたであろう。

　天安門事件後に誰もが尻込みする中、名目上の最高指導者にさせられた江沢民は、彼を軽んじる党や軍の長老たちにいうことを聞かせるには鄧小平の威光に頼るほかなかった。国防費の増大もこのころから始まるが、それは国際情勢への対応よりも、江沢民が軍を味方につけるためだったと考えられる。まさに『三国志演義』の世界の論理である。

　江沢民や胡錦濤の政権期（1989〜2002年、2002〜2012年）の中国は、鄧小平が決めたとされる「韜光養晦」の方針下、低姿勢で目立たず、「改革開放」を続けて実力を蓄えていた。「韜光養晦」がいつまで続くのかをめぐり、多くの人が中国の低姿勢はずっと続き、アメリカ主導の国際秩序に順応していくと期待していた。しかし、胡錦濤政権期から中国は自信をつけ徐々に態度が変わった。2012年に成立した習近平政権は、ほどなくして「韜光養晦」から大国外交に大きく舵を切り、「威圧」行動が目立つようになった。

　この変化の背景は、日本の長期停滞、リーマン危機、アフガニスタン情勢の泥沼化やクリミア併合の事実上の黙認など西側諸国のオウンゴールだけでなく、中国の国力の明らかな増大を基礎とし、状況が有利と見えてきてもともと習近平が持っていた願望を実現しようとしたことなどが重なりあっていたことがある。

　さらに、中台統一戦略の本音と建前の交錯、ロシア・ウクライナ戦争に対する多様な評価、パワーバランスに関する認識のブレ、国力の長期的趨勢についての異なる見方、習近平の権力の強さと弱さ、最高指導者一人が果たせる役割、習近平への「忖度」の影響や争いの結果の意外さ（三国は魏に仕えていた司馬氏に統一され晋となった）などを総合して考える上で特に参考になる。この問題設定の段階で大きく間違えると、その後に展開する議論は説得力を失う。『三国志演義』を読めば、そのリスクを小さくすると期待できる。翻訳は井波律子訳が読みやすい。（浅野亮）

『新訂 孫子』（金谷治訳注）岩波書店（岩波文庫）、2000年

背景・概要

『孫子』が執筆され始めたと考えられる春秋時代（前770～前403年）は、氏族的封建秩序が漸次崩壊していく過程と捉えられている。都市国家の連合体であった周の封建的支配が失われ、諸侯間の争いや非漢族の中国侵入が著しくなる一方、都市国家から領域国家へ変貌を重ねた有力国家が「春秋の五覇」と総称されるようになった。鉄製農具や貨幣が出現したのも春秋時代で、社会経済上の発展も著しかった。司馬遷（前145～前86年？）の『史記』に記された2人の孫子のうちの一人、孫武（前6世紀頃）は春秋時代に呉王闔廬に実力を認められて将軍となった。

戦国時代（前403～前221年）は、中国統一が形成される過程期である。周の権威は失墜して有力諸侯（戦国の七雄）が王を称し、農業生産の増大や貨幣経済の出現を背景に集権的富国強兵策をとって覇を争った。『史記』に名を刻むいま一人の孫子、孫臏は戦国時代に斉の軍師として活躍した。『孫子』の形成には諸説あったが、新たな史料出土に伴う研究の進展により、現在では孫武を祖とし、孫臏も含めた孫氏学派により加筆・整理されたとする説が有力となっている（渡邉、2022）。

戦争の形態も社会とともに大きく変化した。周代から春秋時代の中原（黄河流域）で諸侯間が戦った戦争は戦車戦で、様式が重視されていた。民衆は軍隊に参加できなかったため、動員できる兵力に限界があった。ところが、孫武が用いられた呉は長江下流域に位置する非漢族の国家で、周の封建制に基づく身分制度が確立しなかったため、民衆も武装して兵士として戦争に参加できたので動員数も格段に増加した。さらに、呉が湖沼地帯に位置していたために歩兵が軍の主力を占めた。歩兵部隊は地形上の制約を受けにくく、奇襲や待ち伏せ攻撃などが可能で、戦術上の選択肢が格段に増えた。その結果、戦略的にも戦術的にも「詭道」が各国で重視されるようになっていった（浅野、1997）。

推奨ポイント

『孫子』が20世紀を代表する軍事戦略家に与えた影響は大きい。中国文明の中

で成立し育まれた『孫子』の戦略が、20世紀の中国を代表する知識人の一人であり、一流の軍事戦略家でもあった毛沢東に引き継がれたことは不思議ではなかろう。例えば「彼れを知りて己れを知れば、百戦して殆うからず」（謀攻篇）は毛沢東も引用している。有利な状況でなければ行動しない（火攻篇）なども、抗日戦争期のゲリラ戦遂行時にほぼ徹底された。「間接アプローチ戦略」で知られるイギリスの戦略思想家リデルハートも『孫子』の影響を受けた一人である。彼は『戦略論』（1967年）の冒頭で自らの考えを体現する18個の金言を選んでいるが、12個が『孫子』からの引用である。

　また、台湾問題を考察する際に『孫子』の数々の指摘は傾聴に値する。習近平は自分の代で台湾問題を解決し、鄧小平を凌駕して毛沢東に比肩する地位に上ろうとしていると見られている。中国の台湾問題解決の方針は米中国交正常化以後「平和統一」が原則だが、台湾に「戦って勝てる」解放軍を見せつけて、台湾住民に無力感を与えて「平和統一」交渉につかせること、つまり「戦わずして勝つ」を狙っていると思われる。これは『孫子』の「戦わずして人の兵を屈するは善の善なる者なり」（謀攻篇）に通じる。その一方で、中国は台湾に対する武力行使も放棄していない。『孫子』は実力や士気の高さを偽装すること、敵陣営の分裂を図ること、敵の意思をコントロールすることの重要性を挙げる。これは認知戦に通じる考え方である。遠征軍への補給、彼我の戦争遂行能力に関する冷徹な分析、偵察等の敵情分析の重要性、敵国の外交関係毀損、戦争が国家財政にかける負担といった指摘も、現代の戦争においては重要対処事項である。

『孫子』は普遍的な記述内容であることに加え、兵書でありながら戦争だけでなく、老荘思想を加味した哲学性を内包し、外交や財政、国民や兵士の心理など広範な分野をカバーしている。『孫子』が現代まで読み継がれてきた理由はそこであろう。だが、現代中国の人口、面積、経済、軍隊の規模は巨大であり、最高指導者が国内で揮う権力は強大である。そのため、指導部に適切な判断材料が届かなかったり、指導者が自ら任命した将官を信用できなくなったりもありうる。中国共産党と解放軍の関係は、『孫子』の君臣関係の理想を体現できていない。また、『孫子』では戦争について慎重に判断することを君主に訴えているが、現代中国の指導者も、慎重な判断を下せる体制にあるとは言い難いだろう。

　なお、『孫子』は多くの翻訳や概説書が出版されているが、本書以外に学術的に信頼度が高く入手しやすいものとして、浅野裕一『孫子』（講談社学術文庫、1997年）、渡邉義浩『孫子──「兵法の神髄」を読む』（中公新書、2022年）がある。（門間理良）

トゥキュディデス『戦史』（久保正彰訳）中央公論新社（中公クラシックス）、2013年

背景・概要

　本書は、古代ギリシア世界を二分して、アテナイとスパルタとが各々の同盟都市を率いて激突したペロポネソス戦争（紀元前431〜404年）をトゥキュディデスが叙述した歴史である。トゥキュディデスは名門出身のアテナイ市民で、ペロポネソス戦争中に数度軍役を経験し、ある遠征の失敗の責任を問われて20年間アテナイを追放されてもいる。彼は戦争が始まると叙述に着手したが、それは前411年で終わり未完である。全8巻917章からなる『戦史』は、トゥキュディデスが事柄の一つ一つについて、できるだけ正確に検討を加えて、戦局の推移、戦闘の実相、内乱、政治演説、当事者の行動における心理などを織り込み叙述を展開している。さらに過去の出来事に関して因果関係を解明しようと試みたことは画期的である。歴史と歴史学のはじまりと指摘されるゆえんである。

　本書を含め、ギリシア・ローマの古典を学ぶことは、北米のリベラルアーツ教育できわめて重視されている伝統である。将来有為の人材たるべき人びとの精神的支柱を形成することがその目的であるが、このためトゥキュディデスのような古典の影響は、国際政治理論に対するそれを超えて広範なものがある。

推奨ポイント

　現代の国際政治理論におけるリアリズムは、トゥキュディデスに源を発する。

　その第一は、ペロポネソス戦争の原因は、新興勢力アテナイの力の急速な増大に対して、スパルタが不安を抱いたところから始まるという議論である。国際政治学者のギルピン（Robert Gilpin）は次のように要約する。大戦争や覇権を争う戦争は、病気のように識別できる再発の経過をたどる。初期の段階は、比較的安定した国際システムであり、一つの覇権的なパワーによって諸国家の階層的秩序が作られている。やがて、下位に従属する一国家のパワーが不均衡に増大し始める。このような事態が起こると、その国家は覇権国家と対立するようになる。覇権を争うこれらの国家間の闘争と、それぞれの同盟関係の累積は、システムの二極化をもたらす。こうした二極化が起こると、システムはますます不安定になり、小さな出来事が危機を引き起こし、大きな紛争を誘発する。

　たとえば19世紀末からの英独間の敵意の発生も、近時における米中対立の激

化もこうした考え方からの理解となる。ただし最近の「トゥキュディデスの罠」の議論は、いささか表面的理解にとどまっている印象を禁じ得ない。

　第二に、筆者の経験では現代のリアリストの多くは、トゥキュディデスの歴史を戦略や同盟、そしてそれらがパワーと利益を考慮することによっていかに形成されるか、あるいは形成されるべきかについての入門書として読んでいる。このため北米の国際政治論の入門コースでは抜粋された「メロス人との対話」が必読となっていることが多い。トゥキュディデスは、今日われわれが外交政策と呼ぶものをより陰影深く理解し、影響力を主として心理的な現象として理解していた。巻二から巻五は、アテナイの影響力の基盤の変化に関する鋭い分析として読むことができ、軍事力とその示威への過度の依存がいかに影響力を蝕み、帝国の存続をますます困難なものにしていったかを明らかにしている。アテナイの長期的衰微が静かに進行しつつあったことの延長線上に「メロス人との対話」を読むと、その残酷なリアリズムの背後に焦りをみることができる。

　前416年アテナイはメロス島の攻撃を始めた。メロス島市民はスパルタから植民していたが、アテナイの支配に服することを好まず、開戦当初はいずれの陣営にも属さず中立を保っていた。そこにアテナイが同盟参加を強要しようとし、攻撃を加え交戦状態に入っていた。本格的攻撃の前に、アテナイの使節はメロス人代表と談判する。正義と名誉を提起するメロス人に対して「この世で通ずる理屈によれば正義か否かは彼我の勢力伯仲のときさだめがつくもの、強者と弱者のあいだでは、強者がいかに大をなしえ、弱きがいかに小なる譲歩をもって脱しうるか、その可能性しか問題となりえないのだ」と応酬した。アテナイの酷薄なリアリズムである。ちなみに戦わずして自由を放棄することはできないと交戦を選んだメロス人はアテナイの攻撃の前に滅亡した。捕らえられたメロス人青年男子は全員殺害され、婦女子供は奴隷となった。

　国際政治において正義を語るにはパワーが必要であることの指摘として、このアテナイの主張を読むこともできるだろう。1895年の三国干渉を顧みて「要するに兵力の後援なき外交は如何なる正理に根拠するも、その終極に至りて失敗を免れざることあり」と記した陸奥宗光（『蹇蹇録』）も同じ状況を見ていたのである。

　トゥキュディデスの安全保障問題への関連性を強く意識して展開された議論に土山實男『安全保障の国際政治学——焦りと傲り』第2版（有斐閣、2014年）がある。トゥキュディデスの著作は『戦史』の書名で岩波文庫、『歴史』の書名でちくま学芸文庫と京都大学学術出版会から刊行されている。（赤木完爾）

カール・フォン・クラウゼヴィッツ『戦争論』全2冊（清水多吉訳）中央公論新社（中公文庫）、2001年

Clausewitz, Carl von. *Vom Kriege*. Berlin: Verlag des Minsteriums für Nationale Verteidigug, 1957.

背景・概要

　カール・フォン・クラウゼヴィッツはプロイセン（ドイツ）の軍人・戦略思想家である。主著である『戦争論』など研究業績は、死後、遺族により刊行された遺稿集に収録された。ある国際政治学者は、クラウゼヴィッツを「最高の戦略思想家どころか唯一の戦略思想家」と評している。『戦争論』は未完であったため、本当にその内容が著者の意図通りに整理されているか疑わしく、また、その記述には多くの矛盾が残されている。だが同時に、クラウゼヴィッツの死後に発見された『戦争論』執筆に関する「方針（覚え書）」を手掛りにすれば、著者が同書を執筆した意図をある程度理解できる。「方針」に示されたように、クラウゼヴィッツは『戦争論』で、戦争には二種類の理念型が存在すること、そして、戦争は他の手段を用いて継続される政治的交渉に他ならないという二つの問題意識の下、「戦争における諸般の現象の本質を究明し、これらの現象とそれを構成している種々の要素の性質との関係を示そう」とした。

推奨ポイント

　クラウゼヴィッツは戦争の本質を「拡大された決闘」と捉える。戦争は一種の強力行為であり、その旨とするところは相手に自らの意志を強制することである。戦争は常に生きた「力」の衝突であるため、理論的には相互作用——エスカレーション——が生じるのは不可避であり、それは必ず極限にまで到達するはずであった。こうした論理から、著者は戦争の理念型、「絶対戦争」を導き出した。だが同時にクラウゼヴィッツは、戦争がそれ自体で独立した事象でない事実も認識しており、戦争には現実における修正、「真の戦争」あるいは「制限戦争」が生まれると指摘した。これが、クラウゼヴィッツによる二種類の戦争の理念型、理論上の「絶対戦争」と現実における「制限戦争（真の戦争）」である。『戦争論』で示された著者の戦争観には、「摩擦」など、他にも特筆に価するものが多数含まれているが、その中でも政治と戦争の関係性に注目する際に重要視される思想として、著者が戦争を政治の文脈の中に組み入れて議論した事実が挙げられる。クラウゼヴィッツによれば、戦争は政治的行為であるばかりでなく政治の道具であり、敵・味方の政治的交渉の継続に過ぎず、外交とは異なる手段を用

いてこの政治的交渉を遂行する行為である。著者の論理に従えば、当然、政治的意図が常に「目的」の位置にあり、戦争はその「手段」に過ぎない。また、そうであるからこそ、この政治の役割が、理論的には「絶対戦争」という極限を目指すはずの戦争を抑制できる最も重要な要因とされるのであった。クラウゼヴィッツが『戦争論』で「戦争がそれ自身の文法を有することは言うまでもない。しかしながら、戦争はそれ自身の論理を持つものではない」と述べたのは、この戦争の政治性に注目した結果である。今日、人々が「戦争とは何か」について思いをめぐらせる際、考察の出発点として言及されるのがクラウゼヴィッツの戦争観である。ここに、『戦争論』の普遍性が示されている。加えて、今日の世界はクラウゼヴィッツの戦争観のパラダイム下にある。具体的には、「核との共存の時代」と「民主主義社会の時代」において、核兵器との共存の必要性が戦争に対する政治（家）の役割を認識させ、民主主義という政体の地球規模の広がりが、文民統制（シビリアン・コントロール）という政軍関係のあり方を規定し、政治（家）の役割を高めた。

　もちろん、クラウゼヴィッツの戦争観に対しては、多くの批判が寄せられている。第一に『戦争論』の刊行当時から指摘されてきた問題として、その記述が戦いに集中し過ぎ、奇計や奇襲さらには情報の価値を軽視、補給や整備といった側面を軽視、海上での戦いに関する言及がない、戦争の倫理性を無視、などが挙げられる。第二に同書の核心とされる戦争は政治の継続であるとの戦争観に対する批判であり、ある歴史家は戦争をより広範な「文化」の継続として、別の歴史家は「スポーツ」の継続として捉えた。戦争は政治の「破綻」であるとの反論も存在する。近年では、著者は戦争の政治性を渋々ながら認めたに過ぎなかったとも指摘されている。第三に残念ながら『戦争論』は多々乱用あるいは誤用されてきた。「『戦争論』はしばしば引用されるが、殆ど読まれていない」との皮肉な言説が存在するほどである。偉大な思想家の宿命と言うべきか。近年、カール・マルクスが「再発見」されたのと同様、クラウゼヴィッツもまた「再発見」され「再評価」された。1980年代のアメリカを中心とした「クラウゼヴィッツ・ルネサンス」はその一例に過ぎず、マイケル・ハワードに代表される20世紀の著名な戦略思想家は、著者の戦争観のごく一部を取り上げ、それを過度に強調したのである。

　こうした事実を踏まえてもなお、『戦争論』には読む価値がある。今日「新しい戦争」の登場と共に『戦争論』の有用性が疑問視される一方、同書で示されたクラウゼヴィッツの戦争観は、戦争と平和といった根源的な問題について考える上でいまだに示唆に富む手掛かりを提示している。（石津朋之）

『マハン海上権力論集』（麻田貞雄編・訳）講談社（講談社学術文庫）、2010年

背景・概要

　世界の歴史を海洋支配という観点から捉えたマハン（Alfred Thayer Mahan）は「海上権力（シーパワー）」という概念を創作し、大国発展の陰にシーパワーありと唱えた。しかし、マハンの著作は多岐にわたり、主張は時代とともに微妙に変化を遂げ、また難解なものが多かった。さらに問題なのは、マハン自身がシーパワーという概念を明確に定義することなく、議論を進めた事であった。

　麻田はこの難題に正面から挑み、膨大なマハンの著作を分析し、マハン研究の中心である米海軍大学にも２度足を運び、専門家との意見交換等を経て本作品を上梓した。本書は1977年、研究社出版株式会社から刊行された「アメリカ古典文庫8　アルフレッド・T・マハン」をもとに、21世紀における中国の海洋進出等、最近の世界情勢を踏まえた上で、シーパワー論のエッセンスを理解するのに最適なマハンの論考7本を抜粋・翻訳した上、麻田が解説等を加筆して、再編集したものである。

推奨ポイント

　麻田は「文庫本まえがき」で、「第二次世界大戦後、世界の戦略理論は核兵器を中心に回転するようになるが、そこでもマハンの海上権力論はその重要性を失うことはなかった。米ソ冷戦下にあってマハン理論を忠実に実行しようとしたのはソ連海軍であった。そして冷戦の終焉後、ソ連にとってかわり、『中国のマハン』と呼ばれる指導者のもと外洋海軍を強化した中国が、21世紀の到来とともに太平洋におけるアメリカの優位に挑戦し始めている。このように見てくると、120年を経た今日においても、マハンの海上権力論は国際的な有用性を失うどころか、いよいよ重要性を増しているといえるだろう。」と、シーパワー論の現代的意義を説く。

　その上で、最初にマハンの主要な著作や経歴、影響を受けた各国の戦略等をまとめ、「解説　歴史に及ぼしたマハンの影響——海上権力論と海外膨張論」が付されている。マハンの難解な著作を順次読破する事なく、この章だけでマハン理論のエッセンスは理解できるという、初学者にとってはありがたい解題である。

まず「『海上権力史論』の誕生」とサブタイトルを付し、シーパワー論の重要な概念を説明する。シーパワーに影響を及ぼす条件として、(1) 地理的位置、(2) 地勢的形態、(3) 領土の規模、(4) 人口（総数ではなく、有事に海軍力に転換しうる人的資源）、(5) 国民性（通商適性、起業家精神、冒険心）、(6) 政府の性格、の6要素を挙げる。カルタゴを破ってローマ発展の礎を築いたスキピオ、ナポレオン戦争で英国勝利の立役者となったウェリントン、この両者に共通するのは勝者の側に海の支配があったという事実であり、過去の歴史家はそのことに言及しなかったとマハンは主張する。歴史を考察するにあたり、海洋からの視点が重要であり、海洋国家発展のための「連鎖」として「生産、海運、植民地」を挙げ、世人の注目を引くように「シーパワー（海上権力）」というキャッチフレーズを広めたという。

　次に麻田は地政学的視点に焦点を当てる。1890年代、米対外政策の大御所的存在となったマハンの『海軍軍備充実論』等を紹介しつつ、対外膨張政策に関する議論に移る。第一に大陸国家と海洋国家群との対立を軸として世界政治を捉える観点、権力政治（勢力均衡）に基づく視点、さらにはアジアの問題を論ずるにキリスト教を中心とする宗教観に基づくマハンの様々な議論を解明する。

　そしてマハン理論のわが国への影響への分析に進む。秋山真之はマハンの直弟子であるが、マハンの所説を金科玉条とはせず、批判的に取り入れ独自の兵学を編み出したと評価する。マハン理論を日本の地政学的・戦略的状況に適合させ、独自の海洋国防ドクトリンとしたのが佐藤鉄太郎であった。佐藤はマハンの説く制海権、集中、艦隊決戦、攻勢等のドクトリンを学んだとされる。戦備と予算をめぐる陸海軍の対立が太平洋戦争まで続いたことは、「いかなる国といえども海軍大国であると同時に陸軍大国でもあることは不可能である」というマハンの警告を無視した致命的な過誤であると総括している。第二次世界大戦後、冷戦期ソ連について英国海軍史家がマハン理論の適用に最も忠実なのはソ連に見えるとの分析や、米海軍関係者の「あまりにマハン的だ」との批判に「そのどこが悪い」と反問したゴルシコフ元帥の発言を引用し、ソ連海軍拡張政策の背景にマハン理論の利用があったとする。中国に関しても、「中国のマハン」と異名をとる劉華清提督を紹介し、外洋進出の陰にマハンの影響を読み解く。解説の後には、マハンの主要作品の抄訳7本が続く構成となっている。

　本書は、以上のように海洋戦略や大国興亡の歴史、国際関係や安全保障の本質を考えるには、海からの視点が不可欠であることを、マハンの抄訳と簡潔明瞭な解題で構成した、海洋戦略の最適入門書である。(石原敬浩)

中江兆民『三酔人経綸問答』(桑原武夫・島田虔次訳・校注)岩波書店(岩波文庫)、1965年

背景・概要

　中江兆民は明治時代を代表する思想家で、ルソーを日本に紹介するなどして「東洋のルソー」と称され、自由民権運動に理論的に多大な影響を与えた人物である。1847年土佐藩の足軽の家に生まれたが、長崎と江戸でフランス学を学び1871年にフランスに留学。帰国後東京で「仏学塾」を開きフランス思想を広めた。東京外国語学校校長や衆議院議員などを務めたこともあるが、1901年に没するまで人生の大半を在野で過ごし、『東洋自由新聞』主筆などとしてフランス流の自由主義や自由民権を説き活発な言論活動を行った。その間1887年には、藩閥政府の横暴を批判して保安条例により東京追放処分を受けたこともある。

　本書は兆民の代表作で、酒好きで政治論を好む「南海先生」のもとを、西洋の進歩的な思想を信奉する「民主家(民主主義者)」の「洋学紳士」と、戦争を避けることはできないという現実の中では日本は大陸に進出するしかないと説く「侵伐家(侵略主義者)」の「豪傑君」がヘネシーの酒を手に訪れ、日本の進むべき道を論じ合うとの体裁をとる。主たるテーマは日本の安全をいかに確保すべきかであり、日本における安全保障論議の原点と位置づけることができよう。

推奨ポイント

　国際政治や安全保障を論じるにあたって最も大切な心構えとは何か。それは、世界の現実を直視する姿勢と理想を追い求める姿勢を併せ持つことである。理想の問題に関心を向けない現実主義は、現実肯定主義に陥りかねない。一方理想主義も、現実の世界のあり方に十分な考慮を払わなければ、空虚なユートピアニズムに終ってしまう。こうした陥穽を避け、現実と理想の両方に目配りしつつ国の進路を考えるにはいかなる態度が必要か。兆民が描く三酔人の問答は、刊行から130年余を経てなお、この問題を考える上での最良のヒントを提示している。

　三酔人のうち、理想に関心のない現実主義者として描かれるのが、世界で戦争が頻発している現実と日本の弱さを前に、他国を征服して得た資源で西洋列強に対抗すべしと主張する豪傑君である。読者の中には怪訝に思う向きもあるかもしれない。従来の解釈では、西洋思想の説く進歩的な理想に心酔する洋学紳士に対

し、豪傑君は時代遅れの対外侵略を主張する国権主義者とされ、中間的立場をとる南海先生を現実主義者とみるのが普通だったからである。

　だが実は、豪傑君の世界認識はまさに、国同士の力と力がぶつかり合う権力闘争の時代という当時の国際政治の現実を反映したものであった。強者が弱者を征服するのは当然とされ、西洋列強は各地で競って植民地を獲得していた。この現実を前に、弱小国日本が近隣の衰えた大国を侵して力をつけ、列強に対抗し安全を確保するとの発想が出てくることは、決してあり得なくはなかったのである。

　だが豪傑君には、そうした世界のあり方を人間の英知により変革し理想に近づけるという思想はみられない。これに対し、人間の英知による世界の進歩を疑わず、小国日本の生き残りの道は列強に先駆けて理想の世界へとつながる英知を発揮していくことだと説くのが洋学紳士である。彼は、人類社会が専制政治から立憲君主制へ、さらには民主制へと進歩するという「政治的進化の理法」を信じ、民主制の下では民衆に戦争する道理はないという。そして弱小国日本は、即刻民主制をとって軍備を撤廃すべきだと説く。もし狂暴な国が軍備を撤廃した日本を襲っても、無抵抗を貫き「弾に当たって死ぬだけのこと」と言い切る。

　洋学紳士の理想主義は純粋で徹底している。だがそこには、世界の現実を直視する姿勢が欠如している。国家間の権力闘争が国際政治の常態であるという19世紀の現実の前では、彼の非武装論や無抵抗主義はあまりにも無力である。

　これに対し南海先生は、洋学紳士の説は未だ実現したことのない欧州の学者の頭の中の「思想上の瑞雲」、豪傑君の説は「今日ではもはや実行し得ない政治的手品」であるとしてこれらを退ける。そして、内政では立憲制の下で漸進的に民主化を進めつつ、対外的には「平和友好を原則として、国威を傷つけられないかぎり……武力をふるったり」はしないが、攻撃を受けた時には「力のかぎり抵抗」するべきことを説く。これを聞き、2人は先生らしからぬ当たり前の議論ではないかと笑ったとある。だがその言は、決して当たり前のものではなかった。

　南海先生は、日本に即座の民主化は無理であり、列強が権力闘争を繰り広げる中で日本にも軍備が必要であると説く現実主義者である。だが当時、立憲君主制の下とはいえ日本の民主化を説くことには勇気を要したことや、自衛以外は武力を用いぬとの考え方も19世紀の世界では進歩的な思想であったことを見過ごしてはならない。三酔人の主張の中で最も説得的であると評されることの多い先生の議論には、こうした理想主義の要素もまた色濃く反映されているのである。

　本書は短く現代語訳は読みやすい。三酔人の宴に加わったつもりで日本の今後に思いをはせることから安全保障の学習を始めるのも一興であろう。（神谷万丈）

アレクシ・ド・トクヴィル『アメリカのデモクラシー』全4冊（松本礼二訳）岩波書店（岩波文庫）、2005年

Tocqueville, Alexis de. *De la démocratie en Amérique, t. 1, 2.* Paris: Michel Lévy, 1835, 1840.

背景・概要

　そこではフランスのような階級社会がなく、イギリスのような王制もなく、共和制があった。その社会では平等が原則となり、デモクラシー（以下、民主主義）が大いに発展していた。ときに1831年、フランス革命を経てナポレオン戦争敗戦後、王政に戻ったフランス人は、行政制度の視察のために訪れたアメリカをこのように達観した。世界で民主主義国がまだ数えるほどだったころ、民主主義のファーストランナーたるアメリカ社会を冷静に観察した最初の書が世に出た。

　アメリカは1776年に独立を宣言したものの、宗主国イギリスとの独立戦争を終えたのは1783年であった。本書は、独立後約50年を経て新しい共和国として発展したアメリカをフランス人思想家トクヴィルが9カ月かけて旅した視点から綴ったものである。当時のアメリカは、人口が1200万人あまりに過ぎず、首都ワシントンは未だ整備中でその人口は数万人にとどまり、大国の気概も実力もない。なおトクヴィル自身は貴族出身であり、大臣、裁判官、政治家をフランスで歴任している。

推奨ポイント

　本書が政治思想史の古典であることは言を俟たないが、民主主義を唱道する大国となったアメリカの本質を理解するうえでも必須の書である。

　アメリカは移民が造った国である。大西洋を渡り米州に植民した者たちはみな、民主主義の萌芽を持っていたといえる。その理由は2つある。第一に、多くの植民者は欧州を捨てたときに「貧困と不幸」という運命的平等にあった。第二に、米州の広大な土地を眼前にしつつ、苛烈な風土で開墾が必要であり、当初は耕作者自身が所有する程度の広さの土地しか利用できなかった。それゆえ欧州のような土地所有に基づく貴族制が入り込む余地がなかったためである（ただしアメリカ南部では事情は異なる）。さらにピューリタンのニューイングランドの荒野への移住成功は、未だ封建社会の影響が残るイギリスから中産階級を脱出させ、階級なき民主主義の政治的基盤をアメリカに拡げることとなった。ニューイングランドの植民地は宗主国の知らぬ間に発展し、その間、権力の源泉はイギリスで

はなく自らにあった。本書は、こうした建国の前史を丹念に拾うことで、歴史書が陥りがちな特定の偉人の努力にアメリカの民主主義の成功を帰するのではなく、主体の歴史的特徴に成功の理由を見出すのが本書の第一の魅力である。

　第二に、本書はアメリカの法制度・社会制度の特徴を観察し、そこに民主主義の土壌をみる。独立前のニューイングランドでは、人民の公務への関与、課税をめぐる自由投票、権力行使者の責任等、当時の欧州では類まれな立憲的な政治体制がすでに進んでいた。財産の長子相続により土地所有の固定化がなされる欧州の貴族制と異なり、アメリカでは均等相続が早くから普及しそのため土地＝家の観念が薄い。それは経済的格差を一定に収め、初等教育を普及させた。また国民が選挙権の納税条件に一度手をつけると、遅速の差はあれ、いずれ完全に撤廃してしまうことをトクヴィルは予見する。なぜなら新たな譲歩を重ねるたびに、民主主義の力が増大しその要求も新たな力とともに一層拡大し、いずれ普通選挙に至るためである。この民主主義の政治文化として、結社も増えることとなる。アメリカ旅行の後イギリスを訪問したトクヴィルはこう語る。「イギリス人は非常に大仕事を一人で行うのに対し、アメリカ人はどんなに小さな事業にも団体をつくる」。民主的な国民は誰もが独立すると同時に無力となることに、英米の違いの要因を見出す。たとえば、酒害に対して節酒を求める結社がなぜアメリカに存在するのか。産業上の結社にとどまらず、知的精神的結社の存在に本書は着眼する。

　第三に、本書でトクヴィルは、アメリカでは連邦政府という形態が最後に現れるが、それは共和制の一つの修正に過ぎないと看破する。アメリカ社会を律する政治的諸原理は州に生まれ育った。州の中では、タウンやカウンティ（郡）が住民による政治と行政の場となっている。ただし南に下るにつれて地域自治が活発でなくなることにトクヴィルは気づく。

　本書に通底するのは、保守思想家トクヴィルの民主主義に対する冷徹な批判的観察である。民主主義では主権者である人民が、指導されたいという欲求と、自由でいたいという欲望という対立する情熱にとらわれ人民主権と中央集権を両立させることになる。民主主義には市民の幸福に尽くす代理人・後見人が必要であり、それは唯一の代理者、無二の決裁者であろうとする。集権化が進むと、抑圧や専制が現れると予見する。それは、ローマ皇帝と異なり人に苦痛を与えはしないだろうが、人の品性を卑しくするであろう、と読者に警鐘を鳴らす。本書の慧眼は、意見表明の媒体を人民が平等に獲得した結果、民主主義が過剰となった一方で強い指導者の登場を望むという、数世紀後の民主主義の未来を言い当てていることにも現れている。（宮脇昇）

ジークムント・フロイト『人はなぜ戦争をするのか──エロスとタナトス』
（中山元訳）光文社（古典新訳文庫）、2008 年

Freud, Sigmund. "Warum Krieg?" (1932) , u.a., *Gesammelte Werke, chronologisch geordnet.* London: Imago Publishing, 1940, 1946, 1950.

背景・概要

　2022 年 2 月、ロシアによる侵略をきっかけに起きたウクライナ戦争は、21 世紀の現代でも国際社会は戦争とは無縁ではないことを印象づけた。大国が隣国を蹂躙する侵略戦争などもはや歴史学の研究対象でしかないと誰もが思い込んでいた。古代アテナイの歴史家、トゥキュディデスが残した「平和は戦争への準備期間に過ぎない」という格言は今、現代社会に重くのしかかっている。

　過去、多くの賢者たちは「なぜ戦争は起きるのか」「どうすれば戦争はなくせるのか」という、この壮大なテーマに取り組んできた。

　1932 年、第二次世界大戦の兆しが見え始めた頃、このテーマに取り組んだ二人の著名な学者がいた。20 世紀最高の知識人といってもよい物理学者のアルバート・アインシュタイン（当時 53 歳）と精神医学者のジークムント・フロイト（当時 76 歳）であった。この二人は書簡を通じて互いの意見を交換することで共にこの問題に取り組んだ。

　書簡ではアインシュタインがフロイトに「人間を戦争というくびきから解き放つことはできるのでしょうか」と、問いかけることから始まった。フロイトは、戦争の起きる根本的な原因は政治や社会にあるのではなく、人間の心の奥底に眠る本能にあることを指摘し、戦争のない社会の実現は難しいことを強調した。

　すでに古典となった本書は、戦争の時代を生きる我々にとって今なお多くの示唆を与えてくれる名著である。

推奨ポイント

　本書はフロイトがアインシュタインと交わした往復書簡から始まり、第一次世界大戦以後、ふたたび大きな戦争の足音が聞こえてくる中で、フロイトが人間の破壊的欲望を分析した一連の理論書を集めたものである。

　フロイトは人間の持つ特定の行動に駆り立てる無意識の衝動を精神医学の用語を用いて、「欲動」と呼んだ。彼は、人間が憎悪によって破壊的な衝動に駆られるのは二つの「欲動」が関係していると指摘した。一つは自分の健康や心の平穏を維持しようとする愛の欲動であり、フロイトはこれを「エロス」と呼んだ。もう一つは相手を破壊し、殺害しようとする「破壊的欲動」で、「タナトス」と呼

んだ。

　ただし、フロイトによれば、この二つは別に存在しているのではなく、人間の心の中で深く結びついている。それぞれの欲動は同質のものであり、その欲動が向けられている方向性に違いがあるだけで、他人を慈しみ、思いやる良心は時に破壊や攻撃の衝動に変化する。逆に他人を傷つけようとする攻撃性は自分自身に向かえば、自分自身の本能的な行動を抑制する良心に変貌する。

　つまり、人間の持つエロスもタナトスも本質的にはベクトルが違うだけの同じ存在であり、人間の持つ破壊的な衝動や攻撃性を取り除くことは不可能だとフロイトは主張した。要するに、人間の持つ破壊的な欲動は自然界で生きる人間の持つ本能であり、例えればハチが人を刺すことと同じだというのだ。

　しかし、それでは戦争をなくすことは不可能なのかといえば、フロイトはいくつかの処方箋を提示している。フロイトは人間の破壊的な本能を消滅させようとするのではなく、文化の発展の中に答えを導き出そうとしている。人間は文化のレベルが向上しそれに伴って知性のレベルが上がると、破壊的な欲動が心の内側に向き始め、良心が強まって戦争への嫌悪を感じ始めるという。ただし、この戦争への嫌悪感は戦争の持つ残酷さに起因しているというよりも、「破壊」という行為が美しくないという美的な観点からきているとも、フロイトは付け加えている。

　このように本書は安全保障や国際政治など社会科学を研究する者なら誰しも一度は疑問を持つ戦争の起源について、人間を駆り立てる心の中の「破壊的欲動」に焦点をあて、心理学的な分析を加えている。慈しみや思いやりという人間らしい行動は実は攻撃や破壊の心理と表裏一体であるという指摘は、一見乱暴な見解にも思えるが鋭い指摘であろう。

　例えば、最初から戦争を望んで外交交渉に望む者はいないが、交渉の中で、自分が代表している国家が非難され、蔑まれ、威信を傷つけられると、交渉者が初めに抱いていた協力の意思や思いやりが、いつのまにか憎悪と怒り、攻撃性に変化することはありうることである。

　ある分析によれば人間は過去3500年間でおよそ1万回の紛争や戦争を繰り返し、それによっておよそ1億5000万人が死亡したという。まさに人間の歴史は戦争の歴史であり、戦争は歴史の営みとして新しい時代を生産してきたのである。

　人間とはいったい何者なのか。なぜ戦い、なぜ祈るのか。安全保障や国際政治を研究することは実はこの問いかけへの答えを見つける作業なのかもしれない。本書を通して、この壮大なテーマに取り組んだ20世紀の知性の一端にふれてほしい。（秋元千明）

国際安全保障学会の歩み　赤木完爾

　1973年6月9日に防衛学会が設立された。現在の国際安全保障学会の前身である。世界情勢・社会情勢が激しく変化していた1970年代はじめにあって、防衛学会設立の趣旨は、防衛の環境と防衛問題の内容が複雑化しつつあるとの認識を踏まえて、防衛問題を正しく理解して、総合的政策の中に正しく位置づけ、安全保障論議を活潑なものにすることであった。設立の人的基盤は、防衛研修所に属した研究者および、その内外の研究会や一般課程の教育に携わっていた大学人を中心としていた。学会の活動については、その非政治的性格も強調されていたが、学会としては政治的政策論議の基礎となる学問的、理論的研究をおこなうことをめざしていた。こうした趣旨から与野党を問わず政治家には入会を働きかけず、また入会申し込みはお断りしたと伝えられている。当時の日本社会に、防衛や安全保障を正面から論ずることをはばかる空気があったことを示すエピソードであろう。

　こうして学会は出発したが、その主たる研究テーマは軍事・安全保障を中心とするものであり、国際情勢の現状分析もしばしば取り上げられている。ちなみに『新防衛論集』第1巻第1号の論文は、桃井眞「紛争終結理論の一考察」、ピエール・M・ガロア「核武装と安全保障（上）」、松谷誠「ベトナム戦争後の東南アジアの動向」、伊藤康夫「最近のソ連の海洋進出のすう勢について（上）」などである。

　学会がもっとも大きく変容したのは、2000年11月18日の防衛研究所における年次総会で、防衛学会から国際安全保障学会へ名称が変更され、当時の防衛学会の神谷不二会長が新たに国際安全保障学会会長となった時である。これを機に、従来の研究テーマの中核領域である軍事・安全保障に加えて、非伝統的安全保障のテーマである、紛争予防、テロリズム、サイバー、環境など新しい領域にも研究の射程を延伸できるような体制が整えられた。歴代会長は以下の通りである。

・防衛学会会長
　　佐伯喜一 1973年6月～1993年6月／神谷不二 1993年6月～2000年11月
・国際安全保障学会会長
　　神谷不二 2000年～2002年
　　佐瀬昌盛 2002年～2006年
　　西原正 2006年～2011年
　　高木誠一郎 2012年～2017年
　　土山實男 2018年～2020年
　　赤木完爾 2021年～2023年

　この間、神谷不二会長は、防衛学会会長ならびに国際安全保障学会会長として、第16期（1994年～1997年）、第18期（2001年～2003年）の日本学術会議会員（当時は関係諸学会代表者の投票による選出）を務めている。

Ⅱ　国際政治論

E・H・カー『危機の二十年──理想と現実』（原彬久訳）岩波書店（岩波文庫）、2011 年

Carr, E. H. *Twenty Years' Crisis, 1919-1939: An Introduction to the Study of International Relations.* 2nd edition. London: Macmillan, 1946.

背景・概要

　本書は国際政治学における現代古典の一つで、必読書の地位を長く保ってきた。

　原書は 1939 年初版（ここで取り扱う翻訳版の底本は 1946 年発刊の第二版）。ヴェルサイユ講和条約（1919 年調印）・国際連盟（1920 年成立）への失望と不満（ドイツへの同情）から始まり、大恐慌（1929 年〜）による自由経済体制の崩壊、そして現状打破勢力としてのナチス・ドイツの台頭といった一連の大事件を目のあたりにしたイギリス外交官としての経験と考察をもとにして、本書が執筆された。

　カー（1892 年生まれ）は外務省勤務（1916 〜 1936 年）の後、ウェールズ大学にて初代ウッドロー・ウイルソン記念教授（国際政治学）に就任（1947 年まで）。就任後、カーが反ウイルソン主義者であることが判明し大学側を大いに失望させた。第二次世界大戦中は『タイムズ』紙の副主筆も務める。大戦後ではオックスフォード大学でのフェロー（1953 〜 1955 年）を経て母校ケンブリッジ大学のフェローとして 1982 年に死去するまでその役職にあったが、14 巻にわたるソ連初期（1917 〜 1929 年）に関する歴史研究をまとめている。このように、外交官、国際政治学者、ジャーナリスト、歴史家としてカーは長期にわたって活躍した。

推奨ポイント

　本書は初版以来様々な形で解釈・議論されてきたが、現代の安全保障学徒からすると、その時代背景もあってなかなか難解と思われる。とりわけ第一部 「国際政治学」は哲学的でとっつきにくい。そこで、以下の四つのポイントをまずは押さえ、その後に他の箇所に目を通し本書を読了するという作戦を推奨する。

　最初は第八章「国際政治における権力」である。そこでは、権力は軍事力、経済力、国際世論への影響力からなり、これらを総合して考えねばならないという議論が展開されている。技術革新が進んだ現代においてはサイバー能力などこのリストに含めることができようが、基本的な点は今日でも通じるものがあろう。

　第二に押さえてほしいポイントは第十三章「平和的変革」において議論されている。国際システムそのものを揺るがすような大国間の危機は現存秩序をめぐる既得権益国と現状打破国との間における権力闘争から生じるというものである。

両者の間で妥協が成立しなければ大戦争となる。いかに戦争を避けつつ妥協を成立させ国際システムを変革できるのか、つまり筆者がいうところの平和的変革が可能となるのか、それこそが国際政治における永遠の課題というわけだ。

　カーの頭の中にあったのは既得権益国である母国イギリスと現状打破国ナチス・ドイツとの権力闘争である。実は初版の第十三章においては、対独宥和的であったミュンヘン協定（1938）を支持する議論をカーは展開していた。戦後に出版された第二版ではその部分はきれいに削られている。ミュンヘン協定で平和的変革が可能とカーは主張したものの、実際は失敗に終わった——つまりナチス・ドイツの膨張政策は止められず第二次世界大戦が勃発した——からである。

　このように、既得権益国による譲歩が平和をもたらすとは限らない。かといって譲歩なしでは衝突は避けられない。こういったジレンマは冷戦期の米ソ関係や現在の米中関係にも当てはまる。平和的変革への簡単な道すじはないといえよう。

　第三のポイントは第十〜十二章にある。国際連盟・仲裁裁判所のような国際組織、国際法や協定といった取り決めは、それら自体が独自に効果を持つような「平和をもたらすメカニズム」ではなく、それらを支える大国の実力や利害関心に依存せざるをえないという議論が展開されている。現代においては、ロシアのウクライナ侵攻（2022年〜）の前に無力である国際連合が好例であろう。

　第四に、以上の箇所をまずは読了したうえで、第一部・第二部で展開されている「ユートピアニズム（現代のリベラリズムの前身）とリアリズムとの対比」に移っていただきたい。ここでのポイントは第六章「リアリズムの限界」にある。

　本書については「国際政治の本質は権力政治にあるとするリアリズム（現実主義）を説く古典的傑作」という理解が日本でのこれまでの通説である。しかし第六章に注目すれば、この通説は一面的であることが理解できよう。「国民を鼓舞できるようなビジョンを示すことがユートピアニズムはできるが、リアリズムはできない」とそこでは指摘されている。つまりリアリズム一辺倒ではなく、ユートピアニズムとリアリズムが両輪として外交政策を動かしていかなければならないというのがカーの真の立場なのだ。実際、カーが望んでいた原書のタイトルは『ユートピアと現実』だったのである（カーは「権力政治の現実を説く右派」ではなく左派的知識人で、マルクス主義の権力観を本書の下敷きとしていた）。

　この最後の点が示唆するように本書は他の古典と同様、様々な解釈やインスピレーションを読者にもたらす「玉虫色の書籍」といえよう。世代を超えて読み継がれる理由はまさにそこにある。ぜひ本書を読破して読者自身のインスピレーションを得ていただきたい。（川﨑剛）

ハンス・モーゲンソー『国際政治──権力と平和』全３冊 上（原彬久訳）岩波書店（岩波文庫）、2013年

Morgenthau, Hans J. *Politics among Nations: The Struggle for Power and Peace.* 5th edition, revised. New York: Alfred A. Knopf, 1978.

背景・概要

　1948年に初版が公刊されて以来、広く読まれ、国際政治学の古典として知られる名著の翻訳である。政治的リアリズム（political realism）の立場の妥当性を強く主張した本書は、国際政治を一貫性のある体系的視点で理論的に説明をすることに成功した、ほぼ初めての書物としての地位を得ている。

　加えて、国際政治学の理論とアメリカの外交政策との間に、新しい関係を作り出した。第二次世界大戦後に連合国が主導して新しい国際制度が作られた後、すでに米ソを中心とする東西陣営の間の深刻な対立が鮮明になり始めていた時期に公刊されたため、冷戦体制における厳しい国際政治の現実を説明し、そこで生き残るための政策的姿勢が説かれている書物ともなった。

　なお著者の本書における論争的な姿勢は、他者の議論に対するかなり思い切った図式化によって成り立っている。実際には、批判対象のみならず、著者自身もまた、多様な思想的背景を持っていた。本書が、具体的な場面でどのような安全保障政策を示唆するかは、簡単には言えない。しかしだからこそ、本書が時代と国境を越えて国際政治学の古典として読まれ続けているのだとも言える。

推奨ポイント

　上記の本書の基本的な性格を裏付けるものとして、以下の五つの特徴をあげることができるだろう。

　第一に、本書において著者は、国際政治に一つの一般理論を適用することが可能だと主張した。本書以前の国際政治に関する学術研究では、新たな普遍的な国際制度の導入を求めたりすることはあった。しかし個別事象の集積でしかないと思われた国際政治を、歴史的・地理的多様性をこえて、一般理論で説明することが可能だとする主張は、ほとんど存在していなかった。膨大な現象に秩序と意味をもたらす国際政治の理論を示す、という本書冒頭の宣言は、本書の野心的な目標を端的に表現している。

　第二に、自らが採用する一般理論に、政治的リアリズムという名称を与えたうえで、既存の国際政治に関する研究を、法万能主義的・道義主義的アプローチと

して批判したことである。様々な国際問題に関する学術的研究を、理論的視座の違いに応じて範疇化することが可能かつ必要である、という視座を自明視しつつ、政治的リアリズムの優位性を主張したことは、その後の国際政治学における様々な学派の分化にも影響を与えた。

　第三に、政治的リアリズムに、力（power）と利益（interest）という汎用性の高い理念による定義を与えた。「力として定義される利益」という政治的リアリズムの中心概念は、普遍的な妥当性を持つ客観的カテゴリーだ、と主張する。本書に対してなされた学術的批判のほとんどは、これらの概念の抽象度があまりに高く曖昧なので現実の分析には役立たない、という指摘に集約される。だが本書が汎用性の高い概念で一般理論を構築したことによって、国際政治理論を現実に適用する場面が大きく広がり、学術的議論が刺激された。

　第四に、政治リアリズムという一般理論の導入によって、超歴史的な国際政治の動きを捉えることが可能だという考え方を定着させた。本書では数多くの歴史的事例が参照されるが、歴史的・地理的な背景の違いが深く考慮されることはない。本書の視座からすれば、国際政治は、歴史のいずれの段階においても、あるいはどの地理的場所においても、常に一貫して、力として定義される利益によって突き動かされている。本書以降の様々な国際政治学理論も、現実との接合性よりも、抽象的な命題の精緻さを追い求めるようになった。

　第五に、本書は他方において、現実政治に影響を与えることを強く意識したものであった。著者は、国際政治の厳しい現実の中でアメリカが国益を合理的に追求して強国であり続けることを強く望んでいた。後に著者が、アメリカのベトナム戦争への介入を公然と批判し、外交政策の変更を求めたことも、よく知られた逸話だ。一般理論を、どのように実際の外交政策に活かしていくかは、常に論争を呼ぶテーマである。

　著者は、ドイツで将来を嘱望された国際法学者として学術活動を始めながら、ユダヤ人であったがゆえに、ナチスの迫害を逃れてアメリカに渡り、本書の執筆以前は不遇の時代を送っていた人物であった。本書が示す一般理論を通じたアメリカの外交政策の合理化への強い関心は、現実の国際政治との緊張感によって裏付けられていた。近年の研究では、著者がアメリカに来る前にドイツで受けていた様々な知的影響が分析されている。ドイツの哲学者や法学者の議論に影響を受けていた著者は、しかし本書においてはドイツ思想を忌み嫌い、アメリカの外交政策を大きな期待をもって語り続けた。本書の独特の学術性と実践性は、時代を超えて響く大きな魅力となっている。（篠田英朗）

ケネス・ウォルツ『国際政治の理論』（河野勝・岡垣知子訳）勁草書房、2010年

Waltz, Kenneth N. *Theory of International Politics*. Reading, MA: Addison-Wesley, 1979.

背景・概要

　E・H・カーやハンス・モーゲンソーなど、第二次世界大戦から冷戦開始の時期に注目を集めた現実主義的思想の泰斗と比べれば、本書の著者ケネス・ウォルツは一般読者にとって馴染みの薄い研究者であろう。しかし彼は、現在世界中の大学で教えられている国際政治・安全保障に関する理論の発展に最も大きな影響を与えた研究者の一人であり、本書は、その彼の理論研究の集大成である。

　第二次世界大戦後、アメリカを中心として国際関係の研究が進み、統計学が国際政治分析へ応用されたり、対外政策に関する官僚政治モデルや心理学的アプローチが登場したりした。しかし、これらは限定的な政策分析に関するものであり、国際政治の全体像を射程に入れたものではなかった。そうした中、まさに国際政治そのものを分析射程に入れ、なぜ国際政治では大国間対立が絶えないのかを説明しようとする本書が登場したことは、国際政治における戦争や同盟に関する研究に携わる多くの専門家から注目され、論争の的となった。こうして本書は、国際政治・安全保障の理論研究の発展に大きく寄与したのである。

推奨ポイント

　本書の主たる貢献は、相互に関連する3点に要約できる。第一のポイントは、国際政治の基本的アプローチのひとつであるリアリズム（現実主義）を、「世界観＝ものの見方」から、より科学的な「理論」へと昇華したことである。「国際政治＝力の闘争」とするリアリズムは、第二次世界大戦後にモーゲンソーらの古典的リアリストによって確立された。ウォルツはその考え方を継承しつつ、モーゲンソーらが国際政治の残酷さの根本原因を邪悪な人間性に見出したことを、人間性の本質を実証的に示すことは不可能である以上、そうした見方は「非科学的」であると批判した。そして、国家が究極的に自国の安全保障を軍事力の拡充に求めざるを得ない原因は、国際政治の構造にあると論じた。すなわち、中央政府が少なくとも形式的に階層的秩序を維持する国内社会と対照的に、国際社会は世界政府が存在しないアナーキーな構造であり、このことこそが国家の自助努力による軍事力拡充、ひいては軍拡競争を引き起こして紛争や対立を惹起させると

指摘した。こうした考え方は「ネオリアリズム」または「構造的リアリズム」と呼ばれ、その後の国際関係理論の発展に大きく寄与した。

　第二のポイントは、国際システムの特徴によって大規模戦争の危険性が異なるという考え方を定着させたことである。ウォルツは、国際システムをそこに内在する大国（または超大国）の数で区別、2超大国が突出する2極システムと、三つ以上の大国が存在する多極システムに分類し、前者では後者よりもシステム全体を揺るがす戦争の危険性は低いと論じた。つまり、2極システムの典型である冷戦は、世界各地で米ソの勢力争いが繰り広げられる一方で、第3国の動向によって米ソ間の力の均衡が崩れにくいため管理しやすく、直接の武力衝突に至る可能性は低いと見たのである。この説明は、冷戦時の第三世界における米ソの競争や、朝鮮戦争やベトナム戦争が限定戦争にとどまったことをうまく説明する一方、二つの世界大戦が不均衡につながりやすい多極システムであったこともうまく指摘しており、「2極システムは多極システムよりも相対的に持続的」という考えは、より広く受け入れられることになった。

　第三のポイントは、「理論」とは何か、という問いに対して深い洞察を提示し、その後の国際関係の理論研究を大きく方向づけたことであろう。ウォルツは、経済学者のミルトン・フリードマンと同様に、理論は現実を忠実に反映したものであるべきという考えを否定し、その意義を「有用さ」に求めた。彼にとって有用な理論とは、国際関係の幅広い事象を扱うものではなく、わずかだが極めて重要な事象を説明できるもの、そして、より少ない要因でより重要な事象が説明できるもの、であった。ウォルツはまた、対外政策の理論と、各国の対外政策の相互作用の結果生じる国際政治上の事象を説明する理論とを明確に区別し、本書で提示した理論は後者であると主張した。こうした立場は、現在の科学哲学的観点からは疑問符のつく面もあるが、正確さを追求する歴史研究と、汎用性を希求する理論研究の違いを明確化したこと、また理論的簡潔性の重要性を指摘したことなどは、現在の研究者にも大きな影響を与えている。

　本書が出版された約10年後には冷戦が終焉し、アメリカを頂点とする単極システムが生まれたことで、2極システムの持続性を唱え、単極システムの実現性を軽視していたウォルツの理論は、それまで以上に厳しい目に晒された。同時に、国際システムを重視する風潮にかわり、政治体制や政治指導者個人の役割に焦点を当てた研究が脚光を浴びるようになってきている。しかしそうした中でも本書は、この分野における論争の俎上に残り続け、21世紀の現在でも国際政治・安全保障研究の必読書であり続けているのである。（泉川泰博）

ケネス・ウォルツ『人間・国家・戦争——国際政治の３つのイメージ』(渡邉昭夫・岡垣知子訳) 勁草書房、2013年

Waltz, Kenneth. *Man, the State, and War: A Theoretical Analysis.* 2001 edition. New York: Columbia University Press, 2001.

背景・概要

本書は、1950年代までの欧米における著名な政治哲学や国際関係学の思想・理論を「三つのイメージ」という視点からまとめた研究である。文献整理に重心が置かれているため、端的に言えば本書は「壮大な先行研究」とも捉えられるが、「イメージ」という概念を用いた先行研究の体系化は、「国際関係学」の理解を深めることに極めて重要な貢献を果たした。

というのも、当時の「国際関係学」では「変数」を絞り込み因果関係を分析するという社会科学的なアプローチはあまり採用されていなかった。ケネス・ウォルツは、コロンビア大学の博士課程在籍中、国際関係学を副専攻としていたが、「総合試験」(comprehensive exam) に向けて先行研究をまとめる際、この点に気がついたのである。その後、妻の助言も得て「個人」「国家」「国際環境」に分類した「3つのイメージ」という分析枠組みを構築し、国家行動を明快に説明、結果として本書は名著と呼ばれるようになった。

ウォルツはカリフォルニア大学バークレー校で長年教鞭をとり、「構造的リアリズム（ネオリアリズム）」を打ち立てた国際政治学者として知られている。

推奨ポイント

国際安全保障理論の基礎としてまず挙げられるのが、いわゆる「リアリズム」である。その一般理論においては、国際環境における無政府状態を示す「アナーキー」と、国家間のパワーバランスを維持することによって成り立つ「勢力均衡」という概念が、理論を理解するカギとなる。本書は、その「アナーキー」という概念がなぜ国際関係において、特に国家間における戦争の原因究明において極めて重要であるか、という点について論を進めている。しかし1950年代に出版された本が今でもなお基本文献として読まれている理由は、本書の特質が結論部分のみならず、その結論を導く論理的な思考プロセスにもあるといえる。

実際、本書は「国際関係論」という学問の主な問題設定を明示し、順を追って丁寧にその答えを導きだしている。すなわち、ウォルツはまず、「戦争と平和の原因解明」を目的として「三つのイメージ」の分析枠組みを提示し、第一イメー

ジである「個人レベル」（性善説・性悪説）、第二イメージである「国家レベル」（政治システム）による分析を順に紹介しつつ、これらのイメージでは戦争の根本的な原因は掴み切れないと主張する。次に第三イメージである「国際レベル」、すなわち国際システムの構造的な性質である「アナーキー」に焦点を当て、第一・第二イメージでは捉えきれなかった構造的な「戦争の原因」を明らかにし、国際関係学の重要性を説明している。

　ただしそれだけではなく、国際構造「アナーキー」の限界も指摘している。後の多くの構造的リアリズムを基盤とした研究では、アナーキーが国家の行動を規定するという点が過度に強調され、「構造決定論」に向かう傾向がしばしばみられた。しかし、ウォルツは本書でそのような論を展開していない。アナーキーはあくまで国家間の利益相反を生む環境であって、国家の行動そのものについては第一・第二イメージを考慮しなければならないという点を明言しているのだ。国家間の連携・同盟が構造的要因のみによって自動的に構築されるわけではない、勢力均衡も自動的ではない、と再三強調することによって、「構造決定論」を避けているのである。これは、後に主要な国際関係理論として台頭する「制度主義」や「構成主義」が考えるアナーキーの影響力についても論理的余地を残しており、新たな理論構築や理論発展へのヒントを残すことにもつながっている。

　また、国際関係学における社会科学的アプローチの必要性を説いてはいるものの、その非絶対性についても言及している。当時の国際関係論は、個別の国際事象から一般理論を導く帰納法を用いた理論構築が主流であったが、それらの理論においては多くの異なる結論が導かれることとなった。そのため、ウォルツは社会科学的アプローチを用いて、第一イメージである人間の特性や、第二イメージの国家政治システムから成り立つ理論では国家間関係の特性を鳥瞰できない問題点をあぶりだしたのである。結果、国家行動の本質を見極めるためには国際社会の構造的要因を考慮しなければならない必要性を提示し、ネオリアリズムの基礎を築いたのであった。ただ、その前提となる「アナーキー」という国際環境の理解は、データやその相関関係に依存するものでないため、科学的なアプローチのみでは国際関係の本質を理解することが難しいということも指摘しており、社会科学的な問題解明の必要性と非絶対性を考えさせる本となっている。

　このように本書は、国際関係論のみならず国際安全保障分野においても多くの示唆（あるいは批判）を提供するとともに、ネオリアリズムに対する理解の基礎を築く名著となっている。（古賀慶）

高坂正堯『国際政治──恐怖と希望』中央公論社（中公新書）、1966年（改訂版2017年）

背景・概要

　日本の国際政治学者をただ一人挙げよと言われたら、高坂正堯の名を口にする人が多いのではなかろうか。高坂は1934年生まれ、京都大学助手、同助教授を経て1971年同教授に就任し、在職中の1996年に死去した。学界、論壇で中立・非武装を唱える「理想主義」が優勢を誇った1960年代に、日米安保・自衛隊の効用を認める「現実主義」の論客として頭角を現した高坂は、その後も一貫して外交・安全保障論議の最前線に立ち続け、歴代政権の助言者としても活躍した。

　時局に直接関わる論考であると否とを問わず、高坂の本領は歴史への鋭い洞察──『古典外交の成熟と崩壊』（1978年）に例示される──を踏まえた論旨の展開である。本書は長年に亘る高坂のキャリアの中で比較的早期に書かれたものであり、国際政治の一般的な特質に関する考察を記したものであるが、そこにもその片鱗が示されている。そして、高坂の掲げる「現実主義」とはどのようなものであるかが、突き詰めた形で表現されているのである。

推奨ポイント

　何が国際社会に平和をもたらすかは、安全保障を研究する者にとっての基本的な課題であるが、本書はこれに正面から取り組んでいる。嘗ては勢力均衡の仕組みが重視されたが、軍事技術の発達、国家の大衆動員により、戦争の代価が飛躍的に上昇し、また宣伝技術の進歩、イデオロギーの存在により、利害計算に基づく妥協も困難となった現代では、古典的な勢力均衡は機能し難くなった。

　そこで、軍備縮小の実現、経済交流の促進、国際機構の強化といったものに期待が寄せられるようになった。しかし、本書に従えば、平和の問題に対するそうした「普遍的な解決方法」は、直接的には目的を達せられそうにない。力の体系、利益の体系であると同時に価値の体系でもある国家が各々「正義」を掲げて並立する国際社会では、いずれの方法も容易に権力政治の手段と化するからである。

　軍備縮小によって一方の兵力がより多く削減されれば、他方が軍備競争に勝ったのと同じ結果になり、軍備縮小が力の均衡を変えない場合には、現在の力関係が固定化される。経済交流によって隣国の富が増えると、関係が悪化した際の危

険が大きくなるし、いずれにせよ経済交流は依存に、依存は支配に繋がりやすい。国際機構の強制行動が可能である場合、それは一方の正義の押し付けという性格を帯びざるを得ず、また国際機構で表明される国際世論も各国家に有利、不利をもたらすことになる。

このような国際社会の現状に対し、本書は「いくつかの正義と力が対立する状況を凍結する」よう説く。「対立の原因そのものを除去しようとすることを断念」し、一旦は「国家間の対立を、あたかも単純な力の闘争であるかのように考え、そのようなものとして対処していく」べきだと言うのである。しかしながら、そこには「国際秩序への志向」即ち「やがては対立を解決することができるという希望」が伴わねばならない。「権力闘争に対処しながら、その対処の仕方において、国家の行動準則を形成する方向に動くことが必要」なのである。

ここに高坂の唱える「現実主義」の要諦がある。それは「絶望から出た権力政治のすすめではなく、問題の困難さの認識の上に立った謙虚な叡智」と言い表されるものである。

国際政治学上のリアリズムは一般に、各国が力と利益の計算に即して相互に張り合う姿を国際政治の基調と見なす。リアリズムにも様々な種類があるが、国家の体現する価値の問題が前面に出ることは少ない。これに対し、以上に見るように、高坂の「現実主義」は力、利益と並んで価値にも重きを置くものであり、実際に高坂は別の論考（「現実主義者の平和論」『中央公論』1963年1月号）で「国家が追求すべき価値の問題を考慮しないならば、現実主義は現実追随主義に陥るか、もしくはシニシズムに堕する危険がある」と述べている。

そうした高坂の「現実主義」が現下の国際情勢に対して有する意味は小さくない。近年、米国、欧州を中心とする国々が主張する正義に対し、中国、ロシアその他が異議を唱える傾向が強くなってきた。そうした中で、我が国は「戦後最も厳しく複雑な安全保障環境」に対応すべく、力、利益の再構築に乗り出すと同時に、自由、民主主義、基本的人権、法の支配といった「基本的価値」を共有する同盟国、同志国との連携を重視するに至っている。

「力の闘争」に備えることは固より必要であり、また我が国がそれらの価値を重視するのは至って当然である。しかし、対立の解消は求めないまでも、その安定的な管理を図ろうとすれば、「いくつかの正義」の存在に注意を払いつつ、国家の行動に関する規範の実効性を強めていく努力も欠かせないであろう。半世紀以上前に著された本書は、安全保障を研究する者に対し、改めてそうした営みの可能性を探ることの大切さを訴えているのである。（梅本哲也）

山本吉宣『国際レジームとガバナンス』有斐閣、2008年

背景・概要

　国際政治の現実も国際政治学の理論的潮流も、リアリズム的色彩が強まる時期とリベラリズム的色彩が強まる時期とがサイクルのように交代する傾向がある。しかし、安全保障領域の事例分析においては、リアリズムの観点からの研究が多く、特に日本においてはリベラリズムの観点からの考察は少ない。そうした中にあって、本書は、リベラリズムの系譜に位置づけられることが多い国際レジーム概念の有効性を、経済領域と安全保障領域とにおいて実証的に示そうとするものである。

　著者の山本吉宣は、1974年、ミシガン大学において戦争と同盟に関するフォーマル・セオリーをテーマとする論文で博士号を取得した後、東京大学、青山学院大学等で教鞭をとり、2023年7月に急逝するまで国際政治学研究の最前線に立ち続けた。1998年から2000年にかけては、日本国際政治学会の理事長も務めた。山本は、戦争・安全保障研究、国際政治学理論研究を精力的に行ったが、とりわけ相互依存論、国際レジーム論の泰斗であった。本書は、国際レジームやガバナンスについての山本のそれまでの研究を集大成したものである。

推奨ポイント

　国際レジームは1970年代に生まれた概念である。今なぜ、国際レジームをテーマとする本書を読む必要があるのだろうと疑問に思う向きもあるかもしれない。当初は一時的な流行に終わると批判されたものの、国際レジーム研究は理論的にも実証的にも着実に蓄積され、国際レジームという概念は今や国際政治学の基礎用語となった感がある。とはいえ、9.11同時多発テロ以降、リベラリズムの系譜の議論は勢いを失い、山本自身「国際レジームや規範が色褪せて見えるような感覚をもった」と述べている。

　しかし、そうした時にこそ、見えにくくなっている国際レジームを取り巻く変化をしっかりと把握しておくことが重要である。本書が刊行された2008年には、すでにアメリカの単独主義的行動が行き詰まりを見せるようになり、国際レジームを通して国際問題の解決を図ることの重要性が認識されるようになっていた。

米中対立が深まり、大国間競争の激化、「新冷戦」開始が取りざたされる今、本書を読む価値は再び高まっている。

　本書は、国際レジームを分析するものにとどまらない。国際レジームへの関心が上下するサイクルの背後に存在する「国際社会化」という大きな趨勢も捉えようとしている。すなわち、経済のグローバル化が深化し、規範の世界化が進展し、国境を越えた非国家主体の活動が増大することが、国際政治にいかなる影響を与えるのかについても考察を行っている。米中対立が深まる中にあっても、こうした「国際社会化」の流れが完全に止まることはない。米中の経済相互依存関係は依然高い水準にあるし、国境を越えた非国家主体の活動はさらに活発になっている。このような現象の中で様々な問題を解決するにあたっては、国際レジームやガバナンスが重要な役割を果たすと思われる。

　ただし、安全保障領域において、国際レジームが形成され、それが問題解決に貢献することができるのかという点については懐疑的な見方も少なくない。安全保障に関する問題においては、国家間の基本的な関係は対立的、ゼロサム的で、裏切りのコストも高いからである。しかし、国際システムが対立的傾向の強い時期でもあっても、そうでない時期であっても、安全保障レジームが形成されてきたことを本書は明らかにしている。また「国際社会化」の趨勢の中で、安全保障領域においても問題が多様化し、NGOや国際組織の活動が活発になり、様々な問題解決の手段がとられるようになっている、すなわちガバナンス化の進展が観察されていることを、本書は詳らかにしている。

　ウクライナ戦争を受けて、21世紀において国家間の大規模な戦争が起こりうることが明らかになった。その一方で、ウクライナ戦争には様々な非正規軍、非国家主体が関与し、軍事力を用いた戦闘のみならず、情報戦、心理戦も活発に行われている。安全保障をめぐる問題が一層多様化し、関与する主体もますます多様になった。安全保障にかかわる問題の管理・運営においても、国家のみならず非国家主体も対象とし、様々な方法で行っていくことが不可欠となったことが鮮明となった。安全保障領域において、いかに国際レジームを形成し、またそれをガバナンス化していくのか。この点を考察することが喫緊の課題となっているといえる。大国間競争が激化し、ウクライナ戦争が続く中、リアリズム的な問題へと関心が集中しがちな今こそ、本書は必読書といえよう。（足立研幾）

山本吉宣『「帝国」の国際政治学──冷戦後の国際システムとアメリカ』東信堂、2007 年

背景・概要

　冷戦後、ソ連が崩壊し、米国一強の単極構造の国際システムが生まれた。その中で、米国は、冷戦期の二極構造の下での行動とは異なる新しい行動を取るようになった。本書では、冷戦構造が崩壊した 1990 年辺りから、本書が出版された 2007 年までの時期を対象として、単極構造下の国際政治の実態が明らかにされる。すなわち、米国を「帝国」、世界全体を「帝国システム」とみなした上で、その構造が理論的に示されるのである（「『帝国』についての国際政治学」）。それに加えて、冷戦後の米国の国際政治学の展開を体系的に示すことで、「帝国」米国の行動の背景にある思想が明らかにされる（「『帝国』（＝アメリカ）の国際政治学」）。このように本書は、国際システムの構造およびそれを捉える国際政治学の両者に目配りして議論を展開する二重構造となっている。

　著者の山本吉宣（1943 年〜 2023 年）は、国際関係論の碩学である。東京大学教養学部（国際関係論）を卒業後、フルブライト留学生として米国ミシガン大学政治学部大学院に留学し、Ph.D. を取得した後、東京大学、青山学院大学等で教鞭を取った。専門は国際関係理論、安全保障論、米国外交等である。

推奨ポイント

　冷戦後に見られた国際システムは、「歴史的には稀なグローバルな次元での単極構造」（8 頁）であった。本書は、過ぎ去りしグローバルな単極構造における国際政治のあり方を理解する上での必読書である。また、その重要性の濃淡はあれども、今後も、帝国システム（地域的なそれを含む）を含めた様々な国際システムが併存する可能性は十分存在する。その点について考察する上でも重要な示唆を与える。

　山本は、米国が圧倒的な力を持つことになった冷戦後の国際政治の特徴の一つを階層性に見る。このような特徴を捉える理論としては、従来、世界システム論や覇権（安定）論が存在したが、それらの議論では、この時期のもう一つの特徴である政治的価値・規範の重要性を捉えきれない。本書で提示する「帝国システム論」は、その要素を加味して議論する点に特徴がある。ちなみに、ここで言う

「帝国」とは、他の諸国と比較して圧倒的な力を持つ国であり、それがゆえに、国際システムは単極構造となる。また、それは自らの圧倒的な力を背景に、他国の対外政策のみならず国内政治にも大きな影響を与える点で、対外政策だけに影響を与える「覇権」とは異なる。本書が対象とするのはインフォーマルな帝国および帝国システムであり、これは、かつての植民地支配を前提とした帝国および帝国システムではない。このような米国を中心とする帝国システムが、国連を中心とする普遍的システムやグローバル・ガバナンスといった他の国際システムと併存し、地域的には二極、多極の国際構造が見られるものの、グローバルには単極構造を構成しているのが冷戦後の国際システムであったと主張される。

　大国間対立が顕著に見られるようになった現在、本書が執筆された当時から国際システムが大きく変化し、もはやグローバルなレベルでの「帝国」や「帝国システム」は見られなくなった。しかし、地域的・部分的なそれは依然として存在しており、今後も存在し続けると考えられる。その意味で、「帝国」「帝国システム」を入念に理論的に考察した本書の意義は、時代を超えたものだと言えよう。

　このように、本書は、冷戦後の国際システムの構造を明晰に示した優れた研究であるが、そこで展開される帝国システム論は、軍事・安全保障面に焦点を当てたものである。山本はこの点について、「軍事力や安全保障の分野に限定されたものであり、他の分野（経済、環境、開発等）の実態やそれへの応用可能性は著しく低いものと考えられる」（374頁）と説明している。このことからも、安全保障に関心のある読者が手に取るにふさわしい一冊であろう。

　最後に、山本は長年にわたり、優れた研究成果を挙げてきたが、本書はその中でも重要な業績の一つである（実際、読売・吉野作造賞を受賞した）。山本の研究上の関心には常に、国際システムが存在していたように思われる。筆者が学部時代に初めて山本の論文に触れた際、現在の国際システムを、これほどまで明晰に分析できるのかと大いに心を動かされ、憧れを持つことになった。先生は晩年まで精力的に研究活動を続けられ、2020年末に頂いたメールでは「米中と東アジアの国々に焦点を当てた国際システム論」を考えようとしていると仰っておられた。まだまだ先生のご研究、ご論考に触れていたかった。現在の国際システムを、先生ならどう捉えるのか伺いたかった。私のような出来の悪い弟子が小論を執筆することは大変恐れ多いが、次世代に、先生の素晴らしい業績を残し、是非読み継がれるべき一冊だと考え、紹介させて頂くことにする。（板山真弓）

山影進『対立と共存の国際理論——国民国家体系のゆくえ』東京大学出版会、1994年

背景・概要

　本書は山影が1981年から1992年にかけて発表した国際関係論の理論的な論稿を集成・整理した書籍である。山影は、マサチューセッツ工科大学で博士号を取得、京都大学、東京大学、青山学院大学の教員を歴任した。本書で取り上げられる国際関係の理論的分析だけでなくASEAN研究、マルチエージェントシミュレーション、主権国家体系の生成史など幅広い分野で業績を上げている。

　本書は3部構成となっている。第Ⅰ部では主権国家を前提とした古典的な国際関係が、第Ⅱ部では主権国家相互への浸透に注目した相互依存関係が、第Ⅲ部では国民国家体系の基盤となる人間集団間の国際関係が、それぞれ取り上げられる。各部には序と終章が設けられ、方法論（国際政治学）と実態（国際社会）に関する著者の問題意識が述べられている。

　本全体として一つの命題を論証するという形式ではなく、国際関係の諸側面を理解するためのモデルを提示し、その含意を論じるという形式をとっている。したがって本書全体の結論や終章は形式的には存在しない（が後ほど述べるように強いメッセージ性を持って論じられている）。

推奨ポイント

　本書の一番のポイントは現在の国際関係を「国民国家体系」として規定している点にある。前述したとおり、本書では全体としての結論が明示されているわけではない。しかし本書は冒頭において、国民が国民を規定し、そこから関係、体系が生じるという国民国家体系の「セントラル・ドグマ」を提示し（7頁）、ここから生じる問題群として国際関係を整理しなおしている。

　人間集団間の対立と協力については文化人類学や社会学なども扱ってきた分野であるし、民族問題や内戦に関しては比較政治や国際関係論においても研究が行われてきた。しかし、本書は国際関係そのものが人間集団における「われわれ」（および「やつら」や「かれら」）の問題であると捉えなおす。そして一方で、国民という特権的な人間集団の存在を前提とする国際体系の存在が人間集団としての国家を対立や共存に導いている点を描き出す。現在生じている国際安全保障のさ

まざまな問題において、「力」や「規範」や「秩序」といったものがなぜ作用するのか。これを理解するには、こうした（人間集団たる）国民国家によって構成される国際体系という認識枠組みは不可欠である。

　また本書では、国と世界秩序（システム）の二つのレベルで分析するのではなく、地域統合や国家の下位集団をも視野に入れられ、これらが国際体系における連続体を構成していることが描かれる。自分の国の一部だと思っていた地域が分離独立を叫んで武力紛争を始めたり、敵対的だった国々が合意して一つの地域統合体を構成したりする。こうした現象が、国際体系上の現象であることが本書を通じて明らかになる。

　本書は理論やモデルの提示にウェイトが置かれており、実証分析結果はほとんど示されていない。あくまでも考え方、見方の提示に力点が置かれている。にもかかわらず本書が重要なのは、理論やモデルがわれわれの認識を構成しており、それは実証以前の問題であるからである。

　本書にあちこちにちりばめられている数式やモデルは時として非線形な物理モデルすら前提としており、多くの文系の読者を戸惑わせるかもしれない。しかしこれらのモデルはわれわれが日常的に使っている国際関係の分析の言葉を数式に置き換えただけにすぎない。逆説的であるが、本書の取り上げる原理は数理モデル化できる程度の単純なものにすぎない。ゲーム理論も高度なシグナリングゲームなどではなく序数的な効用をベースとした単純なもののみを扱っている。本書は人間が認識できる内的メカニズムに力点を置いているからである。山影が線形モデルを前提とする回帰分析による実証分析に向かわず、マルチエージェントシミュレーションに向かったのは、当然の帰結であろう。

　著者と本書の最初の出会いは、東京大学教養学部の講義「国際政治」における必読文献の一つとしてであった。本書は「知識の提供が主眼ではなく、考え方の枠組みを提示し、生き方を示唆すること」が目指されている（7頁）。読者は本書を読むことで、国際関係がわかるようになるというよりは、わかっていたつもりの国際関係の自己認識が揺さぶられるような経験をするだろう。

　刊行から30年経過し、国際関係や安全保障の研究はさまざまな方向に進展している。しかし、国際関係や安全保障の問題群を国民国家体系とのつながりでとらえなおす本書の視角の有効性は、今なお失われていないだろう。（久保田徳仁）

レイモン・アロン『世紀末の国際関係——アロンの最後のメッセージ』
（柏岡富英・田所昌幸・嘉納もも訳）昭和堂、1986年

Aron, Raymond. *Les dernières années du siècle.* Paris: Julliard, 1984.

背景・概要

　レイモン・アロンは、戦後のフランスの言論に大きな足跡を残した有名な知識人である。彼は社会学、政治思想、国際政治学など幅広い分野で多くの著作を残し、国際安全保障の分野においても、現時点で和訳された本は少ないが、『国家間の平和と戦争（*Paix et guerre entre les nations*）』や『大論争（*le Grand Débat, initiation à la stratégie atomique*）』など、数々の大著がある。

　本書はアロンの遺作となった本である。彼は1983年10月にこの世を去るが、彼が生前に書いた序文と彼の遺稿をまとめる形で1984年に上梓されたのが本書である。序文によれば、本書の起点となったのは、彼が1962年に著した『国家間の平和と戦争』の改訂版の準備のための同書の再検討であり、また1983年に出版された『回想録』を書き終えた彼が着想を得たエッセイをまとめようとしたことであった。その中で彼は世紀末を分析的に予想しようと試み、1980年代初めの国際関係を1962年と比較しつつ省察を行ったのが本書である。国際安全保障に関するアロンの著作の中で、和訳されたものでかつ最後の著作ということで、本書を取り上げた。

推奨ポイント

　彼の遺稿をまとめる形で編集された本書は、第一部「二十世紀末の諸相」と第二部「錯綜する国際関係」という章立てとなっている。紙幅の都合上すべての項目立てを網羅的に紹介することは省略するが、第一部では、国際関係におけるシステム、抑止や軍備管理、ソビエト帝国の本質などについて考察がなされている。また第二部では孤立主義や人権外交、そしてレーガン外交に至るアメリカ外交への批評と、ソ連は世界を支配するか、といった考察が述べられている。いずれもデタントの時代が終わり「新冷戦」と呼ばれる東西間の緊張が再び高まった1980年代初頭の国際関係、特に東西関係についての洞察が述べられている。この時期のアメリカの混迷とソ連の伸張について触れられつつも、ソ連の脅威についての分析は終始冷静で懐疑的であるところは印象的である。彼は1980年代前半の情勢に、1962年との変化とともに多くの点での類似性を見て取っている。彼は1947年に冷戦の状況を「平和は不可能だが、戦争は起こりそうもない」と

述べているが、新冷戦と言われたこの時代においても、その状況は持続すると洞察している。

　本書の特徴は、新冷戦と呼ばれる1980年代前半の国際政治の論評という形を取りつつ、その時代の情勢分析にとどまらない様々な示唆を与えてくれる点である。本書は小著でありながら幅広いトピックについて触れられており、国際システムに関する考察、抑止に関する考察、イデオロギーと国際関係に関する考察など、本書におけるこうした様々な考察は、この時代の国際情勢に対する論評を超えて、今日においても多くの示唆を投げかけるものである。

　そして本書のもうひとつの特徴は、アロンの最後の著作にふさわしく、伝統的で古典的と言っていいであろう彼の国際政治観を反映している点である。彼は国家間（アンテルナシオナル）の関係を中心的な要素とする国際関係の領域と、国境横断的（トランスナシオナル）な現象、超国家的（シュプラナシオナル）な現象とを区別しつつ、『平和と戦争』では国家間の関係のみを掘り下げて考察し、他の領域は国家間関係との関連でのみしか扱わなかったと序文で述べており、その点に再検討の必要はないかという点が本書の関心のひとつとなっている。本書において彼は、国境横断的な現象や超国家的な現象を過小評価することなく捉えようとしつつ、分析の中心となっているのはやはり国家間の関係である。彼はその点において国境横断的なあるいは超国家的な要素を重視する人々から批判を受けることもあったが、やはりアロンの国際政治の見方の軸は、ヨーロッパの伝統的な国際政治観を色濃く継承したものと言える。

　アロンが描く国際政治のありようは、必ずしも明快に割り切れるような直截なものではない。また彼の分析はあくまでも冷静であり、主意主義的な情熱を喚起する類のものではなく、ゆえに当時のフランスにおいて「アロンとともに正しくあるよりは、サルトルとともに間違っていた方がいい」などと言われたりもした。国家間の関係を国際関係の中心において考察する点で彼は伝統的なリアリストと言えるが、国際関係を単なる力の相互関係や何らかの理論などに還元してしまうことをせず、歴史や思想などを踏まえた深い考察を含む点で、彼の洞察は多くの示唆に富んでいる。

　もちろん本書の描く冷戦期の国際関係と今日の国際関係とでは異なる点もあるが、国際秩序が大きな転機にあり、国際関係において国家間の力の要素がより直接的に立ち現れてしまっている今日の国際安全保障を考える際に、本書でアロンが論じるような伝統的で古典的な国際関係の考察に触れてみるのも改めて意義のあることと思われる。（小窪千早）

ヘドリー・ブル『国際社会論——アナーキカル・ソサイエティ』(臼杵英一訳)岩波書店、2000年

Bull, Hedley. *The Anarchical Society: A Study of Order in World Politics.* 2nd edition. Hampshire: Macmillan, 1995.

背景・概要

本書は、国際関係論における「英国学派」の最重要文献の一つであり、イギリスのみならず世界中で読み継がれている古典的名著である。戦後北米の大学を中心に発展してきた国際関係論が、実証研究や定量分析等の社会科学的な手法を重視するのに対し、英国学派は歴史や思想、法や哲学といった要素を取り入れた、より思弁的・記述的なアプローチを採る。こうした英国学派の手法は、北米の国際関係論が生み出してきた理論とは異なる形で、複雑な国際関係や安全保障問題の理解を手助けしてくれる。

著者のヘドリー・ブルは、オーストラリアで生まれ、シドニー大学で歴史と哲学を専攻した後に、イギリスに渡りオックスフォード大学で政治哲学を専攻した。大学卒業後、ロンドン・スクール・オブ・エコノミクスに勤務した後に母国に戻り、オーストラリア国立大学（ANU）に国際関係論教授として着任した。本書は、ブルがANUで研究していた時代に執筆・発表したものである。その後ブルは再びイギリスに渡り、多くの業績を残した後に、1985年に病死した。

推奨ポイント

本書の最大の功績は、国際関係における「秩序」という概念を精緻化し、英国学派による国際関係分析の基礎に据えたことである。北米の国際関係論の、特に「現実主義者（リアリスト）」と呼ばれる学派は、「アナーキー（無政府）」である国際関係において、国家は自助努力によってのみ安全を獲得することが可能とする。その結果、国際関係は力や安全を求めた国家間の絶えざる闘争（ホッブスが言うところの「万人の万人に対する闘争」）の場にならざるを得ないというのが、リアリストの世界観である。

これに対しブルは、国際関係がアナーキーであるというリアリストの前提を受け入れつつも、そこに「主権国家から成る社会の主要な基本的・普遍的目標を維持する国際的な活動の様式ないし傾向」としての「秩序」の存在を認める。ブルによれば、そこにおける「基本的・普遍的目標」には、主権国家システムそのものの維持や国家の独立や主権の維持、（暴力の不在という意味での）平和や契約の

遵守、所有の安定化等が含まれる。

　国家間にこうした基本的目標を維持する活動様式や傾向が認められた場合、例え世界政府が存在しなくとも、国際関係には一定の「秩序」が存在するとブルは言う。そこにおいて国際関係は、単なる国家間の相互作用としての「国際システム」を超えた、「国際社会」として認識することが可能となる。ブルはまた、こうした秩序を維持する手段として勢力均衡、国際法、外交、戦争、そして大国という六つの「制度」を挙げ、それぞれの機能と役割について詳細に検討している。

　なお、本書の邦題は『国際社会論』であるが、原題は『無政府社会──世界政治における秩序の研究』であり、あくまでも「世界政治」における「秩序」の研究が主題である。ブルによれば、国際秩序は主権国家システムが西欧で誕生した17世紀以降の産物であり、それが地球規模にまで拡大したのは、19世紀以降に過ぎない。それゆえブルは、主権国家システムやそれに基づく国際秩序を絶対的なものとして捉えてはいない。本書で主権国家システムの代替的な形態として、非武装世界や世界政府、さらには「新しい中世」と言われる、主権国家システムと国境横断的な非国家主体が併存する世界の可能性についても詳しく論じられているのは、そうした理由によるものである。

　その上でブルは、現行の世界で秩序を維持するには主権国家システムに代わる有効な手段が存在しないことを指摘する。確かに主権国家システムからなる秩序は大国中心主義で、社会的・経済的な正義と衝突する要素があるものの、だからといって世界政府や新中世主義がそれらを擁護する保証はどこにもない。むしろ、主権国家システムが崩壊することで、個人の権利や安全はより危機的な状況に陥る可能性すらある。そこにおいて、国際社会における秩序とは国家が追求すべき価値や正義というよりも、むしろ多様な国家から成る社会に最低限の規律をもたらす一つの手段として描かれているのである。

　もっともそれは、単なる西欧中心主義の擁護や現状追認主義ではない。ブルは、主権国家システムの秩序への貢献を認めつつ、それが時代遅れになったり、あるいは機能不全に陥らないために改革を行う必要性を指摘する。特に現行の秩序があまりにも西側諸国の利益を代弁したものとなり、第三世界を含む大多数の「持たざる」国々の要求に応えることができない場合は、そうした秩序が道徳的権威を失う恐れを指摘する。そこでブルは、真に普遍的な秩序を生み出すために、既存秩序に非西欧的な要素を取り入れる必要性を説くのである。こうしたブルの指摘は、戦後の「リベラルな国際秩序」が危機に瀕していると言われる今日の国際関係を考える上でも、極めて示唆に富むものであろう。（佐竹知彦）

グレアム・アリソン、フィリップ・ゼリコウ『決定の本質——キューバ・ミサイル危機の分析 第2版』全2冊（漆嶋稔訳）、（日経BPクラシックス）、2016年

Allison, Graham and Philip Zelikow. *Essence of Decision: Explaining the Cuban Missile Crisis*. 2nd edition. New York: Longman, 1999.

背景・概要

　対外政策決定の分析には伝統的に「合理的アクターモデル」と呼ばれる、国家を常に一行為主体とみる手法がとられてきた。そこでは政府内のアクター間の政治過程は無視され、政策決定は国家の合理的な計算に基づくと仮定されていた。

　1960年代になると、実際に政権内での政策決定を直接体験した研究者が合理的アクターモデルでは満足できず、政治過程モデルを提唱するようになった。これら第一世代の研究では、政府は一個人の判断だけで政策を決定するものではなく、政治権力は多くの組織に分散されていることが強調されていた。

　第二世代を代表するグレアム・アリソンは、第一世代の研究を「組織行動モデル」とまとめ、さらにそれを発展し精密化させた「政府内政治モデル」という第三のモデルを提示した。

　本書はキューバ・ミサイル危機を上記の三つのモデルで分析するものである。1971年に出版された第1版の著者アリソンは、第2版ではキューバ危機の新資料を扱った歴史家ゼリコウを共著者に選び、歴史家と理論家の両方の要求にこたえようとするとともに、第1版に対する批判にも対応している。

推奨ポイント

　本書ではキューバ危機という事例を、まず国家をブラックボックスとして扱う合理的アクターモデルで分析し、それで説明できない部分を他の二つのモデルで説明するという手法をとっている。それぞれのモデルの説明において、初版以降に出された学術的研究を広く網羅しており、それによって初版に対する批判に応えている。

　例えば、合理的アクターは的確な目的を設定し、その実現に向けた複数の選択肢のなかから最良の選択を行うということを前提条件としている。これに対して、完全な情報を正しく分析し、可能な選択肢をすべて提示し、その結果を正確に予測し判断できるか、これらの要件を一つでも満たさないと前提条件は成り立たないと批判された。これに対し第2版は決定者の知識と計算能力の限界を認め、様々な制約があり行われた決定でもそれは不合理な選択ではなく、その時点

で決定者が最も合理的と考えたものだと前提条件を緩和している。

　また初版における、人間が合理的である限りどのような国家でも同じ選択を行うという仮定に対する批判もあった。これに対し、第2版はコンストラクティビズムの研究を紹介し、国家には①概念的な国家、②一般的な国家（民主主義国、共産主義国など）、③特定の国家（日本、米国など）、④人格化された国家（プーチン政権など）のレベルがあるとし、国家の多様性を認め、ここでも前提条件を緩和し批判に対応している。

　キューバ危機において合理的アクターモデルで説明できない代表的な謎として提示されたのは、ソ連がミサイル基地建設の際に一切カモフラージュを施さなかったことである。米国の偵察機の飛来は予測できたはずなのに説明できないとされた。アリソンは第1版の組織行動モデルのなかで「標準事務手続き」という概念を提示し、組織の行動は硬直的であり前例主義をとると説明、基地建設管理者は国外での建設経験がないため、国内でと同じようにカモフラージュしなかったと説明した。第2版では、新たに出てきたソ連の資料から、ヤシの木や森に隠れて見えないと考えられたことや時間的制約があったことが示されている。

　第三の政府内政治モデルは、外交政策決定を国内政治過程の一領域とみなし、ミクロ的に政策決定過程を分析するものである。アウトプットとしての政策は、プレーヤー間の駆け引きなどの相互作用の産物とされている。このモデルで重要なのは、①誰が政策決定に関与し、②どのような関心を持ち、③どのような影響力を持っており、④どのようなゲームがプレーされるかの4点である。アリソンは第1版では、大統領は重要であっても必ずしも中心的な存在であると考えていなかった。大統領の役割を軽視しているとの批判に応え、第2版では政府内の序列の重要性を認めている。キューバ危機対策委員会の記録が開示されたため、フルシチョフが提案したトルコのミサイル撤去という交換条件に対して、政府内で反対が強いなかケネディ大統領が説得していく様子も示されている。

　これらの三つのモデルはお互いに補完しており、それぞれの説明力が有効になるのには限定された環境が必要である。また、この三つのモデルを使っても、包括的な対外政策過程の分析ができないこともある。第1版に対する批判には、議会をあまりにも軽視しているという批判もあった。本書が扱うキューバ危機のような緊急事態の対応においては、議会の役割は比較的小さい。しかし事例の期間を長くとって、立法府やメディア、世論、圧力団体などを含めた、包括的な国内政治モデルも提示されていれば、より優れた対外政策決定過程の教科書になっただろうと考える。（信田智人）

ロバート・ジャービス『複雑性と国際政治——相互連関と意図されざる結果』（荒木義修・泉川泰博・井手弘子・柿崎正樹・佐伯康子訳）ブレーン出版、2008年

Jervis, Robert. *System Effects: Complexity in Political and Social Life.* Princeton, NJ: Princeton University Press, 1997.

背景・概要

　国際政治は複雑である。国家だけではなく国際機関やグローバル企業といった多様なアクターが登場し、それぞれの国の外交政策も政府・議会・官僚機構・経済界などの利害関係が絡む複雑なプロセスを経て決まる。EUや国連などでの議論は多くの国の意見を集約するのだから、より一層複雑になる——というのは、誰もが抱く国際政治の印象だろう。しかし、社会科学の世界では、複雑であるという言葉に、単に「関わる物事が多くて込み入っている」以上の意味がある。

　本書は、国際関係のような社会システムの中で起こる「複雑な」現象を理解するための考え方を平易な言葉で解説したものである。国際政治は個々の現象がつながって連動する巨大なネットワークのようなものだ。ある国の行動がそこだけで完結するわけではなく他の国々に影響してゆき、長い目で見れば、意図せざる影響が国際社会全体に波及したり、場合によっては自国に返ってきたりすることもある。たとえばパキスタンの核政策はまずインドに対応するものであろうし、そのインドの行動は中国の動きにも大きく影響を受ける。中国の戦略は米国や日本・ロシアなどの動向に反応する、その経緯を逆にたどれば米中関係が「風が吹けば桶屋が儲かる」式にパキスタンの核政策に影響を及ぼすことも十分考えられる。

　国際関係のシステムは複雑な振る舞いをするとはいえ、説明不能というわけではない。フィードバック、多国間の出来事のつながり、連鎖反応やティッピング・ポイント（転換点）といった考え方を用いることで、システムの動きを理解することはできるのである。本書は明確なモデルや理論体系を示したわけではないが、国際政治のマクロな動態を理解するための基礎的な考え方をわかりやすく説明した。本書が書かれた1990年代には複雑系が分野を問わず一種のブームになっており、その思考法を政治や国際政治の理解に役立てようとした著作とも言えるだろう。

　著者のロバート・ジャービスは、2021年に逝去するまで長年コロンビア大学政治学部で教鞭をとった国際政治学者で、リーダーの誤認識や国家間の協調と対立の条件についての研究でよく知られる。ジャービスは晩年に自身のキャリアを

振り返り、「この本は最も重要な著書だと思うが、色々な学問にまたがる内容であったために、政治学分野では他の著作と比べてあまり注目されなかった」と述懐している。［Robert Jervis, "Politics and Political Science," *Annual Review of Political Science* 21（2018）: 1-19.］

推奨ポイント

　本書を薦めるのは、国際安全保障を理解する出発点になる考え方を本書が教えてくれるからである。本書で国際システムの複雑性の例として論じられている現象は、安全保障を学ぶ人であれば聞いたことのあるものが多いはずだ。たとえば、ある国の勢力拡大に便乗しようとする周辺の動きがさらに勢力拡大を加速させる「ドミノ倒し」と呼ばれる状況や、安全確保のために行ったはずの軍備増強や核開発が周辺諸国の軍拡を促して、逆に自国の安全を危うくしてしまう「安全保障のジレンマ」のような軍拡スパイラルは、変化がさらなる変化を呼ぶという正のフィードバック機構の例である。

　このように、システムの動きを説明するための普遍的な概念が安全保障の問題を理解するための共通言語になりうるということを本書は示した。近年の安全保障の理論研究は、外交政策の決定や二国間の駆け引きを分析するミクロな理論を中心に発展してきたと言えるが、国際政治のシステムの動きを理解しようとする研究も一部のテーマで盛んに行われており、本書の精神を継承した探究が大きく進んでいく可能性はある。

　このような研究が今後進んでいけば、米中露など大国を取り巻く世界の動きと「合従連衡」、米国のプレゼンスとアジア地域の安全保障、アフリカなどの地域での紛争と暴力の拡散、軍事費増加が周辺諸国に与える波及効果、局地的な戦争が他の地域に飛び火する可能性、地域統合が加速する条件など、とりわけ多国間にまたがる問題を考えるための大きな力になるだろう。近い将来、安全保障の理論を学ぶ人にとって、本書がケネス・ウォルツ（Kenneth Waltz）、アレクサンダー・ウェント（Alexander Wendt）、ロバート・パウエル（Robert Powell）らの著作と並ぶ古典の一つとされるかもしれないのである。（佐桑健太郎）

ポール・ピアソン『ポリティクス・イン・タイム──歴史・制度・社会分析』
（粕谷祐子監訳）勁草書房、2010年

Pierson, Paul. *Politics in Time: History, Institutions, and Social Analysis.* Princeton, NJ: Princeton University Press, 2004.

背景・概要

　現在は過去の延長線上にある。この当たり前のことを、安全保障を学ぶ者はどのように考えたらよいだろうか。目下進行中の紛争や国際関係の分析ないし将来予測に関心のある者にとって「歴史」は予備知識に過ぎないのだろうか。過去から切断された現在があるとまでは考えなくとも、そのことに「歴史は大事」という以上の意味を見出している者はどれだけいるだろうか。

　本書でピアソンが主張するのは、過去のある時点で生じた事象は、一定の条件下で現在もしくは将来の事象の「原因」になるということである。比喩的にいえば、レゴ・ブロックの組み立て方にはほぼ無限の可能性があるが、最初にどのブロックを組み合わせるかで後の組み合わせ方は制限される。過去の決定が作品の完成形を大きく左右する。あるブロックは構造の要となり、それを取り除くとブロックの集合を成立させている統合性が失われる。過去と現在は因果的につながっているだけではなく、事象の「始まり」が重要なのである。

推奨ポイント

　こうした議論は従来の歴史的制度論と重なるところがある。しかし、本書の新しさは過去に生じた事象を「歴史」ではなく「時間」の次元で扱っているところにある。先行する事象の通時的履歴を示し、それが結果に向かって蓄積されていく力学的な過程を「動画」的に考察する（すなわち、歴史分析を行う）ための枠組みを提示する。

　示唆的なのは機能主義的アプローチに対する懐疑的な眼差しだろう。機能主義的アプローチとは、国際社会における主要なアクターが特定の政策や制度から得られると期待される利益に鑑みて説明をつくりあげるものである。これは安全保障を学ぶ者にとっては、おそらく国家の合理性を仮定するのと同じくらい自然なことである。たとえば、ある時点での日米同盟の原因を説明する際に戦略環境上、日米同盟がその時点でどのような役割／機能を果たし、それが大国である米国をいかに益しているかを考える。そして米国がそのような利益を有している（あるいは有していない）ことが、説明対象となる日米同盟の原因だと推論する。

日米同盟に変化がある場合もない場合も、いずれにせよ実際に生じた結果は米国にとって理にかなうものだと考える。これは一歩間違えるとトートロジーだが、われわれには現存するものは合理的だと考えてしまう癖がある。

　ピアソンによればそうしたアプローチには問題が多い。たとえば、実際に生じたか、あるいは現に生じている事象は、偶然選ばれただけの政策が惰性で継続しているのかもしれない。たしかに、われわれはある政策や制度を設計したアクターの選好や期待から離れて、それが一人歩きを始めたときに何が生じるのか、必ずしも正しい知識をもっているわけではないだろう。一旦始まった戦争はなぜ長期に及ぶのか。はるか昔に役割を終えたかにみえる、あるいは終えるはずだった同盟関係が継続するのはなぜか。国際関係の非効率な条約や慣習、ルール、規範が変更されずに残るのはなぜか。これらは安全保障を学ぶ者にとって重要な問いだが、機能主義的アプローチに依拠する限り満足な説明を与えることは容易ではない。

　それゆえ、ピアソンは分析の視点を特定の政策の「結果」から「原因」へと移さなければならないと説く。分析対象となる事象の立ち上がりの瞬間か、あるいはそれが確立し、継続する現在の機能のどちらかに焦点を絞る従来の静止画的な分析の傾向を見直さなければならないと主張する。そのうえで、彼がとりわけ有用だとするのが経路依存の概念である。経路依存とは、ひとたび特定の経路が定まればそこから方向転換することが困難になることである。そしてそこには、かつては現実的と思われていた選択肢が失われてしまうことが含意されている。走り出したら止まらない、止められないということだ。

　こうした事象は社会一般に広くみられるが、安全保障の領域も例外ではない。むしろ安全保障の領域こそ経路依存が強固に作用するといえるのかもしれない。なぜなら、安全保障をめぐる政治の意思決定には強力な現状維持バイアスが働くからである。大きな変更を伴う政策は避けられる傾向にあるばかりか、そこで作り出された状況が自己強化的に粘着性を獲得していくことも珍しくない。

　問題は経路依存が生じる場合とそうでない場合を同定できるかどうかだが、ピアソンは関連する事象が生じるタイミングとその配列にその違いを見出している。たんに取引費用の問題に回収しないところが、ミクロ経済学に基礎をおく従来の制度論との違いだろう。分析の中心に「時間性」を置くことで、われわれは戦争や同盟の動態（生成・安定・変化）に関する新たな仮説を手にできるかもしれない。そんな期待を抱かせる本である。（川名晋史）

ロバート・ギルピン『覇権国の交代──戦争と変動の国際政治学』
（納家政嗣監訳・徳川家広訳）勁草書房、2022 年

Gilpin, Robert. *War and Change in World Politics*. Cambridge: Cambridge University Press, 1981.

背景・概要

　本書の原著（1981 年）が出版されたのは、アメリカ覇権の衰退が懸念されていた一方、米ソ間でいわゆる「新冷戦」が始まっていた時期であった。また、国際的相互依存関係の増大や核兵器の出現といった社会・経済・技術の変化に伴う、不確実な国際政治の変動が世界の関心を集めていた。

　本書は、国際政治変動と戦争の関係を考える知的枠組みを提供するものである。その枠組みとは、①均衡状態にある国際システム⇒（力の不均等成長）⇒②システムにおける力の再配分⇒③システムの不均衡⇒④システム危機の解消⇒①、という国際システムの循環的な変化を表すモデルである（第 1 章図 1）。歴史上、③システムの不均衡により生じる④システム危機は、主に国際システムの統治・支配をめぐる戦争（覇権戦争）によって解消されてきたという。

　著者のロバート・ギルピンは 1930 年生まれの国際政治学者である。1960 年にカリフォルニア大学バークレー校で博士号を取得した後、プリンストン大学ウッドロー・ウィルソン校に着任、1970 年から長く教授を務めた。1998 年から同大学名誉教授となり 2018 年に逝去した。専門は安全保障論と国際政治経済論である。

推奨ポイント

　国際政治論のリアリズムには多くの理論が存在するが、それらを大別すると勢力均衡理論と覇権理論の二つに分けることができる。勢力均衡理論は、大国間の勢力均衡が平和をもたらすと主張する。また、勢力均衡が単一強国による支配を困難にしているとみて、複数の大国が水平的に並び立つ無政府状態（アナーキー）として捉えている。他方で、覇権理論は、単一の強国が支配する状態（覇権）が平和的であると主張する。また、国家間の関係を垂直的な階層（ヒエラルキー）と見なしている。このように世界観が異なるのは、勢力均衡理論が近代ヨーロッパのシステムを見ているのに対し、覇権理論は主に世界システムに着目していることが大きい。

　本書は、覇権理論の一つである覇権移行理論（覇権安定理論）の基本書である。本書の特徴のうち、次の三点を強調しておきたい。第一に、理論の時間的な射程

が圧倒的に長い点である。「国際関係の本質は紀元前5世紀のツキュディデスの時代から根本的には変化していない」というのが本書の基本的な仮定となっている。本書は、世界史の大きな流れ（システムの変化）について、①国際システムを支配する帝国が入れ替わる、帝国サイクルの前近代、②ヨーロッパ勢力均衡システムの近代、そして、③イギリスからアメリカへの覇権交代の19世紀以降と整理している。しかし、いずれのシステムにおいても、国際システムの統治の変化（システム内の変化）を説明する本書の理論は当てはまるとしている。

　第二に、現代のリアリズム理論を超えた国際秩序論を提供している点である。ギルピンは、本書の分析対象である国際システムの制御または統治を国際秩序とも呼んでいる。国際秩序の要素としては、①国家間における力の分布、②国家間の威信の階層、それに③国家間の相互作用に関わる権利と規則の三つを挙げている。他のリアリストと同様、力の分布を強調しているものの、現代の多くのリアリストが軽視している威信や権利・規則といった要素まで含めている。また、支配的な国家による公共財（安全保障や経済秩序など）の提供や自由主義的な国際経済秩序への言及もある。本書は、アメリカを中心とする現在の国際秩序の論理や衰退について示唆に富む。

　第三に、国際政治変動パターンの記述だけではなく、そのメカニズムの理論的説明を試みている点である。「国家が国際システムの変更を試みるのは期待利益が期待費用を上回る時である」という国家行動の仮定に基づき、国家が修正主義的になる条件を明確にしている。この費用便益計算に影響を与えるものとして、環境的要因（技術・軍事・経済の変化）、国際要因（国際システムの構造）、国内要因を挙げている。ギルピンはネオリアリストと呼ばれることもあったが、それは国際システムの構造を重視していたからであろう。しかし、彼が着目したのは、二極や多極といった静態的な力の分布ではなく、動態的な力関係の変化であった。それは、主に国家間の力の不均等成長により生じるものとして説明されている。

　本書は、E・H・カー（Carr）著『危機の二十年』のように、現代的なリアリズムの境界を越えて多様な要因を検討し、政治と経済の関係まで考察の射程に入れている。現代の社会科学における理論単純化の要請に反していることもあり、その後の実証的研究や理論の発展にはあまりつながらなかった。しかし、本書の理論と歴史に基づく考察は、21世紀における中国の台頭が国際政治に及ぼす影響や、米中間の覇権戦争や平和的変更の可能性について考える上でも重要な知見を与えてくれる。支配的な国家の興亡が戦争と平和に及ぼす影響について多面的な理解を得ることができる本書は、「孤高の名著」と言えるだろう。（宮岡勲）

ジョン・J・ミアシャイマー『新装完全版　大国政治の悲劇』（奥山真司訳）五月書房新社、2019年

Mearsheimer, John J. *The Tragedy of Great Power Politics.* Updated edition. New York: W.W. Norton, 2014.

背景・概要

　本書原著の初版（2001年）は、1991年のソ連崩壊からおよそ10年の歳月をかけて執筆された。1990年代は、国際政治を楽観視するリベラリズムが注目を集めた一方、リアリズムにとっては冬の時代であった。ミアシャイマーは、このような希望的観測を戒め新しい装いでリアリズムを再興させようとした。中国の台頭を中心に最終章を書き改めた原著改訂版（2014年）の翻訳となる本書は、オフェンシブ（攻撃的）リアリズムと呼ばれている国際政治理論の基本書である。イントロダクション（1章）に続く本文の構成は、次のとおりとなっている。理論の概要説明（2章）、パワー概念（3・4章）、およびパワー獲得・保持の戦略（5章）について議論した上で、歴史的な証拠として1792年から1990年までの大国の行動を挙げて検証している（6・7章）。そして、抑止戦略の選択（8章）、戦争の原因（9章）、および中国の台頭（10章）に関する考察が続く。

　著者のジョン・ミアシャイマーは1947年生まれの国際政治学者である。1980年にコーネル大学で博士号を取得し、1982年からシカゴ大学で教えている。専門は国際政治理論や軍事戦略論である。

推奨ポイント

　本書は、ポスト冷戦期において最も重要なリアリズムに関する著作である。冷戦前期の人間性（古典的）リアリズムを代表するハンス・モーゲンソー（Hans Morgenthau）著『国際政治——権力と平和』や、冷戦後期のディフェンシブ（防御的）リアリズムを代表するケネス・ウォルツ（Kenneth Waltz）著『国際政治の理論』に続く、リアリズムの代表作となる。

　そう言えるのは、古典的リアリズムや防御的リアリズムとは異なる、独自の攻撃的リアリズムの理論を初めて包括的にわかりやすく論じているからである。攻撃的リアリズムの主張は、端的に言えば「無政府状態という国際システムの構造により（原因）、大国は相対的なパワーを最大化させて覇権達成を追求する（結果）」というものである。原因の点では防御的リアリズムと同じであるが、結果の点では古典的リアリズムと同一となる。

本書がリアリズムに地理的要因を取り入れていることも注目に値する。大国は、覇権を追求するものの、海を越えての兵力投入が水の制止力のために困難であることから、グローバル覇権国になることは不可能であるとされている。そこで、大国にとっての理想的な状態は「世界で唯一の地域覇権国になること」であるという。この状態になって初めて、大国は現状維持を志向するようになる。他の地域では複数の大国が牽制し合うため、地域覇権国には脅威が及ばなくなるからである。ただし、他の地域において勢力均衡が崩れ潜在覇権国が台頭してくる場合は、地域覇権国は、域外からのオフショア・バランサーとなってその地域に介入し潜在覇権国の台頭を阻止するという。この説明は、近代史において唯一の地域覇権国となったアメリカが20世紀前半に二つの世界大戦に参戦したことや、冷戦時代にソ連を封じ込めたことだけでなく、現代アメリカの戦略を理解する上でも役に立つ。

　本書のさらなる理論的貢献としては、潜在覇権国の有無によって多極システムを不安定なもの（有）と安定したもの（無）に区別したことを挙げることができる。これにより、二極と多極のシステムのみを比べる古典的リアリズムや防御的リアリズムよりも、よりニュアンスのある主張がなされている。例えば、戦争が最も起こりやすいのは、不安定な多極システムの時であるとされている。この主張により、ミアシャイマーは、中国の台頭を伴う今のアジアの状況にとても悲観的である。

　本書に対しては、理論の検証において歴史解釈が都合よく行われているとの批判がある。そういった面が部分的にあることは否定できないであろう。しかし、攻撃的リアリズムで説得力のある説明ができる重要な事象は多い。国際構造要因のみに基づく理論の説明力には限界があることに留意しつつ、攻撃的リアリズムを他のリアリズム理論と相互補完的に捉えていく必要があるだろう。

　本書原著の初版は、2001年9月11日にアメリカで起きた同時多発テロの少し前に出版された。当時、アメリカの相対的パワーは最盛期を迎えており、大国政治の悲劇というテーマは時代錯誤という受け止め方が多かった。そうした時代状況において、潜在覇権国への中国の台頭がアメリカにとって最大の脅威であると主張し、中国に対するリベラルな関与政策という失策は近い将来に放棄されるであろうと予測していたことは敬服に値する。しかし、直後にアメリカがグローバルな対テロ戦争にのめり込んでいく状況において、テロリズムへの言及がない本書は過小評価されていたきらいがある。ようやく大国間競争に注目が集まるようになった今、本書を読む価値がさらに高まっていると言えよう。（宮岡勲）

ジョン・アイケンベリー『リベラルな秩序か帝国か——アメリカと世界秩序の行方』全2冊（細谷雄一監訳）勁草書房、2012年

Ikenberry, G. John. *Liberal Order and Imperial Ambition: Essays on American Power and World Politics.* Cambridge: Polity, 2006.

背景・概要

　G・ジョン・アイケンベリー（G. John Ikenberry）は、1954年生まれのアメリカの国際政治学者であり、2004年からプリンストン大学教授として国際政治理論を中心に教えている。リベラリズムの系譜では世界で最も影響力のある国際政治学者の一人であり、本書以外には、『アフター・ヴィクトリー——戦後構築の論理と行動』（NTT出版、2004年）が邦訳されている。また、『フォーリン・アフェアーズ』誌などにも頻繁に論文を寄稿するとともに、民主党政権の対外政策立案にも一定の影響力を持ち、現代のアメリカの対外政策と、その理論を理解する上で重要な位置を占める国際政治学者といえる。

　本書は、1996年から2004年までに、アイケンベリーが論壇誌や学会誌に寄稿した論文が中心となっており、とりわけイラク戦争に進んだジョージ・W・ブッシュ（George W. Bush）政権の対外政策に対する批判的な考察がその中核を占めている。その理論的な特徴は、リベラルな国際秩序（Liberal International Order: LIO）の理論化にあり、その後の現実の主要国の対外政策や、国際政治学の動向にも大きな影響を与えた。

推奨ポイント

　1980年代から90年代にかけての、国際政治理論の潮流においては、ネオリアリズムとネオリベラリズムの間の対立がその一つの特徴であった。アイケンベリーは、かつてハンス・モーゲンソー（Hans Morgenthau）が教壇に立っていた、リアリズムの伝統が強いシカゴ大学で博士号の学位を取得し、その後プリンストン大学助教授として、ネオリアリズムの中心的な理論家のロバート・ギルピン（Robert Gilpin）の同僚となった。そのような背景からも、パワーやヘゲモニーといった概念を基礎としつつ、それと同時に同意や協力といったリベラリズムの理念を包摂した「リベラルな国際秩序」の理論化を発展させていった。それゆえ、イラク戦争の際にも、アメリカの軍事攻撃がリベラルな国際秩序を損なう懸念をしばしば指摘した。

　本書の「日本語版への序文」の冒頭で、アイケンベリーは、「本書は、リベラルな国際秩序の起源とその性質、発展、そして危機について私の考えをまとめ

た」と論じている。そして、「対テロ戦争」とイラク戦争の時代のなかで、「アメリカが主導するリベラル国際主義は『危機』のなかにあるが、開放的ルールに基づいた秩序として規定されるリベラル国際主義それ自体はしっかりと生命を保っており、今後のアメリカのパワーが衰退する時代においても、そうなのだ」（ⅰ頁）と述べる。アイケンベリーは、アメリカの場合は、ソ連や中国の場合とは異なり、開放的で制度化された多層的な国際秩序として、同盟諸国との協力を基礎とした「リベラルな覇権」を確立したと論じる。

　そのようなアイケンベリーの国際政治理論は、「立憲主義（コンスティチューショナリズム）」と呼べるものである。すなわち、アイケンベリーは、アメリカが1941年の大西洋憲章や、1945年の国連憲章、そして1949年の北大西洋条約などを通じて、リベラルな価値を基礎とした立憲的な秩序を戦後に確立したのであり、それが冷戦後も持続しているところにリベラルな国際秩序の本質があるとみなす。そして、たとえ中国のような新興国が台頭したとしても、戦後に日本や西ドイツがそうであったように、「社会化」が進行することで、そのようなリベラルな価値が世界に広がっていくことが重要なのだとする。そのようなアイケンベリーの国際政治理論を背景に、オバマ政権の対外政策において、中国やロシアとも一定の協力を進めていき、リベラルな国際秩序を擁護する姿勢を見ることができた。

　アイケンベリーのリベラルな国際秩序の理論は、彼が批判をしたブッシュ政権のネオコン（新保守主義者）たちの提唱する帝国的で垂直的な権力関係を前提とした戦略論を相対化して、同盟諸国とのより水平的な協力関係を前提とするその後のオバマ政権の国家安全保障戦略にも一定の影響を及ぼした。その成果は、2006年9月に、プリンストン大学の同僚のアン＝マリー・スローター（Anne-Marie Slaughter）教授との協同でのプリンストン国家安全保障プロジェクト（Princeton Project on National Security）（『法の下で自由の世界を推進する──21世紀のアメリカの国家安全保障（*Forging A World of Liberty Under Law: U.S. National Security in the 21ˢᵗ Century*)』）として結実する。そしてスローターはその後、オバマ政権成立とともに国務省政策企画室長として対外政策立案に関与した。だが、その後2016年の大統領選挙で共和党が勝利して、翌年1月にドナルド・トランプ政権が成立すると、トランプ大統領のリベラル国際主義を否定するような対外政策を、批判する立場に立つようになった。

　本書ではそのように現実に影響を及ぼしたリベラルな国際秩序について、歴史的な視座から論じたアイケンベリーの理論を深く理解できるだろう。（細谷雄一）

長谷川将規『経済安全保障——経済は安全保障にどのように利用されているのか』日本経済評論社、2013年

背景・概要

　米中間の緊張関係の高まりを受けて、経済安全保障が注目を集めている。この背景には、経済的に急成長を遂げた中国が、その経済力を利用して政治的、軍事的な影響力の拡大に乗り出してきた要因がある。このため、安全保障に影響を与える要素として、軍事力と外交力に加えて、技術力を含む経済力が重みを増してきたのである。

　本書は、経済安全保障を「安全保障のための経済的手段」と明確に定義し、その全体像を包括的かつ体系的に捉えた著作である。経済的手段の類型化を通じて、経済安全保障を考察する枠組みを提示するとともに、この枠組みを活用して、中国・ASEAN自由貿易協定と人民元の通貨エリア、中国に関わる勢力均衡政治と経済安全保障、経済的な相互依存と戦争の関係についての事例研究を行っている。

　刊行されたのは2013年だが、現在の国際関係の経済安全保障面からの分析にも応用可能なツールを提供しており、あいまいになりがちな経済安全保障問題の考察に、有用な枠組みを提示している。

推奨ポイント

　本書の特徴は、「安全保障のための経済的手段」を従来のポジティブ、ネガティブという2分法を越えて、1）シグナル、2）強化、3）封じ込め、4）強制、5）買収、6）相殺、7）抽出、8）誘導、の八つのカテゴリーに類型化した点にある。この類型化と理論的な枠組みの提示により、国際政治経済問題への新たな視角を提供している。

　経済安全保障は、経済と安全保障が重なり合う融合領域を扱うため、厳格な定義は難しいが、定義をあいまいにしておくと、その解釈が際限なく広がる危険性を持っている。また、現在のように経済安全保障問題がブーム化する時には、事象だけから類推する安易な研究や論考が横行し、経済安全保障研究の本質が見失われてしまう可能性がある。本書は、多くの問題を抱える概念である経済安全保障を明確に定義し、この領域の問題を分析する統合的な枠組みを提示した点に何

よりも価値がある。若干の複雑さは残るものの、この分析枠組みが提示されたことにより、経済安全保障に関わる問題が明確化され、より有意義な議論の展開が可能になる。

　本書は、類型化と枠組みの提示の後に事例研究を行っており、この枠組みを実際にどのように応用するのかを知ることができる。事例では中国のケースが2章にわたって取り上げられている。中国は、一方で他国との経済的な相互依存が進み、もう一方で周辺国に安全保障上の脅威を与える存在であり、このような国への理解を深めるためには、経済安全保障の思考が欠かせない。ただ、本書が発行されたのは、中国との経済的な相互依存が急速に進んでいた時期であり、中国の安全保障上の脅威は現在と比べると低かった時期である。しかし、この頃からすでに中国が駆使する「安全保障のための経済的手段」についての理解が必要であったことは、本書が指摘する通りであり、中国を舞台に経済と安全保障が正面から相克する現在の国際関係を考察するためには、本書の事例で示された分析方法は有効だろう。

　三つ目の事例研究（第5章）では、経済的な相互依存と戦争の関係についての考察がなされている。グローバル化が進行していた時代は、経済的な相互依存が戦争という破壊を伴う行為のコストを上昇させるため、これが戦争の可能性を低下させ、相互依存が平和につながるという議論がなされていた。一方、現在の米中間の覇権争いが進行する時代においては、経済的な相互依存が緊張を高め、これが政治的、軍事的な緊張関係に波及し、戦争の可能性を高めるという議論がなされている。

　本書は、経済的な相互依存が平和につながるかどうかは、特定の条件に左右されるとする。そして、どちらの方向に展開するかは、安全保障のためにどのような経済的な手段が用いられるかが鍵を握ると指摘する。この切り口をベースにしてさらなる分析と検証を進めることにより、経済的相互依存と安全保障に関わる課題に対する理解を深めることができるだろう。また、国際安全保障環境を左右する米中関係の将来を見通すためには、このような経済安全保障的な思考が重要となることは言うまでもない。経済安全保障研究の究極の目的の一つは、経済的相互依存と安全保障の関係について何らかの解を与える点にあり、この大きな課題に挑戦している点にも本書の価値がある。

　本書は、国内外の詳細な文献調査を土台にして書かれており、経済安全保障の研究を始めようとする人にとっては、巻末の参考文献リストは研究の出発点として役立つだろう。（村山裕三）

学会誌『国際安全保障』の課題と展望　赤木完爾

　歴代の編集委員長の尽力によって、学会誌『国際安全保障』は近年、安全保障の専門家のみならず、この種の問題に知的関心を有する人々にとっても魅力的な論考を数多く掲載している。防衛学会が学会名称を2000（平成12）年に国際安全保障学会に改称したことにともない、それまでの学会誌『新防衛論集』（ISSN 0286-9241）は誌名を『国際安全保障』（ISSN 1346-7573）と改称したが、巻号数は『新防衛論集』の最後の巻である第28巻第4号を継承して、その後継雑誌であることを明示している。

　『国際安全保障』第29巻第1号（2001年6月）から第51巻第2号（2023年9月）までに掲載された論考は540点である。そのうち特集テーマに関する論文が434点、自由論題が63点、研究ノートが43点である。刊行から1年以上経過した掲載論文はJ-STAGE（科学技術振興機構が運営する電子ジャーナル・プラットフォーム）にPDFの形で論文等が掲出されているが、検索エンジン最適化の必要、近時の翻訳ソフトの劇的発達と対外発信の意義を鑑みると、全文HTML形式での公開が急がれる。

　筆者はかつて第44巻第4号（2017年3月）において、それまでに学会誌に掲載された論考について初歩的な分析を行った。6年後の現在、論文の目的や分析対象の傾向に大きな変化はなく、記述的分析が圧倒的に多数の論考を占めている。そして理論を明示的に用いた研究が依然として少数にとどまるとの印象を抱いている。

　安全保障研究において研究成果には、政策が課題としている問題の性質を理解する上で有益な知識を提供するところに政策との関連性があることが期待されている。もとより事象の分析を目的とした論文に政策との関連性を有するものは少なくないが、それは論文を読む側の問題意識にも大きく依存するものでもある。安全保障研究は、学問分野（discipline）ではなく、そこにあるのは研究対象となる問題や課題である。その研究対象は、21世紀に入ってテロ、サイバー、人道支援、安全保障貿易管理など、問題が位置づけられる領域が拡大しつつある。けれども研究者の側から政策に喫緊に必要な要素を推し量ることは簡単ではない。本誌において政策志向性を追求し、明確に政策提言を企図したのは、当時の西原正会長自らが編集された第39巻3号（2011年12月）の論考11点にとどまっている。

　ルポルタージュのような論考を除けば、事例研究や現状分析であっても、雑多な事象から議論を整理して論ずるためには、明示するか否かは別として何らかの理論は必要である。こうした意味において、論者において濃淡があっても、理論的な背景や枠組み、方法を自覚して行われる研究へのさらなる取り組みの強化は、学会にとって今後の重要な課題と思われる。ハイエク（F. A. Hayek）が語ったとされる「理論がないところでは、事実は沈黙する」の意味するところは重大である。

III　冷戦と冷戦後

ジョージ・オーウェル『1984』（田内志文訳）KADOKAWA（角川文庫）、2021年

Orwell, George. *Nineteen Eighty-Four*. 1949. Reprint, London: Penguin Classics, 2021.

背景・概要

　イギリスの作家、ジャーナリストであったジョージ・オーウェル（本名エリック・アーサー・ブレア）の遺作。第二次世界大戦後間もない1947年から1948年にかけて執筆された。1948年末に原稿は完成し、1949年6月に初版がセッカー・アンド・ウォーバーグ社より出版されたが、執筆当時からオーウェルは結核の悪化に苦しんでおり、1950年1月21日にこの世を去っている。『動物農場』（1945年）と共に、全体主義社会、特に当時のスターリン体制下の共産主義社会を風刺するディストピア小説の名作として名高い。『動物農場』の方は寓話の形を取り主人公たちは動物であるのに対し、『1984』の方はよりリアルに全体主義社会で生きる人間の姿を描いている。その世界観は、現在に至るまで、全体主義社会を形容する比喩として機能し、彼が編み出した「ビッグ・ブラザー」、「二十思考」、「ニュースピーク」などの用語は、「オーウェリアン」（オーウェル的な）という言葉と共に、全体主義社会を形容する語彙として今日なお生き続けている。

推奨ポイント

　筆者が初めてこの小説を読んだのはオーストラリアでの高校生の時で、国語（英語）の課題図書としてであった。おそらく人生で最も衝撃を受けた書と言っていい。オーウェルの他の作品を見ても、ここまで研ぎ澄まされ、言語的完成度の高い作品はなく、やはりこの小説を書いた当時の世界と彼自身の置かれた特殊な状況が、大きく影響しているのであろう。『1984』の表題は、単に彼が作品を書き始めた当時から約40年後ということで選ばれたようだが、細部に至るまで作りこまれた、架空の一党支配の全体主義社会は、彼にとっては自分が生きてきた時代に眼前にあった、ファシズムとスターリン体制そのものであった。当時、周囲のイギリス人があまりにスターリン支配下のソ連体制について甘い認識を持っていることに対して感じた焦燥感が、作品の原動力となっている。

　オーウェルは、1903年に英国政府役人の子供として、インドで生まれた。イギリスを代表する「パブリック・スクール」であるイートン校へ奨学金を受けて通った後、ビルマでインド帝国警察に就職した。しかし彼はこの世界になじむことができず、イギリスの帝国支配に違和感を抱いてビルマを去る。その後しばら

く作家を目指して文章を書きつつ貧乏生活を送るが、そのあたりのことは『パリ・ロンドン放浪記』に書かれている。

　戦間期のイギリス知的階級は、当時の先進国の多分に漏れず共産主義思想にかぶれる者が多かった。「ケンブリッジ・ファイブ」と呼ばれる、名門ケンブリッジ大学の学生たちが形成していたソ連のスパイ網があったことはよく知られている。中でもキム・フィルビーは英国秘密情報部 MI6 で要職についていたが、実はソ連の二重スパイであったことは有名である。オーウェルが彼らと同じ道をたどらなかったのは、かなりのところ偶然の産物かもしれない。ビルマで反帝国主義者になった後、社会の底辺にいる人々の優れたルポルタージュを書いて作家としての頭角を現した。その頃から、社会主義に傾倒していった。1936 年にスペイン内戦が始まった時、当時の多くの若者同様オーウェルも、ファシズムと闘うためにスペインに向かった。しかしいくつかの偶然が重なり、彼は多くの外国人が加わった国際旅団ではなく、POUM（マルクス主義統一労働者党）義勇軍の方に加わった。これはスペインにおける反スターリン主義の集団であり、この結果1937 年以後、スペイン共産党から弾圧を受ける身となった。このことはソ連の大粛清と同時進行しており、オーウェルの小説にあらわれる粛清の生々しい描写は、この体験から来ていると思われる。

　イギリスに帰国後、国内では依然として「ソヴィエト神話」が生き続けているのを目にし、共産主義支配の現実について知らせる必要を感じて小説執筆へ向かった。死を目前にして書かれた『1984』には、文字通り鬼気迫るものがある。革命の熱狂が過ぎ去った後、一党支配が貫徹され、社会の隅々まで、人間生活の隅々まで、最後は個人の頭の中のすべての思考や感情まで支配しつくそうとする独裁体制の社会と、そこに生きる人間の悲劇を余すことなく描き切っている。

　オーウェルの危惧したほどには、『1984』的社会は当時は世界を覆いつくさなかった。しかし、冷戦期間中オーウェル的な世界像は、共産主義体制に対する警鐘として機能し続けた。冷戦終結により、『1984』の世界は過去のものになったかのような時代がしばらく続いた。しかし今再び、『1984』の世界は、以前に増して強力になって復活している。「テレスクリーン」で常に監視され続ける現実、「戦争は平和なり／自由は隷属なり／無知は力なり」という標語は、驚くほどまでに、今の中国や北朝鮮、ロシアなどの社会と重なり、背筋が寒くなる。オーウェルが 1989 年を知ることなく死んだことを、気の毒だと過去に思ったことがあった。しかし、2024 年の世界は、オーウェルの想像を超えて、オーウェル的になりつつある。今こそ再読されるべき古典である。（岩間陽子）

永井陽之助『冷戦の起源──戦後アジアの国際環境』中央公論社、1978年（中公クラシックス、2013年）

1973-76年にかけて「国際環境に関する基礎的研究」という大型研究プロジェクトがあった。アメリカを中心とした本格的な戦後史の史料公開が、その背景をなしていた。主査は歴史家の林健太郎（元東京大学総長）で、当時としては例を見ないほど大規模な国際的企画であった。それを基に、比叡山で国際シンポジウムが開かれ、中央公論社から一連の『叢書国際環境』が刊行された。後者は敏腕編集者の粕谷一希が手がけた。本書は、この叢書の一冊である。

著者の永井陽之助は、政治意識の研究から国際政治学に転じた碩学である。アメリカ留学中にキューバ・ミサイル危機を目の当たりにしたことが、転機であったという。高坂正堯（京都大学教授）、神谷不二（慶應義塾大学教授）らと共に、いわゆる現実主義者の論客として、1960年代から80年代にかけて論壇をリードした。

本書は、その永井が膨大な史料と文献を渉猟し、得意の華麗なレトリックを駆使した歴史研究の傑作である。冷戦の思想的な背景から朝鮮戦争までを、東アジアの国際環境を中心に重厚に分析している。

推奨ポイント

まず、本書は日本で最初の本格的な冷戦史研究の書物である。「戦後日本が「冷戦の起源」という表題の、一冊の本格的な冷戦史研究書を持たなかったということほど、われわれ日本人にとって戦後とは何であったのかということを象徴するものはないのである」と、著者は自負を示している。その上で、「交渉不可能性の相互認識にたった非軍事的単独行動の応酬」という、冷戦の有名な定義を、著者は下している。

著者は、ジョージ・ケナンの対ソ封じ込め戦略に疫学のメタファーを、トルーマン・ドクトリンに内向き密教と外向きの顕教を読み解く。いずれも、アメリカ外交の歴史的伝統である。また、冷戦の起源をめぐるアメリカ国内での論争についても、単にアカデミックなものではなく、アイデンティティーをめぐるものであるとして、アメリカの責任を重視する修正主義のウィスコンシン学派に中西部のポピュリズムを嗅ぎ分けている。こうした分析は、冷戦の起源を超えて、今日

のアメリカ外交を理解する上でも、大いに役立つ。また、こうした概念化や分類の試みは、政治学と歴史学、さらには思想研究の見事なブレンドを提供している。しかも、それを支える文体とレトリックは、アカデミズムとジャーナリズムの融合でもある。

さらに著者は、原子爆弾の開発問題やポーランド問題をめぐって、アメリカとイギリスの戦略構想や国際秩序観の相違を描き出している。アメリカ、とりわけフランクリン・D・ローズヴェルト大統領にとっては、原爆は孤立主義の要請と対外干渉を両立させる鍵であった。また、戦後ポーランドの処遇問題は、空間の境界ラインとイデオロギーの分割ラインという、冷戦特有の二重の対立を孕んでいた。

原爆投下の決定過程についても、著者は内政の拘束と官僚機構の惰性などをつぶさに検討している。特に日本では、これは感情に流されやすい争点だが、冷静で多面的な著者の分析は、今日でも十分な意義を持っている。しかも、原爆投下をめぐる人種主義や復讐心の痕跡を、著者は決して見逃してはいない。

そして、朝鮮半島が「極東のポーランド」となり、この地で冷戦下の熱戦が勃発する。アメリカにとって、朝鮮半島は戦略的周辺部であり、北朝鮮による韓国への奇襲攻撃は「冷戦の真珠湾」に相当した。これを契機に「封じ込めの世界化と軍事化」が進行する。また、この間に、アメリカ国内ではマッカーシズムという「復讐による国内統合」も生じた。

この朝鮮戦争の反復として、ベトナム戦争がある。いずれも、アメリカの西洋中心思考の副産物であり、実体より象徴を重視する傾向の帰結である。さらに、ベトナム戦争のそのまた反復がイラク戦争となろう。もちろん、永井はイラク戦争まで論じていないが、彼の概念化と分類は21世紀までをも射程に収めているかのようである。

永井の論壇デビュー作は、『平和の代償』(中央公論社、1967年)である。また、晩年の力作には『現代と戦略』(文藝春秋、1985年)がある。いずれも、戦後日本の知識人や論壇が避けてきた戦略論、しかも核戦略論を、該博な知識で堂々と論じるものであった。その中間地点に、歴史を縦横に論じた本書が位置している。冷戦史研究として、本書は国際的な水準のものである。米中冷戦が語られる今日、本書から学ぶべきものは少なくない。さらに、現実主義の論客の歩みを確認し、戦後日本の言論空間を眺望する上でも、本書は貴重な位置を占めている。永井は1924年の生まれで、ヘンリー・キッシンジャーと1歳ちがいであった。生誕100年を機に、永井の作品を通読し、キッシンジャーのそれと読み比べてみてはどうか。それは知的にきわめて贅沢な時間となろう。(村田晃嗣)

ジョン・L・ギャディス『ロング・ピース——冷戦史の証言「核・緊張・平和」』（五味俊樹・坪内淳・阪田恭代・太田宏・宮坂直史訳）芦書房、2002 年

Gaddis, John Lewis. *The Long Peace: Inquiries into the History of the Cold War.* Oxford: Oxford University Press, 1987.

背景・概要

　アメリカ外交史におけるポスト修正主義（左派色の強い修正主義が批判した伝統的解釈がかなりの程度適切であったことを、のちに公開された公文書を活用して実証した学派）の確立・台頭に大きく寄与した代表的著作『米国と冷戦の起源』（1972年）や『封じ込めの戦略』（1982年）などに続く、ギャディスにとっては初の論文集を、刊行から15年を経て翻訳したのが本書である。その書名「ロング・ピース」は、原著の前年に米誌『国際安全保障』に発表され、広く注目を集めた論文から転用したものであり、同論文は本書の取りを飾る。なぜかギャディスのみに使われがちな「冷戦史の大家」に加え、「冷戦を『長い平和』と呼んだ」は、ギャディスを形容する決まり文句にもなった。

　論文集ならではの繋がりのなさは否めないが、最終章以外も各章がそれぞれに「長い平和」を支える諸要素を取り上げている。断続的にはなるが、おおむね時系列順にもなっており、当時は想定外の終結に近づきつつあった冷戦の全体的な流れをある程度追うこともできる。ただし、通時的に冷戦を学ぶためのテキストではなく、一定の知識を身に着けた上で読む方が望ましいといえる。

推奨ポイント

　何より重要なのは、やはり、米ソが長きにわたり直接的な戦争を回避できた要因を解き明かす最終章であろう。ギャディスは次の6点を挙げている。①米ソの相互依存度が低かったこと、②米ソがそれぞれのイデオロギーを穏健化させたこと、③米ソ間で軍備管理を可能にする偵察衛星レジームが機能したこと、④勢力圏の相互尊重など、一定の「ゲームのルール」を米ソが遵守したこと、⑤二極構造であったこと、⑥米ソの核兵器が安定化効果を発揮したこと、である。

　第3章「勢力圏」および第4章「防衛線を引く」は④、またある程度までは①②、第5章「自己抑止の起源」は⑥、第7章「透明性との共存」は③の要因をそれぞれ扱うなど、前述したように、本来独立した論文である各章が「長い平和」論を各方面から支えている。

　これに対して、米ソまたは米国中心的にすぎる、また冷戦により助長され、あるいは黙認された多数の熱戦や大量虐殺などで失われた膨大な数の命を看過して

いる、といった批判も展開された。特に日本では、核の安定化効果の議論は感情的な反発も惹起した。〝Wrong Peace〟ロング・ピースだと揶揄する向きも見られた。しかし、その時代の主導的な大国間で長期にわたり戦争が起きていないという歴史上稀有な状況について、どのようにそのメカニズムを解き明かしているのかということは、たとえ結論には同意できないとしても、学んでおくべきことであろう。

　さらに興味深いのは、外交史家としては珍しく、国際政治理論研究の成果を重用していることである。その後の著作にもこの傾向は見られる。二極構造や核の安定化効果などは、リアリズム、特にネオリアリズムを援用し、米ソの低い相互依存度は相互依存論を批判的に活用して論じられている。やや無理も感じられるが、偵察衛星レジームの議論は、文字通り、当時最新の理論であったレジーム論を適用したものである。ギャディスは理論研究については一消費者にすぎないとのちに述べているが、具体的な適用例を通じて、国際政治理論をも学ぶことができるわけである。

　このような一般化志向は、たとえば今日ないしは今後、米中間に「長い平和」が成立しうるのかといったことを考えるのにも役立つ。同時に、今日のウクライナ戦争との関連では、少々悩ましい議論も見られる。これもリアリズム的な見解であり、1945年時点でのジョージ・ケナン（George Kennan）の台詞を通じて語られているが（87-88頁）、勢力圏の相互尊重に関連する議論である。今日でいえば、ロシアの権益を寛大に認めるべきというジョン・ミアシャイマー（John Mearsheimer）の主張にも似た議論であるが、政策担当者にはなかなか公然とは認めがたいところであろう。ちなみに、冷戦後まで生き、ギャディスに伝記執筆を委ねたケナンは、北大西洋条約機構（NATO）の東方拡大に反対していた。「長い平和」が何を犠牲にして成り立ってきたのかを改めて考えるための恰好の題材をも見出せるといえよう。

　その意味では、邦訳版が出版された9・11事件直後の時期以上に、「大国間競争」が顕在化している今こそが、本書のますますの読み時であるのかもしれない。

　なお、本書は、ギャディスの著作がその後次々と翻訳されていく嚆矢ともなった。惜しむらくは、おそらく最も重要な『封じ込めの戦略』を含む本書以前の名著がいまだ邦訳されていないということである。その欠落を日本語で補ってくれるものとしては、直にギャディスの薫陶を受けた佐々木卓也立教大学教授による『封じ込めの形成と変容――ケナン、アチソン、ニッツェとトルーマン政権の冷戦戦略』（三嶺書房、1993年）もある。こちらもまたお薦めである。（石川卓）

スティーヴン・M・ウォルト『同盟の起源——国際政治における脅威への均衡』(今井宏平・溝渕正季訳)ミネルヴァ書房、2021 年

Walt, Stephen M. *The Origins of Alliances.* Ithaca, NY: Cornell University Press, 1987.

背景・概要

「なぜ国家は同盟を形成するのか？」軍事援助を得られるからか？　同じイデオロギーを信じているからか？　あるいは、共通の敵がいるからか？

　本書の答えは、「共通の脅威があるから」だ。そして、ウォルトが本書で提示したのが「脅威均衡論（balance of threat theory）」だ。それまでの国際政治学の定説は、勢力均衡論（balance of power theory）だった。それを修正する、画期的な内容だ。勢力均衡は、強大な勢力（パワー）を持った国に飲み込まれないように国家は自国のパワーを増強し、あるいは他国と同盟を結んで勢力の均衡を図るという仕組みである。それに対して、脅威均衡論は、最大の脅威に対して均衡を図り、同盟を結ぶというものだ。

　本書が書かれたのは 1986 年で、米ソ冷戦の最中だった。核戦争が起きるのではないかと多くの人が心配し、その対立の激しさは現在の米中、米ロの比ではなかった。両陣営が世界を二分して勢力を競い、自分たちの陣営に同盟国を引き込み、勢力拡大を目指していた。どのような理由で国家が同盟に加わるのかというのは政策的にも重要な問題だった。

推奨ポイント

　第一の推奨ポイントは、同盟形成の仕組みについてである。どの国と仲良くし（同盟を結び）、どの国に敵対するか、という問題は国家の行動の根源を成す。国家の生存に関わる問題だからだ。本書は、国家の行動原理について脅威均衡という仕組みを明らかにしている。脅威に対抗（バランス）するというのは、今や常識のようになっているが、本書が始まりである。「脅威」あるいは「脅威認識」を中心に据えて同盟形成について考察したのも本書が初めてだ。国家の行動、同盟形成、同盟相手の選び方、脅威認識について関心がある読者には、ぜひ、読んでもらいたい 1 冊だ。

　勢力均衡では、うまく説明できない国家の行動がいくつかある。例えば、第二次世界大戦で、英国はなぜ強大な米国に対抗せずに、ドイツに対抗したのか？同様に冷戦期になぜ多くの国は強大な米国に対抗せず同盟を結んだのか？　そし

て日本はなぜいまでも日米同盟を維持しているのか。これは、世界の力の分布が国家の行動を規定すると考えるネオリアリズム（neorealism）からは説明できない。脅威均衡論では、これらの行動が説明できる。いずれのケースでも、最大の脅威だと認識した国に対抗している。脅威に直面した時、国家は脅威に対抗し、そのために同盟を結ぶ。ただし、例外的に脅威に対して宥和（バンドワゴンbandwagon）し、脅威と同盟を結ぶ事がある。対抗したくても独力で対抗する力がなく、同盟相手も見つからない場合などだ。本書が検証した中東の同盟では86件中78件（91％）が脅威に対抗し、宥和したのは多く見積もっても10件（13％）に過ぎないことが明らかになった。

　第二の推奨ポイントは、脅威認識についてである。脅威を構成する要素は何だろうか？　ウォルトは、四つの脅威認識の源泉を提示することで、脅威認識の研究を一歩進めた。四つの要素は、国家の総合的なパワー（aggregate power）、地理（geography）、攻撃的能力（offensive power）、攻撃的意図（aggressive intentions）だ。地理的に近い国ほど脅威に感じ、陸続きだと脅威に感じやすい。侵略されやすいからだ。海で隔たれていると脅威感は下がる。脅威認識は、能力の認識と意図の認識の積だと説明されてきたが、ウォルトはもう少し具体的に要素を提示している。とくに、事例研究の章を見れば、他国のどのような行動や発言を攻撃的意図だと受けとめるかを知ることができる。ただし、この本は脅威認識の源泉を解明しようとしているわけではないので、詳しい分析はない。しかし、本書を読むと脅威認識はどのように生まれるのだろうか、と興味がわくと思う。実は筆者もその一人で、本書を読んだことがきっかけで脅威認識の研究を始めた。

　第三の推奨ポイントは、研究方法に関するものである。本書は、四つの競合仮説を立てて検証している。第3章と4章の事例研究は1955年から1979年の中東の主な同盟86例で、これも実に詳しい。第5−7章は、仮説それぞれの「レンズ」を通して事象を見て、同盟形成の理由を検証している。検証の詳しい方法についてはウォルトが序文で特別な謝辞を述べているStephen Van Everaの書、スティーヴン・ヴァン・エヴェラ『政治学のリサーチ・メソッド』（野口和彦、渡辺紫乃訳、勁草書房、2009年）をぜひ見てほしい。事例研究で理論を検証・構築したり、仮説検証を通して事象を説明する方法がわかる。参考になるはずだ。
（植木千可子）

神谷不二『朝鮮戦争——米中対決の原形』中央公論社（中公新書）、1966年（中公文庫、1990年）

　朝鮮戦争は1950年から3年間にわたり、朝鮮半島の分断国家間で、アメリカ、ソ連、中国の介在のもとに戦われた戦争である。激しい攻防にもかかわらず、南北いずれも統一までに至らず、休戦ラインは開戦前の38度線と大差がなかった。しかし、この戦争は冷戦の基本構図を決定づけ、民族統一運動に転機を与えるなど、第二次大戦後の世界史の流れに圧倒的影響を及ぼした。本書は朝鮮戦争の分析をつうじ、現代国際政治の一断面に光をあてた先駆的業績である。

　本書の書かれた時期は朝鮮戦争の休戦から年月が浅く、米中対決が国際政治の重要な側面となり、ベトナム戦争が日増しに深刻化していたときであった。これらの諸展開にはある種の連続性があったのであり、その解明が本書の中心的な問題意識であったことは、本書の副題に端的に示されている。

　神谷不二（1927-2009）は国際政治学者として、アメリカの外交・軍事政策、日米関係、アメリカとアジアの関係、朝鮮半島問題などを研究対象とした。東京大学法学部を卒業し、京都大学より法学博士号を取得した。大阪市立大学、慶應義塾大学、コロンビア大学、東洋英和女学院大学において教鞭をとった。

　本書の刊行から半世紀余に資料公開が進展し、朝鮮戦争のさまざまな側面について、詳細な研究が積み重ねられてきた。しかし、朝鮮戦争の全体像の把握という観点からは、本書は現在も有用性を失っていない。また、国際政治からみた朝鮮戦争の特質や意義についても、本書は依然として示唆に富む。ここでは、とくに安全保障との関連において注目すべき点として、以下の五点を挙げておく。

　第一に、戦争という高度に政治的な事象に対し、冷静かつ客観的な分析を貫いている。分断直後の朝鮮半島は今日よりもはるかに流動的な状況にあり、南北の双方が統一の機会を窺っていた。そうしたなかで北朝鮮がソ連の承認と支援を獲得し、民族解放戦争として武力南進を開始した、というのが本書の基本的な見方であった。そこには特定の勢力に対する頭からの敵視もなければ美化もない。刊行当初はアメリカの煽動を受けた韓国からの侵略という立場からの反発もみられ

たが、今日では本書の見方が常識となっている。

　第二に、アメリカの政策遂行を分析の中心に置き、それが世界に及ぼした作用を考察している。アメリカは、朝鮮戦争を局地的事件としてではなくソ連の世界的挑戦の第一歩として認識し、封じ込めを世界的規模に拡大するとともに、軍事的手段の比重を高めていった。その背後には、あらゆる事象を善悪二元的な対立図式で割り切ろうとする、アメリカに特徴的な国際政治観が働いていた。朝鮮戦争への参戦は以上の帰結の一つであったし、同様の傾向はベトナム戦争において一層ひろげた形で再現された。アメリカという独特の体質をもつ大国の動向が地域の諸事情と交錯する現実を、本書は鮮やかに描いたのである。

　第三に、国際政治における軍事力の機能について、多面的な分析を行っている。開戦前のアメリカの西太平洋防衛線から韓国が除外されていたことは、北朝鮮に武力南進の好機と捉えられたと考えられる。休戦交渉の大詰めでアメリカに強硬策を唱える政権が生まれたことは、共産側に妥結への心理的圧力を与えたと考えられる。明確な実証は困難であるとしても、これらの事例は軍事力を戦争の手段としてのみ捉えることの不適切さを、強く示唆する材料といえる。

　第四に、合理的計算の所産にみえる安全保障の分野においても、ときに人間的要素を軽視できないことに注意を喚起している。なかでもトルーマン＝マッカーサー抗争は、朝鮮戦争を限定戦争の枠内で遂行しようとする大統領と、全面勝利の野望に駆られる現地司令官との行き違いに端を発し、一時は軍政関係を危機に陥れるほどに深刻化した。この抗争は戦争中の司令官解任という異例の形で決着するが、そこへ至るまでの心理的葛藤は本書の読みどころの一つである。

　第五に、第二次大戦後の日本の歩みに朝鮮戦争が及ぼした影響を概観し、その意義や課題を整理している。朝鮮戦争は日本の経済復興に一大刺戟を与えたのみでなく、早期・多数講和と日米安保体制を決定的にした。安保体制はアメリカ占領軍撤退後の日本の安全の観点から説明されたが、それが極東地域の勢力均衡と不可分の関係にあることは、朝鮮戦争の経緯を顧みれば明白である。朝鮮戦争はまた、事実上の再軍備を不可避にしたが、そこには見過ごすことのできない問題が伴っていた。なしくずし的再軍備と呼ばれたものがそれである。

　本書の最後は「一旦放棄した軍事力をふたたびもつというこの国家的大事業が占領軍司令部の指令によってはじめられ、国民的討議を経ないで行なわれることになったのは、わが国にとってまことに不幸なことであったと思う」という一文で結ばれている。安全保障政策をめぐる国民的基盤をいかにして形成・確立するかは、いまなお日本の課題として残されている。（小笠原高雪）

岩間陽子『ドイツ再軍備』中央公論社（中公叢書）、1993年

背景・概要

　第二次世界大戦終結からドイツ連邦共和国（西ドイツ）の再軍備と北大西洋条約機構（NATO）加盟に至る10年間は、現在まで続くヨーロッパ国際関係の枠組みが形成された時期であった。その過程では、各国の思惑が交錯した。

　当時の西側諸国にとって、西ドイツは、ソ連に対抗するための潜在的パートナーであると同時に、二つの世界大戦を戦った仇敵であった。したがって西ドイツの再軍備は、西ドイツの潜在的パワーを西側の防衛に活用しつつ、西ドイツの将来への不安を惹起しない形で進める必要があった。この相矛盾する条件を満たす枠組みの模索は、西側陣営内の足並みがそろわずに難航し、最終的に西ドイツの再軍備が実現したのは1955年のことであった。

　周辺諸国と同様に、西ドイツ国内にも再軍備への懸念があった。再軍備がドイツ再統一の妨げとなり、さらに西ドイツの民主化に逆行しかねないという懸念であった。建国間もない西ドイツの政治制度が十分に確立していなかったこともあり、論争はしばしば先鋭化した。しかし最終的には、大戦末期の経験からソ連への脅威認識が強い世論は、西側諸国との同盟および再軍備を受け入れるのである。

推奨ポイント

　本書は、冷戦終結前後に新たに明らかになった研究成果を踏まえ、ドイツ再軍備の複雑な過程を研究者はもちろん、学生や一般読者にもわかりやすく示している。その推奨ポイントとして、ヨーロッパ国際関係の構築過程解明、同盟に内在する緊張関係の提示、そして現在の問題との共通性という、三点があげられる。

　第一に本書は、第二次世界大戦の終結から冷戦の勃発、ドイツの分断と西ドイツの再軍備に至るヨーロッパの冷戦初期を、西側諸国の間の意見の相違を踏まえて簡明に描写している。ソ連を一義的な脅威と認め、これに対応するために西ドイツ再軍備の必要性を認め、かつこれが惹起する不安を緩和するためにアメリカの関与を必要とする。アメリカと西ヨーロッパ諸国がこの共通認識に達するには、議論が始まってから足掛け7年を要したのである。

　この過程を描写するうえでの本書の優位性は、具体的な人物像やエピソードを

重ねることにより、各国の見解の違いを生き生きと描写している点にある。一例をあげれば、西ドイツ再軍備を警戒しつつも、ソ連の脅威とアメリカの圧力を前に妥協を目指すフランスの姿を、プレヴァン・プラン交渉におけるモック国防相と「真っ黒な服を着て、官僚を差し置いて自分の夫の後ろに控えていた」モック夫人を通じて描き出す。プレヴァン・プランは、ヨーロッパ統合軍を設立してそこに西ドイツの参加を認めるフランスの構想であった。しかしこの提案は、ドイツ人部隊の規模を小規模に留めるなど、西ドイツに厳しい制限を課していた。フランスが抱えるディレンマが、モック夫妻の姿を通じて鮮明に印象的に描かれている。

　第二のポイントとして、同盟国間の緊張、とくにNATOのように非対称な同盟における劣位の同盟国が抱える不信を浮かび上がらせている。同盟国のパワーの差が大きな場合、パワーの小さな劣位の同盟国は、優位の同盟国に自国の命運を委ねざるを得ない。さらに優位の同盟国による武力行使は、劣位の同盟国に深刻な被害を及ぼしかねない。すなわち、西ドイツはアメリカの防衛に依存しているものの、実際にアメリカが武力行使に及ぶことは、西ドイツにとって望ましくないのである。

　このディレンマを西ドイツのNATO加盟前に指摘したのが、社会民主党のシューマッハー党首であった。彼は、朝鮮戦争勃発直後にドイツ防衛隊を設置する必要性を指摘したアデナウアー首相を批判し、ドイツを「東方に向かって攻撃的に防御すること」が必要であると主張した。さもなければ、「ドイツ自身に破壊を集中させ、ドイツとドイツ国民の抹殺を招く」ことになる。すなわちシューマッハーは、西ドイツ領内で防衛戦を戦うのではなく、東側領内に踏み込むことを求めたのである。岩間が指摘するように、これは「冷戦が終わるまでNATOが抱え続けた矛盾」であった。さらに踏み込めば、人命や社会資本など、安全保障政策によって守るべきものを損なうことなく、これらを守るという安全保障の根底に関わる問題を示しているともいえるだろう。

　第三の推奨ポイントは、一つの時代の終わり目の当たりにしてその起点を検討した本書の視点が、同様の問題に直面している現在の人々にとっても示唆を与えるであろう。まえがきによれば、岩間は1989年の「ベルリンの壁」崩壊を目の当たりにして、分断の原点を明らかにしようとした試みが本書につながったという。この冷戦後の国際秩序、「リベラルな国際秩序」とも呼ばれる国際秩序は、現在、その崩壊が論じられている。岩間が直面した問題は、現在われわれが直面する問題でもある。（倉科一希）

ティモシー・ガートン・アッシュ『ヨーロッパに架ける橋――東西冷戦とドイツ外交』全2冊（杉浦茂樹訳）みすず書房、2009年

Garton Ash, Timothy. *In Europe's Name: Germany and the Divided Continent.* New York: Random House, 1993.

背景・概要

　本書は、冷戦期における西独の「東方政策」を、未刊行資料を含む綿密な史資料の文献調査に加えて、主要政治家への聞き取り調査を基に、他の西側諸国やソ連・東欧諸国のアプローチと比較検証し、その目的が欧州安定のためという大義を掲げつつ、実はドイツ分断の克服にあったことを描き出したものである。同政策が始まった1960年代から、ベルリンの壁が崩壊した1989年、続くドイツ統一の1990年に至る約30年間を主な分析対象とする。7年をかけて旧東独の機密文書をはじめ膨大な史資料を読み込み、ブラントやシュミット、コールら歴代西独首相、東独国家評議会議長ホーネッカーの各氏らキーパーソンにインタビューした内容も踏まえ、ドイツの分断をどう克服したかを浮き彫りにした豊穣な物語であり、主に冷戦期以降の欧州安全保障体制を研究する上で必読の文献である。

　著者のティモシー・ガートン・アッシュは1955年英国生まれ、オックスフォード大学で現代史を専攻し、ベルリン自由大学などで研究滞在した歴史家、コラムニストであり、欧州現代史を専門とするオックスフォード大学教授である。

推奨ポイント

　ソ連以外の東側諸国と外交関係を結ばないハルシュタイン原則を掲げてきた西独だったが、1969年に首相に就任したブラントは「接近による変化」を理念に、ソ連・東欧諸国との関係改善を進める東方政策に着手した。対東独では、別個の国家であることを実質的に認めた基本条約を調印、双方の国連加盟も実現した。その後、東西欧州の分断解消を優先する中でドイツ統一実現を目指し、北大西洋条約機構（NATO）と欧州共同体（EC）、ソ連、東欧諸国、東独いずれの面子も立てる外交を展開した。原動力になったのは、西ベルリン市長時代の苦い経験とアッシュはみる。東独が同市孤立を狙って壁建設を始めた時、ケネディ米大統領ら世界の首脳に建設阻止を訴える至急電報を打つくらいしかブラントにはなす術がなかったからだ。

　ドイツ国内外で今なお高く評価される東方政策の実相を東独、西独、ポーランドと異なった視点で子細に描く。東方政策の陰で取引された数々の出来事、例えば東独の政治犯を西独へ引き渡すための巨額の引渡し代金支払いや「陸の孤島」

西ベルリンへの通行税。これらは東独には格好の外貨獲得の手段となった。綿密な調査に、研究滞在した東西両独やポーランド各地での生活者ならではの視点を加え、東方政策の裏で、広く語られざる事実があったことを明らかにしていく。同政策は東独安定やドイツ分断固定を招きかねない矛盾にも満ちていたのである。

　本書の特徴は、主に次の3点に集約できる。第一に、東方政策の狙いを「過去の重荷の一部を取り除き、西独政府の行動の自由を広げると同時に、二つのドイツ国家を接近させ、再統一を可能にするための条件を欧州という枠組みの中に作り出すこと」との分析である。アッシュによれば、西独の歴代首相は西欧諸国に対し、ドイツに「黄金の手錠」をかけるよう求めた。NATOとECは欧州から欧州自身を守り、ソ連から全西欧諸国を守り、ドイツから他の西欧諸国を守るだけでなくドイツ自身を守る組織だった。自ら主権を放棄し、進んで権限の移譲や共有に応じた西独政府の姿勢そのものが周辺諸国を安心させ、ドイツ人を信頼して主権を回復させてもよいと思わせるのに役立った。多国間交渉の枠組みが単独行動を助け、主権の放棄が主権の再回復に、権限の移譲が権限の再獲得に結びつく仕組みになっていた。東方政策の実態は「見かけよりはるかにナショナリズムと権力志向の色彩が強く、旧来型のしたたかな外交戦術に近い側面を持っていた」と看破するアッシュが、原著名を「欧州の名の下に」とした所以はここにあろう。

　第二に、本書の分析が英語やドイツ語で刊行された膨大な文献調査だけではなく、「未刊行資料」として紹介されているブラントら歴代首相の個人文書、東独の社会主義統一党（SED）政治局の内部文書などを渉猟した証拠に支えられていることである。加えて、東方政策を担った歴代首相や外相、収監中のホーネッカー氏らに聞き取り調査を行って貴重な証言を引き出し、分析に厚みを加えている。

　第三に、東方政策の詳細な分析から、実はドイツがその統一の機会をうかがっている様子を、綿密な調査に基づく緻密な筆致で再構成し、読者を引き込むその物語性である。研究対象地での研究滞在中に得た現地の息吹が本書の語りをより魅力的にしている。英語のほかドイツ語、オランダ語で同時刊行され、各国で広く読まれたのも、読者を惹きつけてやまない文章構成力によるところが大きい。

　こうして、平和的なドイツ統一とほぼ平和的に実現した冷戦終結の奇跡をわれわれは目撃した。ドイツは対東側関係では東方政策を含めて伝統的にロシア優先の傾向が強いが、統一ドイツが優先すべき国はどこか。近代欧州にあったという、隣同士は敵になりやすく、隣の隣は友好関係を結びやすいという原則に従えば、友情の絆を結ぶべき相手はウクライナかもしれないと書く。アッシュの視線は、ウクライナ戦争に揺れる21世紀の世界にも示唆するものがある。（中村登志哉）

下斗米伸夫『アジア冷戦史』中央公論新社（中公新書）、2004年

　本書はアジアの冷戦の誕生から終焉までを、社会主義陣営側の視点から分析した書である。従来の冷戦史研究は米ソ関係から分析し、ヨーロッパでの展開を検討するのが一般的だったが、本書はアジアに焦点を合わせてそれを社会主義陣営内の相互応酬から検討している。まず、第二次世界大戦後のアジアの状況が米英ソの構想した戦後秩序の形成にはいたらず流動的な状況にあり、それこそがアジアの冷戦の特徴と指摘される。続いて中国革命と中ソ同盟、北朝鮮の政治体制成立、さらに朝鮮戦争によって確定したアジアの冷戦体制が検討される。筆者は東アジアの社会主義陣営を、ソ中、ソ朝、中朝関係が常に緊張を内包する関係として描き、それを「偽りの同盟」とする。そうした状況は中ソ対立、米中接近へとつながり、東アジアの流動的状況は続く。そしてソ連・東欧の政治改革を契機とする世界的な冷戦終焉状況にもかかわらず、アジアの冷戦は依然終結していないとする。それを前提として、筆者は冷戦終結後の東アジアの状況を整理して21世紀のアジアを展望し、たとえば北朝鮮問題をめぐる6者協議が東アジアの地域的安全保障の中心となりうるのだろうか、と結ぶ。

推薦ポイント

　本書の特徴はなによりもアジアに焦点を合わせて冷戦を検討したことである。もとよりこれまでも冷戦がアジアでうまく機能しなかった事例として朝鮮戦争やベトナム戦争を検討する優れた研究はあったが、本書は社会主義陣営の側から、とりわけソ連のアジア政策を検討することによって冷戦そのものをより立体的に描き出そうとしたと言ってよい。著者は、東アジアの冷戦が依然として終結していない、という点に着目する。ソ連、中国、北朝鮮など、中心と周辺の緊張関係による「偽りの同盟」であり、それが社会主義陣営内の多元化、多極化へとつながり、それこそが東アジアの冷戦の特徴であるとする。それゆえ冷戦の終結もヨーロッパのそれとは異なる展開を見せることになる。これはアジアにおける冷戦の特徴を示すのみならず、グローバルに展開された東西冷戦そのものに新たな視角を提供しようとする試みと言ってよい。その意味で、冷戦そのものを見直そ

う、という視角それ自体に意味がある。

　もとよりそうした試みを可能にしたのがソ連の情報公開である。ソ連邦崩壊前後から外交文書が公開されはじめ、社会主義陣営側の事情を検証することが可能になったのである。かつての冷戦研究は、社会主義陣営側の事情について検証不可能であることを前提とせざるを得なかった。しかし、ソ連の情報公開によって状況は一変した。本書は、たんに公開された資料を分析するだけでなく、公開されたソ連の資料に基づくロシアにおける研究成果、関係者の証言、インタビューなどをふんだんに利用しているところにその特徴がある。それを前提に、中国、北朝鮮、モンゴルなどの歴史史料などを検討し総合的な既述を試みているところにある。

　ソ連の資料公開は、ソ連側の事情、社会主義陣営内の状況を知る上できわめて重要な意味があることはあらためて指摘するまでもないが、ソ連の外交文書などの資料に基づく学術的議論の可能性を示したことも評価できる。社会主義陣営側の資料が未公開の状況で、従来の冷戦研究は仮説の妥当性を競うものであり、検証は不可能とされた時代があった。もとよりこうした仮説の妥当性を検討することは学術的に極めて意味のあることではあったが、冷戦の終焉によってそうした状況は大きく変わり、旧ソ連の資料が開示され、資史料の読み方、解釈など客観的史料を軸に議論することが可能となったのである。たとえば、朝鮮戦争終結についてのスターリンの立場についての議論など、本書はそのひとつの可能性を示すものと言ってよい。

　第二次世界大戦以降の国際社会は、冷戦というレトリックに支配されたところが多い。それゆえこの冷戦を正確に把握するためには米ソ関係を軸としてヨーロッパを舞台とする冷戦研究だけでなく、本書のようにアジアにおける冷戦の展開とその特徴を検討することが必要である。それはアジアにおける冷戦を明らかにするだけでなく、グローバル東西冷戦そのものをより立体的に描くために不可欠な作業と言ってよく、それゆえ冷戦研究の文脈でも本書の試みは大きな意味がある。さらに、本書が対象としたアジアに目を転じてみれば、冷戦終結後の状況は、中国の台頭、中国の海洋進出、北朝鮮の核ミサイル問題など、筆者が指摘するように冷戦が終結していないことに起因する事象と言ってよい。だからこそ本書は、筆者が指摘するように「東アジアの歴史的変動の輪郭を理解し、また今後を読み取る手がかり」となるのである。それゆえ、アジアを対象とする研究を志すのであれば必ず一度は通らなければならない書であり、東アジアだけでなくあらためて冷戦を考えるのに必須の書である。（平岩俊司）

ドン・オーバードーファー、ロバート・カーリン『二つのコリア──国際政治の中の朝鮮半島　第3版』(菱木一美訳) 共同通信社、2015年

Oberdorfer, Don, and Robert Callin. *The Two Koreas: A Contemporary History.* Revised and updated. 3rd Edition. New York: Basic Books. 2014.

背景・概要

　1970年代の南北対話以降の朝鮮半島の現代史を政治、安全保障、周辺国の朝鮮半島への関与の変遷から描いている。著者ドン・オーバードーファーは、長く『ワシントン・ポスト』でホワイトハウスを担当した後北東アジア特派員として朝鮮半島を取材した経験をもつ。彼が退職したのは1993年であるが、当時北朝鮮の核兵器不拡散条約（NPT）脱退宣言（1993年3月）以降、米国は北朝鮮との高官協議を通じて、北朝鮮にNPTへの完全復帰を試みていた。オーバードーファーは、ジョンズ・ホプキンス大学ポール・ニッツ高等国際問題研究大学院（SAIS）の特任研究員として韓国、北朝鮮はもとより、関連国への取材を行い、当局者へのインタビューを試みた。

　なお、1997年の初版刊行後（邦訳は1998年）、2001年に金大中政権期を扱った1章（「関与政策への転換」）を加えた第2版（特別最新版）を経て（邦訳は2022年）、かつて米国務省情報調査局北東アジア部長を務め、米朝協議に深く関わったロバート・カーリンが初版と第2版に改訂を加えつつ、ブッシュ（子）政権以降を扱った3章を書き加え、オーバードーファーとカーリンの共著というかたちで第3版の刊行に至った。

推奨ポイント

　本書は、元ジャーナリストと実務担当者の手によるもので、一定の分析枠組みに従って書かれたものではなく、特定の事象を国際政治の枠組みで解釈するものでもない。また、朝鮮半島の現代史を扱いながらも、とくに朝鮮語の文献を渉猟した形跡もない。したがって、本書は学術書とは言いがたい。

　それにもかかわらず、本書が朝鮮半島の安全保障に関心をもつ者にとって必読に値する理由は、著者が当局者に可能な限り接近しているところにある。現代史の研究には常に資料的な制約がつきまとう。本書は1970年代初頭、米中接近を受けて始まった南北対話から始まるが、冷戦終結まで外交文書がすべて公開されているわけではない。本書でこの時期の記述は、オーバードーファーの手による初版によっている。共著者のカーリンによって新たな資料を加え、改訂されているとはいえ、注記をみても米国務省の外交文書（*Foreign Relations of the United*

States）の公開の恩恵を受けていない。

　オーバードーファーは初版執筆のときから、米国の情報公開法（Freedom of Information Act）によって請求し公開された外交文書をふんだんに盛り込みつつ、それを当局者へのインタビューで補っている。ワシントンを拠点とするジャーナリストでなければできない手法で、客観性とともに臨場感をもたらしている。この時期の記述は、外交史研究の評価にも十分耐えうる。オーバードーファーは朝鮮語を解さないと記憶しているが、随所に韓国で刊行された文献も引用されており、オーバードーファーを支えた韓国人の存在も伺うことができる。

　第3版に際してカーリンが新たに加えた3章については、ブッシュ（子）政権以降であるため、外交文書へのアクセスは望めない。カーリンはこの時期の記述については、随所にすでに公開された論文、報告書などを用いつつ三人称を用いて記述しているが、執筆したカーリン自身がこの時期の米朝交渉に深く関わった当局者であったことをみると、カーリンが用いた三人称は本来ならば一人称で記述されるべきところもある。この3章については、客観性の高いカーリンの回顧録としての性格ももちあわせている。

　本書はジャーナリストらしい筆致で描かれ、カーリンの手による3章もまた、初版、第2版との統一性に配慮しつつ読みやすく書かれており、朝鮮半島の安全保障に関心をもつ読者なら、外交の現場に立たされたような臨場感で容易に通読することができるであろう。

　とはいえ、朝鮮半島の安全保障といっても多岐に及ぶ。特定の時期の個別の事象について関心をもつ読者は、関連する章から読み進めてもよい。本書は緩やかな時系列で書かれてはいるが、内政と外交は別々に扱われ、例えば1980年代後半の韓国については、「ソウルの民主化闘争」（第7章）と「ソウル五輪、国際社会へのデビュー」（第8章）に分けられている。また、周辺国の朝鮮半島政策についても、韓国が北方外交を展開した時期について「モスクワの変心」（第9章）、「立場を変えた中国」（第10章）に分けられている。これらの章を精読することで、読者は関心をもつ時期、事象について深い理解をえることができるであろう。

　オーバードーファーが最も関心を寄せた米朝関係も、章として連続しているわけではないが、彼が記述した「核問題への関与」（第11章）などのクリントン政権期の米朝関係は、ブッシュ政権以降を扱ったカーリンの手による「米朝枠組み合意の終焉」（第17章）が引き継いでいる。読者はこれらの章を読むことで、冷戦終結後の米朝関係の通史を知ることができる。（倉田秀也）

佐伯喜一とその時代　赤木完爾

　佐伯喜一は1973年6月の防衛学会発足時に会長に就任し、1993年1月に退任するまで、在職20年にわたった。会長就任時には野村総合研究所代表取締役兼所長であった。この間、日米欧委員会日本代表委員、世界平和研究所副会長、同常任顧問を務めた。1998年1月14日死去。

　佐伯は1913（大正2）年台北生まれ。1936（昭和11）年東京帝国大学法学部卒、同年南満洲鉄道株式会社入社、1939年に企画院勤務となる。戦後、経済安定本部勤務。1952年経済審議庁計画一課長兼二課長。こうした経歴に明らかなように、エコノミストとして戦前は企画院で、戦後は経済安定本部・経済審議庁で国家の動員計画や、長期経済計画の立案に従事した。

　1953年に保安庁に転じたが、佐伯を招いた北村隆保安研修所長は、防衛力整備計画にはエコノミストの視点が必要であると説得したという。1954年には世界の防衛情勢を調査するため世界一周の出張に出ている。後に通産大臣になる高碕達之助が多額の餞別を贈り、西回りの欧州までで官費を使い果たした佐伯は、米国滞在費はその餞別から支弁したと回顧している。防衛研修所時代には主要国の有力な安全保障研究者との交流に努力し、1958年に設立された英国の戦略研究所（現在の国際戦略研究所（IISS））には早くから積極的にその活動に参画し、理事・副会長を務めた。この時期、研究面では欧米における核戦略に関する議論を紹介することに尽力した。今でこそnuclear deterrenceは「核抑止」だが、当時は「核抑制」とか「核阻止」という言葉が当てられていた。安全保障研究の草創期である。

　佐伯の尽力により、ヘンリー・キッシンジャー（Henry A. Kissinger）、アルバート・ウォルステッター（Albert Wohlstetter）、ハーマン・カーン（Harman Kahn）らの著作やその議論が積極的に紹介された。佐伯は日本の核政策に関連して、フランス流の独自核戦略にはきわめて批判的であり、戦後日本の置かれた条件の下では、集団防衛体制に拠るしかないという主張を展開していた。顧みて佐伯とその周辺の人々が欧米の安全保障研究コミュニティとかろうじてつながっていたのが1960年代の日本である。

　防衛学会会長となった佐伯は、防衛研修所の紀要を学会誌『新防衛論集』と衣替えして充実させるとともに、1984年から佐伯喜一賞（新人論文賞）を自ら基金を提供して設立し、若手学会員の研究奨励に尽力した。

　佐伯喜一初代会長は、国益を踏まえ勢力均衡を重視する冷静なリアリストであった。佐伯の論考を集成した『日本の安全保障』（日本国際問題研究所、1966年）は、今日なお一読の価値がある。彼の事績については、『追悼　佐伯喜一』（野村総合研究所、1999年）がある。また国立国会図書館憲政資料室には、416点の資料が「佐伯喜一関係文書」として収蔵されている。

IV 外交史・軍事史・思想史・国際法

E・H・カー『歴史とは何か 新版』（近藤和彦訳）岩波書店、2022年

Carr, E. H. *What is History*? 2nd edition. Edited by R. W. Davies. London: Penguin Books, 1987.

背景・概要

　本書は、歴史学者であるE・H・カーが1961年にケンブリッジ大学にて6週連続で行ったレクチャーの原稿を基にして出版されたものである。各レクチャーを通してカーは、学生たちに「歴史とは何か」、「歴史学とは何か」、「歴史学者とはどのような存在か」について語っているが、その内容は歴史学にとどまらず、広く現代社会をみる姿勢に言及したものといえる。

　これまで日本において広く読まれてきたのは、1962年に岩波新書から出版された、清水幾太郎による原書初版の翻訳である。しかし2022年に近藤和彦の訳による日本語版の新版が出版された。これは、R・W・デイヴィスによって編纂された英語版の第二版（カーが生前準備していた未完の「第二版への序文」とデイヴィス自身の解説が加わったもの）を基にしつつ、近藤がカーの生涯に関する資料を加え、編纂し直したものである。

推奨ポイント

　本書は歴史学の入門書・古典として知られているが、その内容は社会科学における知的作業のあり方にまでおよんでいる。第一講「歴史家とその事実」の冒頭でカー自身、「歴史とは何か」という問いに対する答えは、「時代のなかの自分の立ち位置を反映し」、「自分が生きる社会をどう見ているのか、というもっと広い問いにたいする答えの一部でもある」と述べている（6頁）。

　実際6回の講義すべてにおいて、歴史について学ぶ・考えることは、人に自分を取り巻く環境・社会をよりよく理解させ、それに対する制御力を増大させる、という趣旨が繰り返されている。この一貫したメッセージをカーは、歴史と向き合う上で歴史家が直面する様々なジレンマを「二項対立」という形で提示しながら、紐解いていく。事実と歴史家の解釈との関係（第一講）、歴史における個人的要素と社会的要素、過去と現在（第二講）、独自性と一般性、主体と客体（第三講）、複雑性と単純化、決定論と自由意志、必然性と偶然性（第四講）、過去と未来（第五講）。歴史を考える上で、これらの対となる概念の関係をどのようにとらえればいいのか。毎回のレクチャーでカーは、それらは決して対立的でなく、

二方向的で相互作用的な関係にあることを説いていく。それは、冒頭でカーが示したように、歴史とは何かという問いを超え、身の回りの環境を私たちがどのようにとらえるのかという、知的作業のプロセスでもある。このような一見相反する概念の相互作用について説いていくスタイルは、理想と現実、法と政治の関係について論じた、カーのもう一つの古典である『危機の二十年──理想と現実』でも見られる。理想や法の役割を痛烈に批判した同書でもって、カーは「現実主義者」の称号を与えられることになるが、彼が理想や法の必要性について説いていることは重要であろう。

　それでは、歴史を学ぶとはどういうことか。カーは、次のように述べる。「過去は現在の光に照らされて初めて知覚できるようになり、現在は過去の光に照らされて初めて十分に理解できるようになる……人が過去の社会を理解できるようにすること、人の現在の社会にたいする制御力を増せるようにすること、これが歴史学の二重の働き」（86頁）であると。と同時にカーは、「人間が自分と環境を理解し制御する能力」が増進することを「進歩」ととらえている（239頁）。カーにとっては、歴史について考えることと未来の方向性に思いを馳せることは、密接に関係した作業なのである。

　「時事問題を扱う者はすぐに『これは新しい！』と言いたがるが、本当にそうだろうか。歴史を振り返れば、似たようなことは定期的に起こっているのではないか。」「歴史学者にできなくて、国際関係学者にできることが果たしてあるのか、いつも自問している。」これらは、英国を代表する国際関係学者である故フレッド・ハリデー（Fred Halliday）が、ロンドン大学における国際政治の授業で語った言葉である。留学先でこれを聞いた筆者は、学部時代に読んだ『歴史とは何か』に思いを巡らせた。そしてその数年後、アメリカで起きた同時多発テロを目の当たりにしながら、彼とカーの言葉を何度も反芻したことを、今も鮮明に覚えている。「新しい戦争」や「新しいテロ」の語が飛び交った1990年代後半から2000年代、そして現在、ロシアによるウクライナ侵攻とともに、冷戦時代と冷戦後の国際秩序が改めて振り返られている。今起こっている状況を、私たちはどのように理解すればいいのか。何がどう新しく、何が過去からの継続的な課題なのか。カーが目指したように、私たちはそこに「過去と未来のあいだに筋の通る関係」（220頁）を打ち立てることができるのであろうか。よりよい未来（武力紛争の人道化と減少）を目指しつつ、厳しい現実を直視し、社会に対して制御力を持つことがどこまでできるのだろうか。それはカーが私たちに突きつける課題であろう。（二村まどか）

高坂正堯『古典外交の成熟と崩壊』中央公論社、1978年（中公クラシックス、全2冊、2012年）

背景・概要

　高坂正堯は、1934年に京都市に生まれ、京都大学法学部卒業後、京都大学法学部助手、ハーバード大学客員研究員などを経て、1996年に逝去するまで京都大学教授を務めた。戦後日本を代表する政治学者であり、また日本で現実主義的な国際政治学の伝統を確立した保守派の知識人である。

　高坂は、『海洋国家日本の構想』（中央公論社、1965年）、『国際政治』（中公新書、1966年）（28頁参照）など、現在まで読み継がれる著書を多く刊行している。それらの著作とは異なり、本書は高坂の助手論文や学会誌などに掲載した論文を中心に据えた近代ヨーロッパ外交史についての学術的な著作である。本書は吉野作造賞を受賞し、その内容は高く評価されている。

　高坂は、1968年には佐藤栄作政権において「沖縄基地問題研究会」や「国際関係懇談会」の委員となり、政権ブレーンとしてその対外政策に大きな影響を及ぼした。また、大平正芳首相の諮問機関「総合安全保障研究グループ」の幹事を務め、現実の日本の防衛政策における「総合安全保障」概念の成立の過程でも深く関与している。その後、1986年からは財団法人平和・安全保障研究所理事長として、日本の安全保障研究の発展にも寄与した。

推奨ポイント

　本書は、さまざまな種類の論文が収められて、1冊の著作となっている。そのなかには、著者の高坂正堯が20歳代半ばの助手の時期に執筆した論文を基礎とした章から、1970年代に書き下ろしで追加的に執筆した章までの20年ほどの間に書かれた論文が収められている。それらは学会誌掲載論文から論壇誌への寄稿原稿まで多様である。

　そこでは、ウィーン体制の時代から第一次世界大戦勃発に至るまでのヨーロッパ外交の歴史が描かれており、この時代のヨーロッパでどのように平和が確立し、また崩壊していったのかが、外交指導者の役割や、外交官による交渉などに光をあてて検討されている。ウィーン会議にイギリス政府全権代表として出席したカースルリー外相や、同会議にオーストリア外相として会議を司り、その後宰相となったメッテルニヒ、さらには19世紀後半の勢力均衡を構築し、レアルポ

リティークを発展させたドイツ帝国宰相ビスマルクなどの指導者が、その中心的な位置を占めている。

　論壇で華やかに活躍し、また政権ブレーンとして現実の外交や防衛へと深く関与しながらも、高坂は歴史的な思索にふけってそこから多様な叡智を引き出す知的作業を好んだ。本書では、近代ヨーロッパの外交の歴史を辿ることで、現代における諸問題に対応する上でのさまざまな教訓を抽出することに成功している。

　本書の第一章は「近代ヨーロッパの勢力均衡」と題して、イギリスの思想家ヒュームの『勢力均衡論』を手掛かりに、その意義を説明する。すなわち、主権国家体系としての国際政治においては、勢力均衡を通じて平和を維持することが求められ、またそこでは「世界帝国を拒否し、多様性を好む」考え方が見られる。だが、第一次世界大戦へと時代が進むとともに「国家の対外行動は『激情』によって動かされるように」なる。それによって、「自制と均衡を重んじる文化はさまざまな理由からほとんど消え去った。」高坂が勢力均衡によって平和と安定を求める姿勢は、日本の防衛政策においてアメリカとの同盟関係を重視し、東アジアにおいて均衡を回復することを求めたことにも示されていた。

　第二章以下では、イギリスやオーストリアを中心とした、ヨーロッパ外交の展開を、高坂独自の人間観察や文明論的な視座から描写する。19世紀末から20世紀にかけて、高坂が「古典外交」と呼ぶ伝統は後退して、それに代わってナショナリズムの激情に駆られた新しい時代が到来した。第六章では、高坂はそれを「政治術の衰退」と「均衡体系の崩壊」と位置づけた。続いて「エピローグ」で高坂は、「会議体制とそれに続く欧州協調は、国際体系の運営のしくみとして、われわれが知るいかなる国際機構よりも実質的な力を持っていたと言えるだろう」と、あらためて古典外交が持つ現代的意義を論じている。さらには、本書の結論的な言葉として、次のように高坂は述べている。「国益という言葉で表される近代ヨーロッパの外交の精髄は、自己主張と自制、協力と自立性といったものの間のバランス感覚であったし、それが与える外交の限界の認識であった、ということができる。」それを高坂は、「古典外交」と位置づけた。

　このように高坂は、「古典外交」の歴史を綴ることで、現代の国際政治におけるいくつかの重要な平和の条件を模索している。時代背景は大きく異なるものの、高坂が述べるように「人間の行為は歴史的に見て、まったく同じことがくり返されることはないが、逆に、まったく新しいこともない」ともいえる。それゆえ、近代ヨーロッパにおける「古典外交」の展開からも、平和や国際秩序の安定の条件を学ぶことができるのではないか。（細谷雄一）

アントニー・D・スミス『ナショナリズムの生命力』(高柳先男訳)晶文社、1998年

Smith, Anthony D. *National Identity*. London: Penguin Books, 1991.

背景・概要

　ウクライナ戦争やナゴルノカラバフ問題のように、2020年代に入っても、世界各地でナショナリズムと強く関係した紛争が起きている。近代に生まれたナショナリズムは、まさに本書のタイトルが示しているように、強い生命力を持って現在まで生き続けている。

　それだけにナショナリズムの起源については、実に多様な論争が生まれてきた。きわめて単純化していえば、近代以前にさかのぼる歴史的、原初的なものであるのか、近代以降に想像ないし構築されたものであるのか、という二つの立場がある。これに対し、著者のアントニー・スミスは本書で、イデオロギーとしてのナショナリズムは近代の産物であるが、その起源は近代以前のエスニック共同体、エスニック・アイデンティティと強い連関があると主張している。

　スミスは1939年生まれのイギリスの社会学者である。オックスフォード大学を卒業後、ロンドン・スクール・オブ・エコノミクス（LSE）で社会学の博士号を取得し、長い間、LSEの教授を務めた。ナショナリズム研究に多大な貢献をし、日本語に訳された著書も多い。2016年没。

推奨ポイント

　スミスが本書の「はじめに」で述べているように、本書は集団的現象としてのナショナル・アイデンティティの性質や起源、その効果などについて、わかりやすい一般書を提供することを目的としている。スミスは本書出版前の1986年に『ネイションのエスニック的起源』（邦訳は巣山靖司・高城和義他訳『ネイションとエスニシティ——歴史社会学的考察』名古屋大学出版会、1999年）と題する著書を出し、ネイションの系譜と起源、特にそのエスニック的な起源を詳細に分析している。本書はこの1986年刊の論考を踏まえた、ネイションとエスニシティの関係を一般読者向けに書かれたものといえるだろう。

　本書でスミスが明らかにしようとしていることは、近代以前のエスニーと近代以降のネイションとの間に連続性があるのか否か、さらに近代のネイションがどのように形成・創造されてきたのかの問題である。エスニーという用語は、エスニック共同体を表す的確な言葉が英語にはないため、スミスがフランス語から借

用した用語で、エスニック共同体と同義で使われている。

　冒頭でも述べたように、ナショナリズムの起源に関しては、原初主義／歴史主義と近代主義／構築主義の理論的対立があった。これに対しスミスは本書で、近代になってネイションがなぜ出現したのかを説明するにあたっては、神話や宗教、慣習、言語、制度など歴史的なものとしてのエスニック共同体から始めなければならないとし、前近代のエスニーと近代的なネイションやナショナリズムとの間にはかなりの連続性があると主張している。つまりスミスによれば、ネイションとはエスニック的な要素を必要とする、共通の神話と記憶を持った共同体と位置づけられる。その意味でスミス自身が述べているように、彼のナショナリズムに関する立場は、歴史主義的であると同時に、近代主義的である。

　スミスはさらに、ネイションに関して市民的ネイションとエスニック的ネイションという、よく用いられる二つの類型についても言及している。しかし彼の議論は類型化に留まらず、両者はいずれも市民的であるとともに、集団的アイデンティティの「歴史的なルーツ探し」によって、前近代的なエスニック共同体と結びつくと主張している。つまり本書のスミスの議論によれば、啓蒙主義的ないし合理主義的思考に基づく市民としての集団的アイデンティティに加え、「再発見される」歴史的、文化的な集団的アイデンティティがイデオロギーとしてのナショナリズム、さらにネイションの形成に重要な役割を果たしたのである。

　スミスは本書でさらに、こうした議論を古代から現代までのさまざまな事例で検証している。スミスが取り上げている現代の事例についての考察は、当然ながら30年以上前のものである。それでも現在の世界を考える際に大変示唆的である。例えばロシアのナショナリズムに関し、ソ連のマルクス主義の時代を経ながらも、ナチスに対する愛国主義的戦争が大ロシア・ナショナリズムの伝統的で宗教的な遺産へと回帰させたとの見方は、現在のウクライナ戦争を考える上で、多くのヒントを含んでいる。

　スミスの議論はナショナリズムに関する理論上の立場の相違に終止符を打ったわけではなく、スミス自身も多くの批判を浴びてきた。特に近代主義の立場からは、ネイションやナショナリズムの形成の源となったとスミスが主張するエスニック共同体が本当にあったのかといった批判などがなされてきた。確かにこうした批判も説得力を持っており、どちらが的を射ているかを断じることはできない。それでも本書を読む意味は、安全保障研究に留まらず、国際政治を学ぶ上で、欠かすことができない事象であるナショナリズムに関し、その強靭性やエネルギーについて多くの視点や論考を提供している点にある。（立山良司）

クリストファー・クラーク『夢遊病者たち――第一次世界大戦はいかにして始まったか』全2冊（小原淳訳）みすず書房、2017年

Clark, Christopher. *Sleepwalkers: How Europe Went to War in 1914.* London: Allen Lane, 2012.

背景・概要

　本書は、開戦100周年の前後に多数刊行された第一次世界大戦の起源に関する研究のなかで、もっとも注目された書籍の一つである。

　本書は3部構成をとっている。第1部では、第一次世界大戦へとつながる七月危機の当事国であるセルビアとオーストリア＝ハンガリー両国の20世紀初頭の政治外交を概観し、サライェヴォ事件前夜までの両国の確執や相互関係について叙述している。第2部では、対立する陣営への分断、各国の外交政策の形成過程と特有の事情、バルカン地域をめぐる力学などにより、紆余曲折を経て、ヨーロッパが大規模な戦争が起こりうる状況になった経緯について論じている。第3部では、フェルディナント大公夫妻暗殺事件の顛末や、七月危機下の各国の主要な指導者たちの行動や相互作用について考察し、この危機を戦争へと導いてしまった各国指導者の動向や認識（思い込み）、決定等について詳細に論じている。

　クラークは、「なぜ」という問いと「どのように」という問いが論理的に分けにくいことは認めつつ、本書では、「どのように」第一次世界大戦が起きたのかを叙述することに重点を置いている。

推奨ポイント

　第一次世界大戦の開戦にいたる国際関係の歴史には、大国間の対立や協調、台頭国の影響、衰退への焦りや不安、同盟の力学、軍事戦略、危機下の外交、意思決定過程、ナショナリズムの役割、政治と軍事の関係など、安全保障の概念や機知を学ぶ上で材料となる要素が多数含まれている。安全保障の理論研究にとっても、第一次世界大戦の開戦は非常に重要な位置を占めており、たとえば、意図せざる戦争、予防戦争、安全保障のジレンマ、攻撃＝防御バランス（とその認識）の理論など、第一次世界大戦の勃発という事例に触発されるか、大きな影響を受けて構築された理論は少なくない。冷戦期のアメリカの核戦略をめぐる概念や論争の多くも第一次世界大戦の開戦の含意や類推から生まれたといわれているし、1962年のキューバ危機のさなか、ケネディ米大統領が大戦の起源に関するタックマン（Barbara Tuckman）の『八月の砲声』（全2冊、山室まりや訳、ちくま学芸

文庫、2004年）に大きな影響を受けたこともよく知られている。

　このように、第一次世界大戦の起源そのものが、安全保障研究と密接な関係があるともいえるが、数多く存在する大戦の起源に関する書籍のなかで、本書をおすすめする理由は大きく三つある。第一に、いまだに論争的なものも含め、本書が通説とは異なる新しい視点を大胆に叙述に取り入れていることである。たとえば、本書を読めば、どちらかといえば脇役として扱われてきたバルカン諸国（特にセルビア）の動向を詳しく知ることができるし、七月危機において、過去にいわれていたよりもオーストリア＝ハンガリーが自律的に行動していたことや、フランス（特にポアンカレ大統領）がロシアの強硬路線を強力に後押ししたこと、危機終盤の7月25日頃までドイツの軍部に目立った動きが（隠蔽ではなく）実際にあまりなかったことなど、注目に値する新しい研究成果を反映した視点から、七月危機の経緯を含め、第一次世界大戦の起源を把握することができる。

　第二に、なにかと感情的になりがちな開戦責任をめぐる論争から本書が距離をおいていることである。クラークは、「1914年の戦争勃発は、最後に温室で硝煙の煙るピストルを手に死体を見下ろす犯人が出てくるアガサ・クリスティのドラマではない。この物語には決定的証拠は登場しない」し、「戦争勃発は犯罪ではなく、悲劇であった」と述べている。こうしたクラークの立場に対し、ドイツに重大な戦争責任があると論じてきた専門家は、ドイツの責任を免責するものだとして本書に猛烈な批判を浴びせたが、クラークも述べている通り、特定の国に責任があることを前提に議論を進めようとすると、先入観の影響を過剰に受けたり、視野が狭くなったりする弊害が出てしまうことはたしかに多い。もっとも、本書を読むと、20世紀初頭の「ならず者国家」として描かれているセルビアが、あらたな悪役（犯人？）にみえてきてしまうことは付言しておきたい。

　第三に、歴史の読み物としても非常に面白いことである。膨大な史料や先行研究を踏まえた学術的な大作でありながら、随所に余興的なエピソードも織り交ぜ、緊張感も再現しつつ叙述が軽快に進んでいく点は特筆すべきことであろう。

　タックマンの『八月の砲声』の後継版にあたるような本を探しているのであれば、小説のように登場人物の愛憎や性癖まで活き活きと描いているマクミラン（Margaret Macmillan）の『第一次世界大戦――平和に終止符を打った戦争』（真壁広道訳、えにし書房、2016年）が有力候補になるかもしれないが、同盟の力学や、軍事戦略、戦争計画といった安全保障の伝統的問題にはあまり重点が置かれていない。開戦100周年を契機に多数の文献が刊行されたが、どれか一つを選ぶとすれば、クラークの本書を第一候補にしたい。（今野茂充）

マーク・マゾワー『暗黒の大陸——ヨーロッパの20世紀』（中田瑞穂・網谷龍介訳）未來社、2015年

Mazower, Mark. *Dark Continent: Europe's Twentieth Century.* London: Penguin, 1998.

背景・概要

　冷戦の終結は、欧州諸国における民主主義の定着があたかも必然であったかのような神話を流布させた。しかし欧州の民主主義は「ファシズムや共産主義に打ち勝つよう運命づけられていたわけではなかった」（14頁）。欧州における民主主義の定着は「間一髪の成功と予想外の展開の物語であり、必然的な勝利と前進のそれではない」（同）。同様に、欧州の民主主義が今後どのような変質を遂げるのかは予断を許さない——。

　これが本書の核となる主張である。本書は20世紀の欧州を俯瞰的に捉え、それぞれの時期区分ごとに欧州各国の政治・経済・社会状況を南欧からロシア／ソ連に至るまで横断的に検討していく。第一次世界大戦、第二次世界大戦、そして冷戦が欧州規模で、そして欧州各国に与えた政治的・経済的・社会的影響が詳細に分析されている。その上で、欧州における民主主義がいかに脆弱であったか、ファシズム的、ナチズム的、共産主義的要素が、いかなる挑戦を受けようとも、欧州にいかに頑強に根付き、復活を繰り返してきたかを説得的に説く。本書はまた、マイノリティの保護や民族自決など、欧州における諸問題の解決を意図して採用されてきた重要な諸原則が、いかに易々と政治利用され、当初の意図とは真逆の結果を生み出してきたかを描き出す。

　本書を通じて浮かび上がるのは、ファシズム、ナチズム、共産主義、そして反ユダヤ主義や人種差別などが、欧州史における一時期的な「逸脱」では決してなく、ましてやドイツなどの一部の国だけに顕在化した現象でもなく、欧州に広く深く根付いた「特徴」そのものだった点である。だからこそ、欧州における民主主義の模索や差別との戦いは熾烈を極めた。欧州が『暗黒の大陸』そのものであり、欧州の歴史がその暗部からの脱却を目指した長い戦いだったという背景を抜きにして、欧州を理解することは困難である。

　著者のマーク・マゾワーはコロンビア大学で歴史学を教える教授であり、欧州歴史研究者として名高い。同氏の研究は本書以外にも『バルカン——「ヨーロッパの火薬庫」の歴史』（井上廣美訳、中公新書、2017年）、『国連と帝国——世界秩序をめぐる攻防の20世紀』（池田年穂訳、慶應義塾大学出版会、2015年）、『国際協

調の先駆者たち——理想と現実の200年』（依田卓巳訳、NTT出版、2015年）など
が邦訳されており、高く評価されている。

推奨ポイント

　本書初版は1998年に出版されており、したがって本書でカバーされている現
象は1990年代のユーゴスラビア戦争の時期までである。本書は欧州における民
主主義の定着やマイノリティの保護の確立の模索の歴史を重厚に分析した研究書
として名高く、すでに古典の域に入っているが、欧州における戦争の諸原因と平
和の構築過程を詳細に描き出した浩瀚な研究としても極めて貴重である。本書で
は、現在の欧州における「平和」がいかに脆弱な土台の上に成り立ってきたか、
いかに欧州における安全保障上の課題が克服困難であったのかが説得的に描き出
される。さらに、本書第2章で描き出される宥和政策の浮上とその失敗、その後
大国が小国に対して提供する「安全の保証」の崩壊過程の分析は、現在進行中の
ロシアによるウクライナ侵略における諸問題で欧州が直面する難問との類似性を
容易に読み取ることが可能である。

　欧州では本書の出版とほぼ時期を同じくして、重要な安全保障概念である「安
全保障化（securitisation）」がヴェーヴァー（Ole Wæver）らによって提唱された
が（例えばBarry Buzan, Ole Wæver, and Jaap de Wilde, *Security: A New Framework
for Analysis.* Boulder, CO: Lynne Rienner, 1998等を参照）、本書とヴェーヴァーらの
研究を併せて読むことにより、欧州における根本的な脅威認識の所在についてよ
り深くかつ複合的に理解することが可能となる。ヴェーヴァーらの基本的主張
は、欧州統合における最大の脅威として名指しされ続けてきたのは「欧州自身の
過去（Europe's own past）」であり、欧州統合を進めることは欧州が過去の血塗
られた歴史に回帰することを防ぐための「緊急措置（emergency measure）」であ
るという点である。欧州における安全保障体制の構築と、安全保障上の諸課題の
取り組みは、まさに「欧州自身の過去」を欧州自らが克服し、欧州に根強く存在
し続ける他者排斥や差別、領土をめぐる歴史認識の総意等の諸問題がより高次の
対立へとエスカレートすることを未然に防ぐための格闘であるとする点で、ヴェ
ーヴァーとマゾワーの欧州史観は一致している。

　かつて欧州諸国はアジアなどの「未開」の土地を「暗黒大陸」と称したが、欧
州こそが現在まで克服できない「暗黒」の側面を内包している。この点を見事に
描き出した本書は、欧州安全保障をめぐる諸問題の理解のための必読文献であ
る。（東野篤子）

秋野豊『偽りの同盟──チャーチルとスターリンの間』勁草書房、1998年

背景・概要

　本書は、1998年7月、外務省の派遣により国連タジキスタン監視団（UNMOT）へ出向中に、反体制勢力に襲われ殉職した秋野豊（元筑波大学助教授）の学位請求論文（「独ソ開戦と英対ソ連政策──『偽りの同盟』から「大同盟」への道」北海道大学、1983年）である。学位取得後、秋野は1983年から85年まで在ソ連日本大使館専門調査員として現状分析に携わった。さらに秋野は、1989年からの冷戦終焉期にしばしば中・東欧やロシア、中央アジアに調査に赴き、国際政治の変動の状況を現地から発信するなどして、「行動する国際政治学者」としてメディアにも知られるようになった。しかし、そうした秋野の研究者としての原点は、徹底した一次史料の渉猟にもとづく英国外交史にあった。

　本書で秋野が取り上げているのは、1941年6月の独ソ戦勃発から同年12月のモスクワにおける英ソ条約交渉までの、わずか6カ月間である。英ソ条約が正式に締結されたのは1942年5月であったので、それまでの時期の英ソ関係は、法的取り決めのない非公式の同盟であり、秋野の言葉を借りるならば、ナチスドイツに対する『「敵の敵」同盟』であった。この「敵の敵」同盟期の英ソ関係の本質を、本書は以下のように明らかにしている。第一に、独ソ戦勃発直後のチャーチル首相による積極的な対ソ援助表明は、その実態と大きく乖離していた。第二に、そうした英国の姿勢の背後には、ソ連の早期敗北という軍情報部の情勢分析があった。第三に、ソ連が反転攻勢を行った1941年12月になってようやく英国は対ソ援助政策を転換したが、それまでの援助不履行という政策の蓄積のためスターリンの対英不信が大きくなっており、その後の英ソ条約交渉は脅威の共有にもかかわらず難航した。このように秋野は、「敵の敵」同盟期の英ソ関係が、実は疑心暗鬼に満ちた「偽りの同盟」であったことを明らかにしている。

推奨ポイント

　本書は、英公文書館所蔵の未公刊の政府関係文書、外務省関係文書、陸軍省関係文書や、その他の公刊された一次史料、二次史料に基づいて英国の対ソ政策を丹念に跡づける外交史研究であるが、同時に、同盟がその成立期において「事実

上（de facto）」の関係から「法的 de jure」関係へと移行する政治過程を分析した安全保障研究でもある。

　英国外交史研究としての第一の意義は、「敵の敵」同盟に対する英国の政策決定過程を、対ソ援助慎重派のチャーチルと軍部、援助積極派のイーデン外相とビーヴァーブルック供給相というアクター間の対立として描き出したことにある。とくにチャーチルとイーデンは、対ソ脅威認識、戦争目的、戦後構想において、違いが際立っていた。第二の意義としては、対ソ援助慎重論の根拠として、ソ連軍の抗戦能力やスターリンの戦争指導能力に対する悲観的な見通しを描き、同時にソ連降伏後のドイツ軍による英本土上陸作戦への対処を重視していた英軍の軍事情勢分析の全貌を明らかにしたことがあげられる。第二次世界大戦におけるインテリジェンス研究は、一次史料の機密指定が解除されるようになった80年代後半に盛んになってくるが、本書はいわばその嚆矢といってよい。さらに第三の意義として、それまで第二次世界大戦中の英ソ関係研究では、あまり顧みられることのなかった独ソ戦勃発後の半年間を、のちの米英ソ「戦時大同盟」への単なる序曲ではなく、英ソの相互不信を醸成した時期として再評価を試みたことにある。冷戦が相互不信のエスカレーションによりはじまったとすると、英ソ相互不信の構図の原型を英ソ条約締結前の時期にあぶり出すことに成功した本書は、冷戦起源論にも一石を投じたことになる。英ソ「敵の敵」同盟は、その後の戦時大同盟の礎石となるどころか、むしろその後の冷戦的不信感の起源となったのであり、まさに「『偽りの同盟』は戦後の『偽りの平和』をもたらす精神的土壌を提供した」（本書282頁）ということになる。

　さらに本書は、安全保障研究や同盟研究に、貴重な歴史的事例を提供したものとして位置づけることもできる。1941年の独ソ戦が勃発した結果として成立した「敵の敵」同盟を、チャーチルは必ずしもナチスドイツという巨大なパワーに対する均衡策とは考えず、むしろソ連の対独抗戦能力、スターリンの戦争目的や戦後構想を比較考量した上で、早期の同盟条約交渉より「偽りの同盟」政策を優先させた。この政策の失敗がスターリンの対英不信を生み出し、英ソの相互援助に基づく真正の同盟への移行コストを引き上げてしまったのである。そのことが、やがてスターリンの戦争目的（領土要求）の事実上の承認へとつながる。

　明白な侵略的パワーに直面しても、同盟関係は、国際正義や互助互恵的な精神ではなく冷徹な情勢判断と国益計算に基づいて形成される。そのことを一次史料により裏づけた本書の安全保障研究としての意義は、決して小さくないといえよう。（広瀬佳一）

広瀬佳一『ヨーロッパ分断1943 ──大国の思惑、小国の構想』中央公論社（中公新書）、1994年

背景・概要

　大国に挟まれた中小規模の国家にとって、国際政治アクターとして「生存」を維持することは死活的に重要な問題である。その存在を脅かされる場合が多々あったからだ。ヨーロッパの歴史を振り返り、そうした典型例と言えるのが、ドイツとソ連に挟まれた中欧のポーランドとチェコスロヴァキアである。本書のなかでは、第二次世界大戦期のポーランドとチェコスロヴァキア両亡命政府の戦後に向けた「生存」をめぐる政治と外交が描かれている。

　両亡命政府は、「生存」のために国家連合というかたちで地域統合体の構築を目指した。国力を結集させ、安全保障環境を整えるのがその主な目的であった。こうした地域統合構想に連合国陣営の大国はどう反応したのか。本書は、小国に分類され、構想の当事国であるポーランドとチェコスロヴァキア、そしてイギリス、ソ連、アメリカの三大国、それぞれの思惑を明らかにした。

　著者の広瀬佳一は日本を代表する中東欧の専門家であり、その博士論文は『ポーランドをめぐる政治力学──冷戦への序章1939-1945』（勁草書房、1993年）として出版されている。中東欧は歴史的に周辺大国の思惑に翻弄された地域であり、この地域を研究することはヨーロッパの戦争と平和に関する重要な論点を研究することにつながる。そのようなわけで同氏が中東欧の専門家であると同時に、日本を代表する安全保障論の専門家の一人でもあることはうなずける。本書の最終章では執筆当時の現状に対する分析も行われているが、それぞれの時代の現状の安全保障問題を理解するために歴史が必要不可欠であるということをあらためて思い起こさせてくれる文献である。こうした点に本書が歴史学のみならず、国際安全保障論の重要な文献でもある理由がある。

推奨ポイント

　本書が描いた大国と小国との間に生じた葛藤の結果は、「戦後ヨーロッパの分断」である。パワーの差ゆえに小国と大国との間には分断があった。しかし、それにとどまらず本書はポーランドとチェコスロヴァキアの間、つまり小国の間にも分断があったことを描いている。戦後を見据えた国際秩序の姿は1943年末の

モスクワ外相会談とそれに続くテヘラン首脳会談における大国の勢力圏構築の動きによって規定されていく。自らの勢力圏構築に邁進したソ連は、他のアクターが勢力圏の構築を目指すことを徹底的に嫌った。たとえば、ソ連はポーランドとチェコスロヴァキアだけではなく、ギリシャとユーゴスラヴィアの国家連合構想にも反発した。さらには直接国境を接してはいない、フランス、ベルギー、オランダ、ルクセンブルクを対象にした西ヨーロッパにおける地域統合構想にも自らの安全保障を脅かす勢力圏の誕生につながる可能性があると判断し、反対したことも知られている。こうした勢力圏の構築によって安定を確保しようとするソ連をポーランドが脅威としてとらえたことは理解できる。ところがチェコスロヴァキアはソ連を協調相手としてとらえたことから、亀裂が生じた。「ソ連問題」で一致した立場を共有しない限り、中欧で壮大な構想を実現させることは困難であった。さらに、ポーランドとチェコスロヴァキアとの間にはミュンヘン協定の時期にさかのぼる領土問題も存在し、これが両アクター間の協調をより一層難しくした。

　本書はとりわけポーランド亡命政府の苦境を鮮明に描いている。1943年4月の「カティンの森」事件によってポーランドとソ連との間の関係は悪化した。だが権力政治的な観点から対ソ協調姿勢を優先したチェコスロヴァキアの指導者であるベネシュ（Edvard Beneš）が地域統合を見据えた相手であるポーランドの肩を持つことはなかった。この大虐殺を受けてもポーランド亡命政府のシコルスキ（Władysław Sikorski）首相は対ソ関係の改善を目指すほどの現実主義者であったが、それも同氏の死によりかなわなくなった。中欧の地域統合を実現させるためにはソ連の同意が事実上必要であったことを踏まえると、そのための国際環境が整う状況には程遠かったのである。

　本書は大国に飲み込まれないための手段としての地域統合構想が大国への配慮によって揺さぶられ、消滅していく過程を描いている。中欧の亡命政府の構想は、ソ連の圧力、そのソ連に反発しながら拒絶できなかったイギリス、そしてソ連との対立を避けたいアメリカの思惑の前に雲散霧消した。本書は、大国に隣接した中小規模の国家にとって、自律した安全保障構想を実現することがいかに難題であるかを突き付ける。現在のポーランド、チェコ、そしてスロヴァキアは、欧州連合（European Union, EU）の加盟国として、地域統合がもたらす安全を享受している。だが、ロシア・ウクライナ戦争の勃発は、EUの存在をもってしても、ロシアが依然として脅威に変貌することを示した。地域統合を目指すアクターと域外大国の思惑を描いた本書は、「ロシア・EU関係」という現代的な課題を考える際の羅針盤の役割を果たすであろう。（宮下雄一郎）

ニコラス・モンサラット『非情の海』（吉田健一訳）フジ出版社、1967年

Monsarrat, Nicholas. *The Cruel Sea*. London: Cassell, 1951.

背景・概要

　ニコラス・モンサラット（1910〜1979）は英国の小説家。リヴァプール生まれ。ウィンチェスター校からケンブリッジ大学トリニティ学寮。大学卒業後はフリーランスの著作家・小説家として執筆活動をしていた。第二次世界大戦の勃発後、英国海軍志願予備員（RNVR）として英海軍に入り、1940年7月海軍中尉任官、同年10月大尉、1943年12月少佐、1946年に海軍を退いている。

　モンサラットは大戦中もっぱら大西洋の海上護衛戦に従事した。捕鯨船のデザインをもとに戦時急造されたフラワー級コルヴェットに乗り組み、1940年から2隻のコルヴェットで副長、それ以降コルヴェットの艦長、1943年からより大型のリヴァー級フリゲート（護衛駆逐艦）の艦長を二度にわたって勤めている。幼少期からセーリングに親しむなど、もとから海に素質のあった人物と想像されるが、志願予備員の士官として出色の経歴である。

　本書は英海軍の海上護衛戦を描いた叙事詩的な小説である。しかし物語の背景をなす全般的戦局推移の描写は正確であり、戦いに従事した士官や下士官兵の一群の人々の体験を的確に表現している点は高く評価されている。

推奨ポイント

　第二次世界大戦の大西洋・ヨーロッパ方面における英米連合の戦略は、英本国を戦争の中で保持し、やがて西ヨーロッパへの反攻の跳躍台にしようとするものであった。米国の莫大な生産力で戦力を造成し、その戦力をヨーロッパの戦場に運ぶことによってその戦略は実現する。当初、英本国への戦力の蓄積が目指されたが、それを阻止しようとしたのがドイツ潜水艦（Uボート）である。Uボートの活動は、1940年のフランス降伏によってビスケー湾の基地が利用可能となってにわかに活溌化した。

　ドイツ海軍は輸送船団攻撃に潜水艦を集中使用（「狼群戦術［Wolfsrudeltaktik］」）して大きな戦果をあげた。ちなみに1942年において連合国商船隊は780万トンの損耗を被り、そのうち630万トンがUボートによる被害であった。米国の造船所は全力を挙げて輸送船の大量生産を続けていたが、年間700万トンの船舶生産量からして連合国の稼働しうる海上輸送能力の合計は減少しつつあった。さら

に1943年3月にドイツ潜水艦は、一時期米欧の連絡線を事実上遮断するまでに至っていた。

しかし何よりも大西洋水域の安全確保は、ヨーロッパ戦域での英米戦略の根本的条件であった。大西洋の戦いに勝てば、英本国の軍需産業基盤を維持できるし、英本国を出撃基地として対ドイツ連合爆撃攻勢も可能となる。またロシアのムルマンスクや地中海に向かう船団は、英本国の積出港から出港し、エジプトと中東に向かう輸送船団も英本国から出発している。大西洋を支配することは何が何でも達成しなければならない課題であった。1943年末にこの課題は達成された。

ドイツ潜水艦の跳梁を阻止する方法は二つあった。潜水艦そのものを攻撃するか、輸送船団の安全を守るかである。英米海軍は、その両方を実施した。潜水艦狩りの側面では、護衛空母の投入、音波探知機や高性能レーダーの開発と実装、ドイツ海軍のエニグマ暗号の傍受解読、オペレーションズ・リサーチの手法を用いて船団の効果的な編成や、航空機による哨戒の効率化を実現し、最終的にUボートの脅威を排除した。

一方『非情の海』に描かれる戦争は、輸送船団の安全を守る側面である。英海軍の護衛艦が潜水艦と戦いつつ、荒れ狂う冬の大西洋やバレンツ海をわたって、いかにしても輸送船団を目的地に届けることを至上の任務とする戦場が舞台である。船団が無事に目的地の港に到着すれば、その一隻一隻と貨物の分だけ、勝利に近づくことになる。そこでは一度きりの蛮勇など役には立たない、玉砕など無縁の戦場である。輸送船団に対するUボートの攻撃をひたすら耐え忍ぶしかないコルヴェットの艦長と乗組員の心理描写は驚くほどリアルである。

作中に描かれる英国海軍予備員（RNR）の艦長を除けば、副長をはじめ乗組の士官は、全員が戦時に急速養成された人々であり、数名の下士官を除けば水兵の多くもそうである。彼らは凄惨で悲壮な事態に遭遇しても、平常心で忍耐強く任務にあたり、誠実に戦争を生きている。総力戦の一つの具体的局面を描いた、この68カ月にわたる海上護衛戦の物語は、筆者の戦争観を大きく変えた。

原書は1951年刊行時、ベストセラーとなった。訳者は吉田茂の長男で英文学者の吉田健一である。邦語訳初版は『怒りの海』（全2冊）と題され新潮社（1953年）から刊行され、次いで『非情の海』と改題されフジ出版社（1967年）、1992年に至誠堂（全2冊）から再刊されている。また1953年にはイギリスで映画化されている。主演はジャック・ホーキンス（Jack Hawkins）、脚本はエリック・アンブラー（Eric Ambler）である。（赤木完爾）

ラインホールド・ニーバー『道徳的人間と非道徳的社会──倫理学と政治学の研究』(大木英夫訳)白水社、1998年／2014年(新訳、岩波文庫、2024年)

Nieburh, Reinhold. *Moral Man and Immoral Society: A Study in Ethics and Politics.* New York: Charles Scribner's, 1932.

背景・概要

　ラインホールド・ニーバーは、現代の国際政治学における現実主義の源流を生み出した人物の一人である。その意味においても、彼は国際安全保障の基礎となる政治の概念を考える上で重要な人物である。『道徳的人間と非道徳的社会』は、E・H・カーが『危機の二十年』を執筆するにあたり、最も影響を与えた文献の一つでもある。さらに、ハンス・モーゲンソーは、ニーバーについて、欲望を追求してやまない人間の本性を発見し、権力によって定義される政治の領域を再認識した人物として高く評価している。しかし、ニーバーという人物を、権力政治を説いた現実主義者と素朴に捉えるのは誤りである。なぜなら、ニーバーは、政治というものを権力と道徳の間の緊張関係にみたからである。

推奨ポイント

『道徳的人間と非道徳的社会』を通じて国際安全保障の根底にある政治の概念を理解するために、以下の三つの点について説明したい。それは、権力の根源、権力と道徳の衝突、国家と国際関係の三つである。

　第一は、権力の根源である。ニーバーによれば、人間は他の被造物とは異なり、想像力によって呪われている。人間は、想像力によって生存に必要な欲求を超えるほどの願望を抱くことができる。そのため、人間はより豊かな生活を想像し、欲望をたえず拡大しつづける。しかし、それには限界がある。それは、自己の欲求と他人の欲求を調整する必要が出てくるからである。

　ニーバーは、理性や知性といった世俗的価値や、慈愛や善意といった宗教的価値を通じて調整が進められることを否定しない。しかし、家族においては、そのような価値によって調整が比較的に容易に行われる一方、国家のような複雑な社会関係に基づく集団においては、そのような調整は相対的に困難になる。

　そこで必要になるのが、権力である。しかし、権力は社会を統合する一方で、社会に不正義をつねにもたらす。人間は、権力自体を獲得しようと欲求することから、権力闘争がつねに生じ、誰が権力を行使し、誰が権力を行使されるのかという不平等から逃れられない。そのような権力闘争によって構築される社会の秩

序は、一時的で不安定なものにならざるをえない。

　第二は、権力と道徳の衝突である。ニーバーによれば、このような権力の否定的な影響を緩和するために、理性や知性といった世俗的価値や、慈善や寛容といった宗教的価値も不可欠である。そのため、「政治とは、歴史の終わるにいたるまで、良心と権力とがぶつかり合う場であり、人間生活のもつ倫理的要素と強制的要素とが相互にいり組み、両者間の一時的不安定な妥協が成り立つ場なのである」。ニーバーは、権力を政治の本質と捉えたのではなく、道徳と権力の間の緊張関係にそれをみたのである。

　そのため、政治の目標は、道徳主義者や宗教主義者が理解するように、政治から権力の要素を除外することではない。これについて、ニーバーは、以下のように言及している。「きたるべき数世紀にたいする集団的人間の関心は、強制のない完全な平和と政治の理想的社会の創設などではなくて、集団的人間の共同の事業が完全な破滅に終わらないようにそれを防ぐに足るほど十分な正義があり、同じく十分な非暴力的な強制力をもつ社会を創設することである」。

　第三は、国家と国際関係である。ニーバーによれば、国際社会のような国家や国民から構成される非常に複雑な社会集団の場合、国内社会に比べて人間の欲求を調整することはいっそう困難である。そのため、国際社会における利害の調整には、強大な権力の行使が必要になる。国際秩序はつねに不正義であり、国家間の権力闘争がたえず繰り広げられることから一時的で不安定なものにすぎない。

　ニーバーによれば、理性や道徳は、国家間の対立をある程度抑制することは可能であるが、国家間の利害を調整できるほどに成熟していない。しかし、それ以外にも大きな課題が残されている。それは、国家の自己中心性である。国家は、自由や正義といった普遍的価値を追求することを表明して、国民からの献身を取り付けようとする。しかし、これは、国家の自己欺瞞と偽善にすぎない。国家の追求する普遍的価値なるものは、国益を反映したものである場合がほとんどだからである。そのため、国家間の利害の調整はいっそう困難になる。

　国際平和は、理性と道徳だけを通じて達成されることはない。なぜなら、国家の自己中心性が強固であるからである。しかし、ニーバーの政治理念にしたがえば、国家権力の機能だけでは安定した国際秩序はもたらされない。権力は不正義と抑圧を生み出すからである。権力と道徳の緊張関係のなかで、国際安全保障を通じて、十分な正義と十分な非暴力的強制力のある社会を構築することが求められている。（上野友也）

ハンナ・アーレント『新版　エルサレムのアイヒマン——悪の陳腐さについての報告』(大久保和郎訳) みすず書房、2017 年

Arendt, Hannah. *Eichmann in Jerusalem: A Report on the Banality of Evil.* New York: Viking Press, 1963.

背景・概要

　V・E・フランクル『夜と霧』には、ナチの手により数百万のユダヤ人が強制収容所に送られ、人が家畜のように処理され灰になっていく様子が書き綴られている。地獄のような収容所内の光景に戦慄が走った読者も多かろう。犠牲者に対する憐憫の情とともに、ナチの罪状に対して激しい憤りを覚えたのではなかろうか。

　翻って本書は、ホロコーストを行った加害者の一人であるアドルフ・アイヒマン (Otto Adolf Eichmann) がエルサレムの法廷で裁かれた時の傍聴記録である。『ザ・ニューヨーカー』に 5 回にわたり連載された後、単行本として出版された。著者のハンナ・アーレントは、全体主義の研究で知られる政治哲学者である。1906 年生まれのドイツ系ユダヤ人であり、1941 年にアメリカに亡命し、著名大学数校において哲学の教鞭をとった。

　アーレントは自らの境遇に感情を寄せることなく、公正かつ冷静に本裁判を観察した。アイヒマンをどこにでもいる平凡な小役人と評価しただけでなく、ナチに協力したユダヤ人に言及し、さらには裁判の正当性についても異議を唱えたことにより、本書とアーレントはユダヤ人同胞からの批判に晒されることになった。

推奨ポイント

　被告人のアイヒマンは、「ユダヤ人問題の最終的解決」の決定に関与し、ヨーロッパ各地のユダヤ人を列車で絶滅収容所に輸送する任務の責任者であった。当時の彼の階級は親衛隊中佐であり、中間管理職にある実務者に過ぎなかった。1960 年に逃亡先のアルゼンチンにおいてイスラエル諜報特務庁 (モサド) によって非合法的に拿捕された後、イスラエルの法廷において裁かれ、ユダヤ民族に対する罪、人道に対する罪、そして戦争犯罪など 15 の訴因によって絞首刑の判決を受けた。1962 年 6 月に処刑されたアイヒマンの遺灰は地中海に投棄された。

　驚くことに、アイヒマンにはユダヤ民族に対する敵愾心も殺意もなかった。「神の前には有罪だが、法的には無罪」と主張しているように、アイヒマンは忠実に任務を完遂しただけで、国法を何一つ犯していたわけではなかった。たとえ虐殺に関わる職務であっても、それと個人の責務は全く別の次元と捉えていた。

アーレントは「アイヒマンには昇任に対する異常な執着以外、職務を忠実に遂行した動機が見つからず、自分のしたことがどういうことか全くわかっていなかった」と指摘した。善悪も判断できない意思（思考）なき従順性や野心が、アイヒマンを意図せずしてホロコーストの担い手としたのである。諸説はあるものの、アーレントはこれを「悪の陳腐さ」と称した。

　本書から安全保障にどのような含意を汲み取れるのであろうか。安全保障の実現には軍事力の行使が、ときには秘匿性の高いセンシティブな活動が求められるため、個人の倫理感が結果次第では数百万の人命に影響してしまうこともあり得る。個人の存在など巨大な国家組織から見れば小さな歯車でしかなく、一個人の良心や正義感など力なきものに思えるかもしれない。しかし、法廷においてアイヒマンは歯車ではなく、人間に還元され裁かれたのである。アイヒマンがたとえ平凡または非凡な役人であったとしても、ある時代の最大の犯罪者であったことに変わりはなく、安全保障において問われる個人の倫理感の重さは至って大きい。

　アイヒマンに限らず、ユダヤ人組織の指導者が程度の差こそあれナチに協力したように、権威に盲目的に服従するようになると、いつの間にか不条理な規範を正義と信じ込み、自分の行為を正当化するようになる。しかし、そこには「意思がなかったから」では済まされないものがある。アーレントは「人間はたとえ自分自身の判断しか頼るものがなくても、しかもその判断が周囲の人々すべての一致した意見と異なったものであっても、善悪を弁別できる能力をもたなくてはならない」と主張する。

　世界に目を転じると、「悪の陳腐さ」は現在も健在しているようである。例えば、ウクライナ侵攻に邁進するプーチン政権を擁護しているロシア国民が少なからずいる。人権抑圧と情報統制を憚らない政府を支持し、普通の人々が図らずも独裁者をつくり出し、強権政治に加担している国々もある。脅威は、アナーキーな国際社会における権力闘争や国益争いだけから生じるのではなく、平凡に暮らす人々による陳腐な悪からも生まれる。戦争に特別な理由があるわけではなく、人類の通常の営みの中で、普通の人々によって瑣末なことで始められる。我々は思考の停止によって、このような脅威を野放しにして平和を失うようなことがあってはならない。少なくとも、現状の安全を当然のように受け入れるのではなく、自律性を欠くことなく安全保障に能動的に向き合っていく必要があろう。本書は安全保障論の入り口に立つ人々に、脅威の源泉は人間にあるという大切な視座を提供してくれるに違いない。（坂口大作）

乾一宇『力の信奉者ロシア──その思想と戦略』JCA出版、2011年

背景・概要

　本書は、そのタイトルからして、一見してロシアに関する評論書と思われがちだが、膨大な注記と引用文献から成る高水準の学術書である。元陸上自衛官の乾一宇は、防衛研究所や日本大学大学院などでロシア軍事研究を極め、優れた論文や翻訳書を数多く世に送り出した。

　本書の内容は、第二次世界大戦から現代ロシアに至るまでのソ連・ロシアの軍事思想および戦略に関して、ロシア語文献の解読を縦糸に、兵力・配置・装備の分析を横糸にして、立体的なロシア軍事分析を目指した大著である。プロパガンダに満ちたソ連・ロシアの公式文書の行間を読み解き、軍事知識の希薄な日本人読者にかみ砕いて伝えるという、インプットおよびアウトプットの双方において苦労の跡が見受けられる。

「米国率いる軍事同盟NATOによって旧ソ連というロシアの影響圏が侵食される」という極端な被害妄想と、「ウクライナとロシアは東スラブの同一国家であるべき」とする偏狭な歴史観が組み合わさり、プーチン大統領は、2014年のクリミア半島併合に続いて、2022年に力による現状変更を繰り返した。

推奨ポイント

「ロシアは力を信奉する国」と結論付ける本書は、あたかも2回に及ぶウクライナ侵攻を当然の帰結として言い当てていたかのようである。兵力十数万人でウクライナ全土を軍事制圧するという「非合理かつ非現実的な決断」をプーチン大統領が下したことに関しては、今もって不可解な部分が残されているが、本書にはその謎に迫る軍事的なヒントが満ち溢れている。

　ロシア語には「安全（security）」に相当する言葉がなく、「危険が存在しない状態（bezopasnost'）」という表現しかない。すなわちロシア人にとっては「安全」という心安らかな積極概念はなく、たとえ何らかの方法で「安全」が確保されたとしても、いつそれが壊れるかもしれないと常に怯える気持ちが根底にあり、それがロシア独自の「過剰な防衛思想」につながると著者は説く。こうしたロシアの特殊な安全保障観が、スターリンが第二次世界大戦後の経済復興よりも

安全保障を優先した主因として説明される。

　フルシチョフ期の「戦略核重視」に偏重した軍事戦略は、そもそも軍主流派の考えではなく、ブレジネフ期に軍人から批判を受けることになった。ソ連時代からも政軍間の意見相違は存在しており、ソ連・ロシアの軍事戦略は両者のバランスの上に成り立っていた。これは、ウクライナ侵攻に関しても、軍幹部は積極的に賛同しなかったのではないかという現代の指摘にも通じる。

　ブレジネフ政権は、大量の通常戦力をもって奇襲攻撃を行い、NATOが戦術核を使用する前に短期間で圧倒撃滅する構想を抱いていた。このようにソ連の「軍事ドクトリン」が攻撃的な性格を有していたのは、ソ連軍に脈々と流れる攻勢を最重視する考え方による。それは、侵略を単に防ぐだけでは禍根を絶つことができず、防御から攻勢に転じて敵を壊滅しなければならないという、地形上の障害が少ないロシアの地理から起因する必然の理であると著者は主張する。こうした「攻勢志向」がソ連時代のイデオロギーから派生したものではないとするならば、現代ロシアにも通じる軍事的発想と言える。「攻撃は防御に勝る」と考えるロシアにとって、日本の「専守防衛」が理解できない理由がここにある。

　1985年にゴルバチョフが登場して、西側との核戦争の回避を重視するようになり、ソ連の「軍事ドクトリン」は防勢的なものに転じた。軍事力は、他国を攻撃できるほど大きくないが、防衛的には十分なレベルという「合理的十分性」という概念への転換である。ただし、乾によれば、それは、人口減少、経済停滞、ペレストロイカ政策などの国内情勢により、軍事力低下に追い込まれた窮状を対外的にカモフラージュするためであり、軍事戦略の本質転換ではなかった。

　新生ロシア発足後の「ロシア軍事ドクトリンの基本規程（1993年）」では、冷戦終焉により世界戦争の脅威は著しく減少したが、武力紛争や戦争に発展しかねない政治的、経済的、領土的、宗教的、民族的な矛盾が残存しており、それらが戦争の原因になり得ると指摘された。ロシアが戦争を否定し、いずれの国も敵とみなさないと表明するようになっても、戦争の原因や危険性、軍事的な脅威は存在するという立場が維持された。

　2000年のプーチン政権誕生後、ロシアの「軍事ドクトリン」が改訂され、直接的な軍事侵略の脅威は低下したものの、増大する主要な外的脅威として「軍事ブロックや軍事同盟」の拡大が指摘された。これ以降、ロシアの影響圏である旧ソ連地域へのNATO拡大を軍事的脅威とみなす現在の軍事戦略の基本が形成された。現状変更を繰り返すロシアに通底する軍事的なものの見方を知る上で、本書は欠かすことができない1冊である。（兵頭慎治）

アンドリュー・J・ネイサン、アンドリュー・スコベル『中国安全保障全史——万里の長城と無人の要塞』(河野純治訳)みすず書房、2016年

Nathan, Andrew J., and Andrew Scobell. *China's Search for Security*. New York: Columbia University Press, 2012.

背景・概要

本書は、*The Great Wall and Empty Fortress: China's Search for Security,* New York: Norton, 1997 の大幅改訂版であり、米国のトップレベルの中国研究者が中国の外交・安全保障に関する認識や行動を分析した研究書である。

主著者であるネイサンは、コロンビア大学教授であり、現代中国の現実を、ニュアンスをもって冷静に分析することで定評のある政治学者である。彼はかつて中国の極秘内部文書とされる『天安門文書』(文藝春秋社、2001年)を公表したことで有名であるが、2001年以降中国から入国拒否されている。共著者のスコベルは、ランド研究所の主任政治研究員である。彼は中国軍事を専門に研究するアナリストであり、中国軍の行動分析などに定評がある。

本書の特徴は、中国が感じる脅威を、①中国が支配する、またそう主張する領域全体(台湾を含む)、②国境を接する周囲20カ国(+台湾)、③中国自身が組み込まれている周辺の六つの多国間体制(関係国は45カ国に達する)、④世界のその他の地域(全欧州、中東、アフリカ、南北アメリカ等)の四つの円から発するものとして整理し、中国による安全の追求を立体的に分析していることである。

推奨ポイント

本書の推奨ポイントは以下の4点である。

第一は、中国外交の特徴を生んだ要因を、国家の地政学的環境に求め、巨視的に説明していることである(第1章)。中国の地理的な位置は、全方向が不安定、圧力、さらには侵攻に対して無防備である。中国は伝統的に北方諸民族の脅威にさらされており、また大陸の東側と南側にわたって最も経済的に繁栄した地域が、長い海岸線に沿って無防備に横たわっている。しかも、大部分が解決されたとはいえ、中国は複数の隣国といまだに領土紛争を抱えており、しかも複数の隣国は中国の支配を恐れて域外大国と同盟を結んで中国に対抗している。これは天然の安全を享受する米国と正反対の環境であり、こうした地政学的環境が、中国の安全至上主義につながっていることが指摘されている。

第二は、中国が第一と第二の円にある、チベット、新疆、香港、台湾などいわゆる「国家性の問題」に悩まされており、これらが体制の脅威であると同時に国

家そのものにとって脅威であると指摘した点である（第8、9章）。面積が領土の約三分の二におよび、潜在的に敵対的な国家と隣接するチベットと新疆の脅威は大きい。彼らは中国共産党の支配に極めて抵抗的であり、国際的な影響力も強い。香港と台湾はいわゆる漢民族地域であるが、反共イデオロギーと本土とは異なる国家アイデンティティがある。どちらも、対処を誤ると米国をはじめとする西側諸国との深刻な対立に発展しかねない構造を抱えていると指摘されている。

　第三は、第三の円における最大の脅威、すなわち米国の脅威分析を重層的に行っている点である（第4章）。中国は、世界各地での米国の行動がほとんどすべて中国に対抗するものであると解釈する傾向を持っている。中国のアナリストたちは、米国の軍事的脅威を高く評価し、米国が中国の経済的利益に打撃を与える能力も注視している。そして彼らは、米国には自由や民主といったイデオロギー的武器と、それを使う意図があると信じ込んでいる。ところが、彼らは鄧小平の「韜光養晦」（才能を隠し、力を養うこと）戦略が成功し、米国はいまや中国を脅威だとみなしながらも、もはや中国の継続的発展を抑え込む手段をもっていないと考え始めたという。これらが、後の米中戦略競争の導火線となっていることがわかる。

　第四は、第四の円の中で、中国がもつ戦略的利益を「安定」であるとまとめていることである（第7章）。中国は隣接地域の外側において、「各国のイデオロギー的特徴、国内政治、軍事態勢、戦略的強力関係にはまったく無関心だ」（159頁）と著者は指摘している。この円の中で、中国の利益と影響力は、「経済と外交」だけである。世界中で展開する石油資源の確保、商品市場および投資先の拡大、武器売却などの動機は経済的利益でほぼ説明できるという。他方で、台湾とダライ・ラマの国際空間を制限するため、そして国際規範と国際管理体制への影響力を行使するため、中国は洗練した多国間外交の技術を駆使しているとされる。

　多くの長所がある一方で、本書は「独裁体制が強化される可能性」（258頁）に触れつつも、終章で中国の将来シナリオを提起し、民主化を含めた三つの将来像を想定するが、その予想をすべて外している。これは2012年前後に公刊された中国研究の専門書に共通の特徴である。本書の構造的説明が出色であるだけに、なぜ習近平政権成立後の変化を見通すことができなかったのかが問われる。

　最後に著者は、中国の台頭に「抵抗しようとしても失敗するだろう。なぜなら中国はあまりにも強力だからだ」（334頁）と結論づけている。2018年以降、米国は台頭した中国に本気で対抗し始めた。米中戦略競争の帰趨もまた、将来本書の価値を左右することになるだろう。（松田康博）

スティーブン・コーエン、スニル・ダスグプタ『インドの軍事力近代化 ——その歴史と展望』(斎藤剛訳)原書房、2015年

Cohen, Stephen P. and Sunil Dasgupta. *Arming without Aiming: India's Military Modernization.* Washington, D.C.: Brookings Institution Press, 2010.

背景・概要

　1991年に経済自由化に踏み切ったインドは、2000年代半ばにようやく「台頭」国として注目されるようになった。本書は、そのようなインドの軍事力近代化がどこへ向かうのかを問うている。原著のタイトルは『目標なき軍事化』となっているが、これは訳者が解説するように、「特定の脅威対象評価に基づく軍事力整備を行っていない」という著者の見解を示している。『目標なき〜』には、インドが攻勢的な軍事態勢を目指しておらず、したがってインド台頭は平和的なものであるという筆者の評価が込められている。その一方で、インドは経済的台頭に見合う軍事能力を獲得できていないという主張もされている。

　著者の一人スティーブン・コーエンは、1971年にインド軍に関する記念碑的著書を発表して以来、南アジアの安全保障を専門としてきた。1998年からブルッキングス研究所のシニアフェローとなり、2019年に83歳で生涯を閉じるまで多くの若手研究者を育成した。もう一人の著者スニル・ダスグプタは、コーエンがイリノイ大学で最後に指導した大学院生で、軍事組織の研究を専門としてきた。現在はメリーランド大学バルティモアカウンティ校の教授である。

推奨ポイント

　本書は、インドの軍事近代化について近年政策課題となっている陸海空軍の装備調達問題、核開発の問題、警察改革の問題をとりあげ、学問的議論の俎上にのせようと試みている。インドの政治、社会状況を知らない読者には若干難解に感じられるかもしれない。しかし、中国に次ぐ経済力、軍事力を保有し、アジアのみならず世界政治で存在感を増しているインドの軍事力近代化の現在地を理解するうえで、本書は有益な視座を提供している。

　本書の推奨ポイントを、3点に絞って述べる。

　第一に、本書ではインド特有の複雑な要因から軍事力近代化を説明する際の補助線として、「戦略的抑制」という概念を用いている。戦略的抑制とは、「政策手段としての軍事力行使へのためらい」とされる。著者の一人コーエンはかつて「大規模な陸軍を保有しながら軍事力行使に抑制的なのはなぜか？」という疑問

がインド研究を志した動機だと筆者に語った。コーエンらは、インドの防勢的思考、慎重姿勢を総括して「戦略的抑制」と呼んでいる。本書が著された時期、米国ではアフガニスタン、イラクへの関与縮小を支持する議論として「戦略的抑制」論が提起されていた。「戦略的抑制」が望ましい国家戦略と捉えられていることは間違いない。一方で、装備調達政策や軍事組織の改革という点では「戦略的抑制」が制約要因となってきたという主張が本書のもう一つのモティーフである。

　第二に、その戦略的抑制のくびきからの解放のために著者らは、軍隊、とりわけ陸軍組織の変革を主張する。その必要性の根拠としてあげられる、パキスタンに対する軍事的失敗の事例は、総じて防御的態勢に起因するとされる。例えば2001年から02年にかけてインドが行った強要戦略は、機動性が欠けていたために失敗したという評価が示され、それを是正するための「コールド・スタート・ドクトリン」をめぐる議論が紹介される。しかし意外なことに著者らは、作戦的には有効なコールド・スタート・ドクトリンを「とるべきではない」と結論する。エスカレーションのコントロールを現地の指揮官に委ねることは、現状のインドの政軍関係のバランスに大きな圧力となり、シビリアン・コントロールの問題を孕むからである。国防に対する政治指導層の関心の低さ、官僚の専門的知見の欠落という状況下で、軍隊が大きな責任を引き受けることは不可能だというのである。こうしたアンビバレントな議論は、改革の議論が漸進的にならざるを得ないことの反映なのかもしれない。

　第三に、本書には学問的議論を超えて、ある種の政策的提言や実務者へのメッセージが散りばめられている。著者らが、台頭するインドの軍事能力の拡大を国際社会とアジアにとって好ましいものと捉えていることは、序文の冒頭から明らかである。さらに、インドが「傍観者であることをやめ、国際社会の秩序を形成する役割を果たすべき時が来た」という著者らの期待を込めたエールは、本著発行後に成立したモディ政権の政策を予見していたかのようである。また、米印関係を扱った最終章では、「米政府はインドの国防組織と軍の近代化を支援できるしそうすべきであるが、そうすることが印米を戦略的同盟関係に導くことはなさそうである」と、インドに対する実務者の過剰な期待を戒めている。それでも、「現状維持」国家で、おおむね「責任ある」行動をとっているインドの軍事力近代化は、米国の国益と合致すると結ばれている。こうした本書は、安全保障研究者のみならず実務者に手にとってもらいたい一冊である。（伊豆山真理）

神余隆博『新国連論──国際平和のための国連と日本の役割』大阪大学出版会、1995年

背景・概要

　1945年に国連憲章が発効し、国際連合が創設された50年後の1995年8月、『新国連論』というタイトルで刊行された本書は、1990年代のポスト冷戦期と呼ばれる激動の国際情勢に直面する中、国連と日本の新たな役割を論じた書籍である。著者の神余は本書刊行までに外務省国際連合局軍縮課長や同局国連政策課長を歴任し、大阪大学教授としての立場で本書を刊行した。さらに本書とほぼ同時期に神余は編者として、外務省総合外交政策局国際平和協力室と総理府（現・内閣府）国際平和協力本部事務局の職員とともに、『国際平和協力入門』（有斐閣、1995年）も刊行している。『国際平和協力入門』は国連の平和維持活動（PKO）に焦点を当て、1992年6月に成立した国際平和協力法（「国際連合平和維持活動等に対する協力に関する法律」）の仕組みを概説しながら、日本の国際平和協力の取り組みと課題を論じた書籍である。一方『新国連論』は、より広い視座から紛争解決と平和維持のための国連の役割を論じ、そのための国連改革論を整理・解説するとともに、国際平和のための日本の役割として、国際平和協力論にとどまらず、大局的な見地から集団安全保障への貢献を含めた国連政策論を展開する。

推奨ポイント

　1995年に刊行された本書を、国連創設80年を迎えようとする今、推奨するのは、その内容がいささかも時代遅れではなく、むしろ2022年のウクライナ戦争を機に対立が深刻化する安全保障理事会の改革論や、国際平和のための国連の役割、そして日本の国連政策にとっても重要な示唆を含む内容であるからだ。以下では刊行から30年を迎えようとする現代において、本書が持つ価値を指摘したい。

　第Ⅰ部「ポスト冷戦と国連」では、冷戦終焉後の不安定な国際秩序において、普遍的な国際機構である国連の意義を、新しい時代に直面する国連の役割と課題とともに論じている。特に国連の課題としては、憲章規定や集団安全保障体制の実効性、南北問題への対処とともに、政策実務の視点から国連の財政面における課題にも紙幅が割かれている。これらの課題を現代的視座で捉え直すと、まさに安保理の機能不全がウクライナ戦争で露呈し、拒否権制度を含めた憲章規定や集

団安全保障体制の実効性の問題は、現在進行形の課題である。さらにグローバル
サウスの動向や、新冷戦とも称される現代国際関係を考察する上で、本書で叙述
されるポスト冷戦期の国際秩序と比較しながら思考するのは有意義である。

　第Ⅱ部「国連改革の論理」では、第Ⅰ部の問題提起を受けて、より具体的に国
連改革のあり方を安保理と総会の改革に加えて旧敵国条項削除問題にも言及し、
各国や日本の立場を示しながら国連改革を包括的に論じている。現代においても
安保理の機能不全だけでなく、ウクライナ戦争では「平和のための結集決議」に
基づいて緊急特別総会が招集されており、核兵器の脅威も高まる中で、軍備管
理・軍縮における安保理と総会の役割を含めて両組織の改革論を論じる意義は大
きい。日本の立場は本書刊行時と比較し、常任理事国入りの機運は2005年のG4
（日本、ドイツ、インド、ブラジル）案が頓挫して以降低迷し、国連の通常予算や
PKO予算の分担率も、米国、中国に次いで第3位に順位を落とした。こうした
現実を見据えた神余による国連改革論は、竹内俊隆・神余隆博編著『国連安保理
改革を考える──正統性・実効性・代表性からの新たな視座』（東信堂、2021年）
にアップデートされて引き継がれており、両書を比較することで国連改革論の理
想と現実、日本の国連におけるプレゼンスの変化を捉えることができる。

　第Ⅲ部「紛争解決と平和維持に関する国連の役割」では、国連の集団安全保障
体制とPKOに焦点を当て、ポスト冷戦期の課題を指摘する。日本とPKOの関
係は第Ⅳ部で詳述されるが、第Ⅲ部では集団安全保障と集団的自衛権に対する日
本の政策について、「協力的安全保障」の概念を用いた提言がなされている。こ
の点は2015年の平和安全法制の整備に伴い集団的自衛権の限定的な行使が可能
になり、新規立法された国際平和支援法（「国際平和共同対処事態に際して我が国が
実施する諸外国の軍隊等に対する協力支援活動等に関する法律」）の下で集団安全保
障に対する一定の貢献も可能になったことで、20年後に結実した。

　第Ⅳ部「国際平和協力と日本」では、国際平和協力法制定の経緯とともに、カ
ンボジアとモザンビークのPKO、ルワンダ難民支援の取り組みが紹介されてい
る。国際平和協力法はその後も累次の改正を重ねるが、制定当時の政治過程や、
PKOが変容する以前の日本の国際平和協力政策を知る上では貴重な記録である。

　最後に第Ⅴ部として「国連と日本」と題し、日本の国連政策や国連外交のあり
方について、外交官ではなく研究者としての立場で見解が示されている。神余は
その後、外交官として国連大使やドイツ大使を歴任し、再び研究者の立場に戻
り、安保理改革を中心とした国連政策に関する問題意識は前述した『国連安保理
改革を考える』に継承されているため、本書との併読を推奨したい。（山本慎一）

人道法国際研究所『海上武力紛争法　サンレモ・マニュアル解説書』（竹本正幸監訳）東信堂、1997年

Doswald-Beck, Louise ed., *San Remo Manual on International Law Applicable to Armed Conflict at Sea.* Cambridge: Cambridge University Press, 1995.

背景・概要

　本書は、1994年に人道法国際研究所により起草が完成し、翌1995年にルイーズ・ドスワルド＝ベック（Loise Doswald-Beck）の編集により発刊された*San Remo Manual*の翻訳書である。第二次世界大戦以降における武力紛争法の発展と法典化の主要な成果として、1949年のジュネーヴ4条約および1977年のジュネーヴ諸条約に追加される国際的武力紛争に適用される第1追加議定書（以下「APⅠ」）が挙げられる。これらは、傷者、病者、難船者、捕虜、文民および非軍事目標の保護の一層の促進といった、陸戦の規律のための詳細な規則を提示した。

　このように、武力紛争の発展は陸戦の分野で進捗した一方で、海戦法規については、ジュネーヴ第2条約およびAPⅠの一部で、難船者、病院船および衛生船舶の保護に関する規則類が法典されたにとどまり、海上における敵対行為および武力紛争非当事国（中立国）との関係を律する海戦法規の大部分は、条約における見直しの対象外とされた。本書は、第二次世界大戦以後久しく不明瞭な状況に置かれてきた海戦法規を包括的に研究して、現代の海上武力紛争において適用されるべき諸規則を具体的に明示し、それらの趣旨について解説を加えたものである。

推奨ポイント

　本書の推奨ポイントは、以下のとおり集約することができる。第一に、本書は、従来、海戦法規において不明瞭であるとされていた部分を全体的に明確化するとともに、国際社会の進展と海上武力紛争の今日的趨勢に適合させるべく海戦法規の再構築を図った画期的な成果物である。もとより、本書の諸規則は、個人としての資格で参加した各国の政府、海軍および大学の研究者ならびに赤十字国際委員会の専門家により構成された「海戦法規にかかわるラウンド・テーブル専門家」の試案を基にしたものであり、法的拘束力を有する文書ではない。また、多数決で導出された規定の一部には必ずしも主要海軍国の見解を反映していない部分を内包しており、既存の慣習法を重視する一部の国からは受容し難いとの反論も存在する。しかし、本書は、主として国家実行に重きを置いた各国専門家の多数意見を反映していることから相応の説得力を有しており、多くの海軍国は本書を受容し各国の軍事マニュアルに引用している。

第二に、本書は、国連憲章下の武力行使に関する法（*jus ad bellum*）の基本構造を明確化した。国連憲章の下では、自衛権行使および国連による集団的措置への参加の場合を除き個別国家による武力行使は禁止されるとともに、戦争は違法化された。他方で、ひとたび武力紛争が開始されると、敵対行為および犠牲者の保護を目的とする武力紛争法（*jus in bello*）がすべての当事国に拘束力をもって平等に適用される。そして、本書は、自衛権行使における必要性と均衡性の意味を「自衛行動を行う国家によって用いられる武力が自衛目的の達成に必要とされるものに釣り合っていること」であると整理し、それらと武力紛争法との関係を提示している。さらに、国連安保理事会が武力紛争の一方当事国を違法であると決定した場合における中立法の一部不適用と、国連の集団的措置が実施される際の非当事国の地位も併せて提示する。

　第三に、本書が軍事目標概念を海戦法規へ導入し、攻撃目標の区別を図っている点は、特に瞠目すべき点として指摘されよう。これまで、海戦法規においては、軍艦か商船かという形式的な艦船カテゴリー別目標選定基準が使用され、文民が商業目的や私的目的で運用する商船に対する攻撃は原則として禁止されてきた。他方で、本書は、陸戦法規に関するAP I 52条2項と同様に、軍事目標の一般的定義として「物については、その性質、位置（ただし、海戦では事実上すべての目標が移動可能であるので、位置に関する重要性は陸戦よりも低くなる）、用途または使用が軍事活動に効果的に貢献するもので、その全面的または部分的な破壊、捕獲または無力化がその時点において明確な軍事的利益をもたらすもの」という機能別目標区別基準を採用し、攻撃を厳に軍事目標に限定している。そして、このような一般的な定義を踏まえ、軍艦および補助艦に加え、軍事目標として攻撃の対象となるような行為態様を帯びる敵国ならびに非当事国の船舶および航空機が具体的に提示されている。なお、本書で規定する攻撃目標の範囲は、諸国の実行の蓄積によって19世紀から20世紀初頭にかけて成立した海戦法規の伝統的規則よりも拡大するものの、両次大戦における実行よりは狭い範囲に抑制されている。そのうで、本書は攻撃を免除される敵国船舶および航空機のカテゴリー・リストを整備する。

　本書に記述されている規則類は、有史以来、人類がいかに海洋空間の使用をめぐり覇権を争ってきたのを示唆するものである。何故ならば、国家間の紛争の数だけ国際法規則が構築されるからである。本書は、発刊以来すでに30年近くが経過しした今日においてもいささかも色褪せることのない、現代の海上武力紛争に適用ある海戦法規の実像を提示する必読の書である。（吉田靖之）

小谷賢『インテリジェンス──国家・組織は情報をいかに扱うべきか』
筑摩書房（ちくま学芸文庫）、2012年

　本書は、安全保障の一分野であるインテリジェンスに関する学術研究の成果、とりわけインテリジェンス組織に関する理論的な枠組みの概要を一般読者にも理解しやすい体裁で提供するべく、2012年に刊行されたものである。時代背景として、1990年代以降の北朝鮮の核・ミサイル開発、米国の9.11テロ事件（2001年）とイラク戦争の開始（2003年）、中国の台頭等を背景に、日本においても、おおむね2000年前後より、インテリジェンスに対する関心が高揚したことがあるとみられる。

　なお、小谷自身は自らをインテリジェンスの歴史研究者と位置づけている。歴史研究の著作が多い小谷にとって、組織理論面の色彩の強い本書はやや「異色」の作品かもしれない。しかし、どの著作であれ、歴史研究の枠組みの中で組織論に関する緻密な理論的枠組みが併用されていることこそが、小谷によるインテリジェンス研究の真骨頂であると筆者は考える。その意味で、本書は、小谷が自身の研究スタイルを確立していく過程の中で重要な意義を持つ著作といえるだろう。

推奨ポイント

　本書の意図に関し、小谷は、「国家がインテリジェンスを活かすにはどうすれば良いのか」との問題意識に加え、日本人の初学者にも理解しやすいものとする旨を指摘している（本書「あとがき」）。これを踏まえ、本書の具体的な特徴点として以下の3点を指摘できる。

　第一は、インテリジェンスの本質論に関する深い考察の提供である。日本においては、インテリジェンスの中の情報収集や分析手法等に関心が集まりがちである一方、その本質的な目的等は必ずしも十分には理解されていないとみられる。これに対し、小谷は、本書第1章「国家にとってのインテリジェンスとは」において、インテリジェンスの定義や機能に関する緻密な議論を展開している。その上で小谷は、インテリジェンスを「国益のために収集、分析、評価された、外交・安全保障政策における判断のための情報」と捉え、国家の意思決定を支援する機能を強調している（本書18頁）。近年、いわゆる非政府系のオシント（公開情報に基づくインテリジェンス）活動への注目の高まり等もあり、一般社会はもと

より学術研究者の間でも、インテリジェンスの基本的な概念理解に混乱が生じていることが危惧される。こうした時にこそ、本書が提示したような、インテリジェンスの本質に関する冷静な議論が改めて想起されるべきではなかろうか。

第二は、国の在り方の根本に関わる諸課題への議論の広がりである。上記の第一点目からの自然な帰結として、小谷の提示するインテリジェンス論は、単に情報収集や分析手法等にとどまるものではなく、国家指導者のリーダーシップや民主主義のあり方にも深く関係したものとなっている。例えば、本書第4章「インテリジェンス・プロセス」や第7章「インテリジェンスに対する統制と監視」においては、そうした視点が随所にうかがわれる。日本においては、2022年12月に改訂された「国家安全保障戦略」等を踏まえ、今後、インテリジェンス機能の強化策が議論の俎上に上る可能性もある。そうした議論にあたっては、情報収集や分析手法等に関する技術的な視点のみならず、本書が提示したような、国のあり方の根本に関わる視点も踏まえられるべきではなかろうか。

第三は、初学者を念頭に置いたわかりやすさである。日本においては、欧米諸国等に比較して、インテリジェンスは一般読者にとって馴染みが薄くイメージが湧きにくいテーマである。加えて、前記のとおり、本書の内容には、国家指導者像や民主主義の在り方にも関わる重厚かつやや難解な内容が含まれている。本書においてこうした「ハードル」の克服を可能としているのは、抑制的かつ平易な表現を駆使した小谷の独特の筆致に加え、豊富な事例紹介であろう。特に後者は、歴史研究者としての小谷の面目躍如たる充実した内容となっている。

なお、本書の刊行からすでに10年以上が経過している点には留意が必要である。刊行後、日本はもとより関係各国においても新たな事象が生じ、新たな学術研究の成果も蓄積されている。例えば、日本においては、特定秘密保護法の制定（2013年）、国家安全保障会議および国家安全保障局の創設（2014年）等があった。イギリスおよびカナダを始め欧米諸国の一部においては、2013年に発覚したいわゆるスノーデン・スキャンダルを受けて、民主的統制機能の大幅な見直しが実施されている。残念ながら、こうした新たな事象やそれらを踏まえた最近の学術研究の成果は本書には反映されていない。こうしたことから、読者は、本書を一読したのみで「インテリジェンスについては十分理解した」と錯覚することなく、他の新しい文献等も併せて一層の理解を進めることが推奨される。

こうした点はあるものの、前記のような本書の本質的な価値は決して大きく損なわれるものではない。本書は、今後とも、インテリジェンス研究に関する入門書として多くの読者に読み継がれるべき貴重な一冊と考えられる。（小林良樹）

冷戦後の国際安全保障学会　赤木完爾

　2000年11月に行われた学会総会で、防衛学会はその名称を国際安全保障学会と改称した。神谷不二教授は防衛学会最後の会長に引き続き、新しい世紀の門出とともに国際安全保障学会初代会長となった。名称を含めて、この時期に学会は大きく変容したと思われる。それは、伝統的な安全保障研究の中核にある軍事・安全保障の研究に加えて、紛争予防やテロリズムなど非伝統的主題をも扱う方向に学会の間口を広げたからである。それには神谷会長の意向が強く反映されていた。それは冷戦が西側の圧勝に終わってから10年、この間に安全保障の主要な論点が、中心に米ソ冷戦の二極構造が確固として存在するところに発生する比較的単純なものから、必ずしも友敵関係の定かならざる曖昧模糊とした環境の中で出現してくる様々な脅威を総合的に問題にしなければならない状況を踏まえたものであった。

　こうしたなか、2001年9月11日のアメリカ同時多発テロが生み出した衝撃は、ここに繰り返すまでもなく甚大なものがあったが、学会誌が当初の刊行時期をわずかに遅らせただけで、「米国の安全保障政策──冷戦終結から9・11へ」と特集することができたのは、学会と学会員に心理的な準備があったからであろう。

　神谷会長は、『新防衛論集』第28巻第3号（2000年12月）に「『防衛学会』を『国際安全保障学会』へ改称」と題する巻頭言を寄せた。そこで強調されているのは、すでにして冷戦の時代から一国平和が成り立ちがたいことから、国際安全保障の基盤なくして日本の安全や平和が考えられないということであり、それを踏まえた上で、冷戦後の安全保障課題の多様性を防衛学会27年の遺産とどう接ぎ木していくかという学会の課題であった。

　冷戦終結にともなった社会的な多幸感の中で、日本あるいは世界において出現した思考の形とその流行を徹底的に批判したのが、神谷会長の「世紀末妖怪　ムティグスンの跳梁」（『諸君！』1998年11月号／『日本国際政治学会ニューズレター』82号）であった。相互依存や多国間機構だけに比重がかかり、国家間のパワー・ポリティクスや友敵関係の冷厳な見極めがおろそかになる傾向。また一方の極で個人や地域の利害が声高に説かれ、その谷間で国益の影が薄くなる傾向。冷戦後と呼ばれる時代の、それらが特徴であるとする見解は、多分に時流に流されたものであるとの批判である。「アングロ・サクソンの支配する『旧秩序』はもう終った。これからは欧州も東亜も『新秩序』だという掛声に振回され、思慮深いと思われた人たちまでが『バスに乗遅れるな』のコーラスに落着きを失って『枢軸派』に鞍替えしたのは、まだ大昔の歴史ではない」。いかにも戦中派の啖呵だが、こうした主張の背後に一貫するのは、願望と現実を峻別して考えるという、リアリストの姿勢である。安全保障にかかわる非伝統的主題とその概念を、伝統的安全保障に接ぎ木するプロセスから、我々はどこまで願望や期待を排除できているであろうか。

V　国際問題──現状と展望

阿南友亮『中国はなぜ軍拡を続けるのか』新潮社（新潮選書）、2017年

背景・概要

　中国人民解放軍（以下、解放軍）の増強と同軍の活動範囲の拡大に対する警戒感が高まっている。軍事的緊張が無視できない現実となった状況下で、日本国内では中国といかに向き合うべきかという議論が熱を帯びている。一方、日本の言論空間では、中国に対する姿勢はもとより、中国に関する基本的な認識や評価も大きく分かれ、さまざまな中国像が飛び交っている。本書は、中国が軍拡を推進するに至った歴史的背景と経緯、軍拡の諸側面、軍拡の日中関係への影響について論じた作品であり、中国の軍事的脅威を理解するうえで必読の書である。

　本書は、中国が軍拡を続ける要因として、南シナ海や東シナ海での緊張を解消すれば解決するような性質のものではなく、現代中国の政治構造に直結した問題であり、共産党が統治を続けるうえで欠かせない営みになっていると結論づける。

　著者の阿南友亮は、日本と中国が国交を樹立した1972年に生まれ、1983年春から1986年夏までを北京で暮らし、外国人に開放されて間もない中国各地をめぐった。大学生時代には全省を踏破し、自分の足で中国各地をめぐり、自分の五感で現地を観察してきたことが阿南の中国理解のベースになっている。

推奨ポイント

　タイトルに「中国の軍拡」と掲げられていると、2012年に始まる習近平政権のもとに繰り広げられる軍備増強の内実を知りたくて本書を手にする読者も多いことであろう。だが、本書は、「共産党・解放軍・中国社会」という三つのファクターに焦点をあて、それに「国際社会」というファクターを織り交ぜ、歴史的なアプローチで、中国が軍拡を続けるメカニズムを解き明かす。

　本書の特徴として、以下の三点を紹介したい。第一に、阿南は中国における軍拡の起源を鄧小平政権から江沢民政権の時期にみいだすことができると考える。そのうえで阿南は、本書では1970年代半ばから2000年代初頭にかけての約30年間に議論の焦点をあてると説明するが、一方で、清朝末期に始まる「中国革命」以降を丁寧に論じていることに特徴がある。なるほど、「中国革命」の過程で中国共産党の軍隊として誕生した解放軍は、今もなお「党軍」であり続ける。

その起源を知らなければ、軍拡のメカニズムを解き明かすことはできないということになる。阿南は、解放軍を実質的に共産党内の武装部門の担い手と表現し、その最重要任務は共産党の独裁体制を防衛することだと説明する。

第二に、阿南は、表層的な事柄や数字、外から見た印象で中国という存在すべてを判断するのではなく、中国人の思想や価値観、中国国内で起きていることを正視し、ステレオタイプを排して多角的に分析している。それが顕著に表れているのは、解放軍の「能力」、すなわち兵器を骨格とする戦争遂行能力を見て中国を「脅威」と評するのではなく、中国の「意図」に踏み込んで分析しているところである。毎年３月に中国が公表する国防費の規模、欧米のシンクタンクが報告書で示した戦車や戦闘機の数でメディアは「中国脅威論」をあおっているきらいがある。しかし、いくら相手が強大な軍事力（能力）を持っていても、我々に損害を与えようとする悪意（意図）がなければ、「脅威」とみなすことはできない。

阿南は、共産党が中国国内からの独裁体制に対する異議申し立てを暴力で封じ込め、米国を中心とする同盟のネットワークに力で対抗するという「意図」を放棄しない限り、装備充実の手を抜くことができないと指摘する。すなわち、「中国の軍拡」は、論理的にも構造的にも矛盾を抱える共産党が独裁体制を存続させるために不可欠なコストであり、中国の政治体制が抱える慢性疾患だと主張する。

第三に、これが読者にとって最も強い関心であろう、阿南は「中国の軍拡が日本につきつけるもの」との小見出しをつけ、本書のまとめに入る。本書はこのブックガイドの６年以上も前に出版されているが、この指摘はまったく色あせない。それは、100年以上にわたる歴史のダイナミズムで中国を分析する筆者だからこそ導き出すことができる結論であり、読者に対して以下のように警鐘を鳴らす。

中国で展開されている軍拡というものは、尖閣諸島をめぐる問題の処理の仕方で左右されるような性質の問題ではない。それは、現代中国の政治構造に直面した問題であり、共産党が統治を続けるうえで欠かせない営みとなっている。

最後に阿南は、これまでの西側と中国の関係が、中国の民主化には寄与せず、逆に独裁政権の体力を増殖させ、それが中国国内ならびに国際社会における緊張増大をもたらしているという現実と正面から向き合う姿勢を求め、日本の対中政策がオーバーホールの時期を迎えていると主張する。21世紀に入る頃からたびたび「中国崩壊論」が論壇を賑わせているが、ことごとく裏切られてきた。「中国崩壊」は願望に過ぎず、そう簡単にはあり得ない。本書は、中国が軍拡を続けるメカニズムを解き明かしただけでなく、いまや、中国を理解し、中国の脅威を議論するうえで必読の書になっている。（五十嵐隆幸）

納家政嗣・上智大学国際関係研究所編『自由主義的国際秩序は崩壊するのか──危機の原因と再生の条件』勁草書房、2021年

背景・概要

　グローバル化、市場経済、民主主義の浸透は、世界を幸せにするのか。この問いに対する答えは簡単ではない。新古典派経済学のパレート最適が世界大に拡大すれば、どの国の所得水準も徐々に上がっていく。「歴史の終わり」や「ファクトフルネス」といった議論は、この功利主義的な議論を展開したものと言える。他方で、自由競争による弊害についても多くの研究書が出されていて、競争の結果として貧富の格差を生み出し、強者と弱者を分断してしまうという考えも存在する。グローバル化が進むほど世界大の競争が激化し、中間層が小さくなってポピュリズムが台頭するのが、近年の特徴である。ダニ・ロドリックの言う「政治経済のトリレンマ」は、この自由主義国際秩序の隘路を論じたものである。

　事実、リーマン・ショック以降の国際情勢は、強い権力を有する政府が民間を統制して経済成長を遂げさせ、その結果「アジア・コンセンサス」を「ワシントン・コンセンサス」に対抗する発展モデルとして位置づけてきた。新型コロナも強制的な隔離と外出規制で社会をコントロールし、当初は成功を収めたように見えた。実は、リベラルな政治体制よりも非リベラルな強い権力の方が競争力を生み出し、社会全体を発展させるのでないかという主張すら出たほどである。

推奨ポイント

　本書は、この難しい体制・主義の課題にチームで取り組んだ良書である。国際関係は、国家や地域の「寄せ集め」とは異なり、何か構造的な「イズム」によって左右されるのだ。

　とは言っても、本書すべてがリベラルと非リベラルとの比較を試みているわけではなく、前者に傾斜して書かれた章も存在し、それぞれに読み応えがある。リベラル国際秩序の歴史はそう長いものでなく、複数の国家による協調が実は各国の国益にも合致するという認識が形成されて初めて可能となるので、経済体制、国連PKO、海洋ガバナンスを取り上げて、それらのイシューについてリベラル国際秩序の意義を論じたものもある。

　本書の主な特徴は、以下の3点である。第一に、自由な国際秩序は自動的に誕

生・継続するものではないということを確認した点である。リベラル国際秩序は
グローバルな見識があって初めて実現されるものであるが、短期的な国益を重視
する政治指導者はその「協調」をしばしば裏切る誘惑に駆られる。トランプ政権
を考察した章は、その典型である。アメリカのTPPにしても、イギリスの
Brexitにしても、多国間制度を維持するためのコストが大きいと認識されている
のが障壁となっている。リベラル国際秩序を維持するのは、それほど簡単ではな
い。

　第二に、それゆえに、国際関係はより複合的な視点で見る必要があることを本
書は教えてくれる。ウクライナ戦争、イスラエル・パレスチナ危機、そしてこれ
ら当事者を支える複数の国々を見ると、近年の国際政治は分断が一層深刻であ
る。いまや世界経済第二位の中国は日本の３倍の経済規模で、アメリカのGDP
の７割ほどを占めるようになった。中国は中国なりのやり方で国際機関に人を送
り込み、彼らのシンパを作って、徐々に支持層を拡大している。国連の投票行動
を論じた章は、その事実を淡々と語る。彼らは決してリベラルではない。しか
し、その圧倒するパワーとカネで、国際機関での影響力を増している。民主主義
は、人の頭を「割る」戦争と違って、頭数を「数える」制度である。国際機関で
の票数が、彼らなりの民主主義なのである。こんなところでリベラル側はその優
位性をどうやってアピールするのか、その方法は定かでない。

　第三に、リベラル・非リベラルを対極として両者を比較し、リベラル＝良、非
リベラル＝悪と簡単に一刀両断できない複雑な国際関係を描写しつつも、本書は
リベラルな国際秩序の方が多くの国や人々に富や幸福をもたらすという主張を展
開する。新しい知恵やアイデアが出てくる源泉が、権威主義体制の場合、権力主
体側に集中する。権力側が正しい限り、まだ良いだろう。しかし、世の中の真実
と権力とが常に相応するとは限らない。権力側が間違っていた場合、それを修正
する力は、イリベラル側にない。リベラル国際秩序は、その多元性ゆえにリベラ
ルなのであり、国際社会の平和と安定のための知恵や方策が、権力とは関係ない
ところで創出されるという意味において、自由主義は多くの人の支持を得ること
になるだろうと、本書は締めくくっている。

　総じてこの本は、初学者には難しい。すべての章が一貫したテーマで書かれて
いるわけでもない。しかし、体制・主義という目に見えない「イズム」が、安全
や富といった目に見える日常にどんな影響を与えるかを模索した奥行きがある。
何度か読むことによって、分断された現代国際政治に光を当てる手立てを得るこ
とができる一書である。（伊藤剛）

永井陽右『紛争地で「働く」私の生き方』小学館、2023年

背景・概要

　暴力的過激主義がアジア・アフリカで安全保障上の脅威になって久しい。その背景には政府の機能不全、経済格差、差別など様々な社会問題があり、複合的・重層的に人々を苦しめている。中でも、ソマリアは1990年代初頭に内戦を経験し「崩壊国家」となった。国連安全保障理事会から武力行使を許可され展開した国連平和維持活動（PKO）は紛争当事者の武装解除に失敗し撤退。脆弱な政治状況が続く中、2006年に暴力的過激主義組織「アル・シャバーブ」が台頭すると、現在に至るまで、世界でもっとも「手に負えない」国となっている。

　2001年9月11日の米国同時多発テロ事件を直接的な契機として、いわゆる「テロとの戦い」が始まった。しかし、20年におよぶアフガニスタン社会の脱過激化と国家再建は2022年8月の米軍撤退を機にもろくも崩れ去った。国際社会の様々なアクター（行為主体）が投じた膨大な資源と時間にかんがみれば、暴力的過激主義にどのように対峙するかは答えのない問いである。しかも、暴力的過激主義組織はソマリアだけでなく、西アフリカやアジア、ひいては国際的にネットワークを構築し活動している。

推奨ポイント

　暴力的過激主義をなくすにはどうすればいいのか。この問いに関心があるならば本書をお勧めしたい。書き手はソマリアで元テロリストへ社会復帰支援を行う永井陽右である。大学生時代に立ち上げたNGOの活動に基づく圧倒的なリアリティは必読である。

　本書は脱過激化のプロセスや課題を具体的なケースとともに示しているが、そこから読み取ることができるのは現在の国際社会が直面する平和構築の難しさである。暴力的過激主義組織に身を投じるのは、多くの場合、若者層である。社会を担うはずの若者層がいわゆる「テロ」組織に加入する理由は、社会に対する疑問、抗争に巻き込まれた親族のかたき討ち、強制的な動員などさまざまである。

　本書が国際安全保障の観点から示唆に富むのは、国際社会の通説と実態との乖離を鋭く指摘していることである。たとえば、国連は持続可能な開発目標

（SDGs）で「誰も取り残さない」ことを掲げている。暴力的過激主義の排除は教育や平和と公正性といったSDGsの諸課題と複合的に合致する一方、ソマリアで元テロリストの社会復帰は困難を極める。永井は現地で賄賂を要求され、人々から「なぜ自分たちよりも元テロリストが支援を受けるのか」と批判されることもある。構成員を脱退させ社会復帰支援をする団体は暴力的過激主義組織からみれば都合の悪い存在であり、極めて具体的な脅迫が届くという。構成員の救出も、彼ら・彼女らが収監される刑務所での活動も、アル・シャバーブからいつ攻撃を受けてもおかしくない命がけの行為である。ソマリアに展開するアフリカ連合（AU）部隊と連携を図る様子や、複数の情報源から得た危険情報に基づく移動経路の検討など、本書を通して現場での活動がいかに緊張を伴うものであるか知ることができる。せっかくアル・シャバーブから脱退し、永井らが提供する更生プログラムを修了して刑務所を出ても同組織へ戻ってしまうケースや、そもそもアル・シャバーブからの脱退を試みて命を落とす若者もいる。むろん、本書では社会復帰に成功する元テロリストたちがいるからこその達成感も描かれているが、総じて、ローカルで地道な平和構築の重要性と難しさを痛感する。

　ただし、永井は暴力的過激主義をなくすうえで現場での活動だけが功を奏するといっているわけではない。本書の第二の示唆は、国際安全保障の脅威に国際法・協約がどこまで機能しうるかを問うている点にある。永井は暴力的過激主義組織に加入する（させられる）若者の社会復帰支援を通じ、国際法規範が「若者」に十分対応していないことを認識する。その結果、「若者」の権利を保障する国際条約の制定に向けて動き出した。国際法、国際人道法の専門家に教えを請い、たたき台としての「テロや武力紛争にかかわる若者の権利宣言」を起草した。国際法化の行程は長く険しいことが予想されるものの、本書を読むと、すでに国際法で手当てされている「女性」や「子ども」だけでなく、実は「若者」こそが平和と安定で鍵となる支援すべき対象であり、法的保護が必要であると気づく。このような現場の問題を国際法規範に関連づける視点は、暴力的過激主義が力と恐怖の論理で動いているだけに非常に興味深く、意義深い。

　最後に、永井が本書で若者に投げるメッセージがある。「『今の自分に何ができるか』という視座で考え出ないでほしい」。自分にとっても周りからも達成困難にみえる目標があるとき、その達成に必要な行程を見定め実行することは研究、実務いずれにおいても重要である。それを実行してきた永井の言葉は、国際社会の平和と安定に携わるすべての人にとって励みであり、「暴力のない社会を本当に追求しているか」という問いかけでもある。（井上実佳）

川久保文紀『国境産業複合体──アメリカと「国境の壁」をめぐるボーダースタディーズ』青土社、2023 年

背景・概要

　冷戦期まで国際関係論において安全保障とは国家安全保障のことであり、二つの言葉は同義であった。しかし、1990 年代になると、安全保障イコール国家安全保障という伝統的な構図が成り立たなくなった。なぜなら、伝統的な安全保障の概念だけでは現実の国際政治を分析することが難しくなったためである。その一つが内戦や独裁などにより、政府が国民の安全を保障しない国家の存在がクローズアップされるようになったことである。こうした状況を分析するために、国家ではなく国際政治上で最もミクロな単位である個人に焦点を当てる考え方が登場した。ブース（Ken Booth）は「解放（emancipation）」という概念を提示し、国家ではなく、個人に焦点を当てた安全保障のあり方を模索した。さらに、1994 年に「人間の安全保障」という概念が国連開発計画（UNDP）の人間開発報告書で発表された。一方で、1960 年代以降、ヨーロッパには労働者として多くの移民が旧植民地や近隣諸国などから流入し、それ以前からヨーロッパに住んでいる人々との間で軋轢が生じるケースが散見されるようになった。これにより人々のアイデンティティおよび社会が安全保障の対象とする研究も台頭した。

推奨ポイント

　本書は伝統的な安全保障を意識しつつも、人々や社会の安全保障、そしてアイデンティティをめぐる抗争に焦点を当て、特に近年、安全保障研究の新たな分野として開拓されつつある境界研究（border studies）の視点から米国とメキシコの国境をめぐる問題点とガバナンスについて論じた著作である。境界研究とは、一言で言えば国境をめぐる政治的抗争を分析する研究分野であり、境界研究が扱う対象にはテロ、移民・難民、環境問題、生体認証などが含まれる。川久保によると、国境は「空間を区切り、人や物の移動をコントロールする道具であるばかりでなく、国家が国民に対して行使する権力のマーカーでもある」と定義される。

　本書が目を向けているのが米国の対テロ政策と移民対策である。国境を守ることは国家安全保障のうえでも社会や人間の安全保障のうえでも重要な要素である。例えば、米国政府は同時多発テロ後、テロ組織と関係がある人物の国内への

流入を防ぐために、また、国外への放逐を促すために「ホームランド・セキュリティ」を徹底し始めたことに本書は注目する。ホームランド・セキュリティの主要な舞台となったのは空港や陸の国境を管理する国境警備局などであった。米国では同時多発テロ後、生体認証などによる個人の特定と管理、さらには入国後も生体認証のデータを使用した監視の状況が確立された。

　2002年に発足した国家安全保障省はテロリズムの防止とセキュリティの向上、国境の安全と管理、移民法の執行と管理、サイバー空間の防衛、自然災害への柔軟な対処という五つをホームランド・セキュリティの活動の柱とした。同時多発テロ直後、国家安全保障省はテロリズムの防止に力点を置いていたが、次第にホームランド・セキュリティは移民対策の方途として使用されるようになる。本書がその代表的な政策として注目したのが、ドナルド・トランプ政権による米国・メキシコ間の国境の壁建設である。この壁建設は、物理的な移民の侵入を防止するだけでなく、トランプ政権の移民排斥の考え、要塞国家化を象徴するもので、米国市民に強く訴えかける作用も持っていた。本書は壁建設が持つ安全保障機能および政治的意味を丁寧に解きほぐしている。

　さらに本書はテロ対策や移民排斥の政策を進める政府と結びつく企業活動と技術発展にも目を向ける。政府と一部の企業、さらには大学などの研究機関が結びつき、ホームランド・セキュリティを進める様を「国境産業複合体」として、「軍産複合体」と同様に重要な権力構造であると指摘している。また、政府とは協調しつつも独自の政策を展開する国境沿いのサンディエゴ・ティファナ地域のローカル・イニシアティブにも目配りしているのも本書の特徴である。

　本書は、米国とメキシコの国境を事例として取り上げているが、この国境をめぐる安全保障の展開は、世界のさまざまな場所で見られる。米国よりも早期に壁建設に着手したイスラエルとパレスチナの事例、2011年3月以降内戦が続くトルコとシリアの事例、さらには地域としての外部国境が破綻し、多くの移民・難民がヨーロッパに流入した2015年の欧州難民危機などである。本書が扱ったホームランド・セキュリティ、国境産業複合体、生体認識、監視といった概念は世界の他の事例を分析するうえでも有益であり、国家間戦争が減り、低強度紛争の常態化、テロ、移民・難民の移動が増加した現代ではこうした側面の分析が安全を確保するうえで不可欠となっている。また、国境沿いの都市のローカル・イニシアティブの視点も人々の安全保障を検討するうえで重要な視点を提供している。人々や社会に焦点を当てた安全保障研究、国境をめぐる問題に興味がある方にはぜひ一読をお勧めしたい（今井宏平）

アレックス・アベラ『ランド——世界を支配した研究所』(牧野洋訳)文藝春秋、2008年(文春文庫、2011年)

Abella, Alex. *Soldiers of Reason: The RAND Corporation and the Rise of the American Empire.* New York: Harcourt, 2008.

背景・概要

1945年10月、カーティス・ルメイ(Curtis LeMay)少将ら数名の米空軍高官と軍需産業関係者は未使用の戦時研究費を流用した研究機関設立プロジェクトを立ち上げた。それがのちのRAND研究所 - "Research and Development Corporation"である。本書は内部資料へのアクセスと関係者へのインタビューを通じ、RANDの発展と権力闘争、そしてスキャンダルを活写したノンフィクションである。

将来兵器を構想研究する機関としてスタートしたRANDは、対ソ軍事戦略の構築やベトナム戦争の作戦計画立案に深く関与し、さらにはインターネットの萌芽となるパケット通信の概念設計や医療保険制度の検証など、様々な政策に大きな影響を及ぼしてきた。その根底には「人間は物質的利益という意味での合理性に基づいて行動する、合理的な存在である」という前提がある。

RANDは29名のノーベル賞受賞者を含む、米国の知的エリートによる「合理性の軍団」を形成し、ゲーム理論・合理的選択理論・限定核戦争・核の第二撃能力といった多様な概念を生み出してきた。

推奨ポイント

国際社会が多極化あるいは大国間競争の時代に入ったとされて久しい。価値、文化や人種などにより対立する諸国家は、同時にグローバル化した世界において経済的相互依存関係にある。このような世界で外交上の問題解決を軍事力によった場合、非常にコストが大きい。軍事力は実際に行使する前に、「相手をどうやって抑止するのか」という点においてまず大きな価値を有する。

こうしたトレンドもあり、かつて一部の安全保障研究者や実務者の使うテクニカルタームに過ぎなかった「抑止」、「抑止力」という言葉が急速に普及してきた。昨今ではマスメディアや政治家に加え多くの人びとが当たり前のように使っている。しかし、抑止という用語が何を意味し、抑止理論にどんな説明能力があるのか。逆にその理論はどのような限界を持つのか。2022年、なぜ欧州で抑止が破綻し、ウクライナ戦争が起こったのか。言葉が安易に使われるかたわら、かつて構築された精緻な理論は冷戦終結とともに忘れ去られ、正確な理解に基づい

て言葉が用いられているとは限らない。

　かつて筆者は博士課程の研究を進めるにあたり、抑止理論のアウトラインをできるだけ効率よく把握する必要があった。まずは図書館で昭和期の和文文献を漁り、次いで引用されている一次資料の英文文献にあたった。だが、概してそれらは難解かつ抽象的であり、容易にこれらを使いこなすことはできない。それらは安全保障研究の入り口にある人がおいそれと理解できるようなものではなく、理論の歴史的背景や概念について平易な言葉で説明してくれる文献は非常に少ない。

　例えばゲーム理論について知りたいと思い、トーマス・シェリング（Thomas Schelling）の『紛争の戦略』（*Strategy of Conflict*）を手に取ったとして、一読でその含意を読み取れる人がどれほどいるだろうか。相手はノーベル経済学賞を受賞した偉大な知性である。筆者も手当たり次第に文献にあたり、その都度はね返されてきたが、その過程で数冊の「入り口へ誘ってくれる助け舟」に出会うことができた。その一冊が本書である。

　核抑止が成立することを「戦略的安定」とも表現するが、これは米ソ間の相互確証破壊（MAD: mutual assured destruction）の成立によって実現した。MADには相手の第一撃から生き残り「耐えがたい痛みを伴う報復を実行する」能力＝第二撃能力（second strike capability）が必要不可欠である。自分が第二撃能力を有していることを相手に理解させることで、相手は先制攻撃を思いとどまり、抑止が成立する。この第二撃能力は隠密行動が可能な戦略原潜や、核弾頭の進化（MIRV: multiple independently re-entry vehicle）といった技術革新によって実現した。また、人類の存続を左右する破壊力がヒューマンエラーなどによって行使されることがないよう、フェイルセーフ（fail-safe）とよばれる多重安全機構があって初めて戦略的安定は達成される。

　こうしたアイデアや概念がどのように形成されてきたのか、本書はバーナード・ブロディ（Bernard Brodie）、アルバート・ウォルステッター（Albert Wohlstetter）、ハーマン・カーン（Herman Kahn）らが展開した議論や思考を物語形式でたどってくれる。また、本書の与える示唆は軍事戦略にとどまらない。RANDがソ連行動予測のため発展させた合理的選択理論は、あらゆるものを数値化して理論的に説明しようという「合理性信仰」とその挫折につながり、同時にシカゴ学派の経済理論や財政支出を縮小する「小さな政府」理論などにも多大な影響を与えた。その点で本書は「社会科学とは何か」、「理論は何を説明できて、何ができないのか」といった、社会科学そのものについて考える機会を与えてくれる良書でもある。（後瀉桂太郎）

西海洋志・中内政貴・中村長史・小松志朗編著『地域から読み解く「保護する責任」──普遍的な理念の多様な実践に向けて』聖学院大学出版会、2023年

背景・概要

本書の考察対象である「保護する責任（R2P）」は、21世紀の国際安全保障において、高い関心を集めてきた重要なトピックの一つである。その基本的な理念は、①国家主権には本来的に「文民保護」の責任が伴うのであり、国家がその責任を果たす意思や能力を欠く場合には国際社会がその責任を担うべきである、②後者によって取られる措置は、たとえ武力行使を伴うものであったとしても、一定の条件を満たせば、違法な武力干渉（主権侵害）とはみなされない、という点に集約される。R2P概念は、2001年に「介入と国家主権に関する国際委員会」が『保護する責任』と題する報告書を公表したことで、世に広まった。

本書は、2001年に誕生したR2P概念が、どのように国際社会に拡散し、定着するに至ったのかを、世界各国・地域におけるR2Pの議論と適用（実践や制度化）の考察を通して明らかにする野心作である。編著者はいずれもR2P・人道的介入論で多くの実績がある若手研究者であり、120点におよぶR2P関連の一次資料を収録した中内政貴他編『資料で読み解く「保護する責任」』（大阪大学出版会、2017年）の出版にも携わるなど、我が国におけるR2P研究をリードする存在である。

推奨ポイント

実のところ、2020年代におけるR2Pの現在地は、それほど定かなものではない。「R2Pの本格的な執行例」として当初は歓迎されたリビア軍事介入（2011年）が、結果的に同国の体制転覆や治安悪化を招いたことに加え、2010年代に発生したシリア、イエメン、ミャンマーなどでの人道危機に国際社会がR2Pとしての実効的な措置を取れなかったことにより、R2Pへの信頼や期待はすでに大きく低下してしまったとの見解が存在するからである。しかし、このような見解は、本書も指摘するように「R2Pの軍事介入の側面のみ（に）焦点を当てる」一面的なものに過ぎない。R2Pは「紛争予防」を含む多面的な概念であり、R2Pに対する各国・地域の立場も決して一様ではないからである。こうしたR2P概念の特徴を十分に意識した本書には、他の類書には見られない以下の推奨ポイントがある。

第一は、複数の国や地域を考察対象に含めることにより、R2Pに対する態度や

対応が、世界全体としていかに多様であるかを明示している点である。具体的な対象は、第Ⅰ部（欧米）：北米（カナダ、アメリカ）、欧州（英国、フランス、EU・北欧諸国）、第Ⅱ部（非欧米）：アフリカ、中東、アジア太平洋、ラテンアメリカ、新興国となっており（終章では日本にも言及）、その範囲は世界の全地域にまでおよぶ。R2P概念に限らず、一般的に国際規範とは、欧米主導で形成・拡散されるものであり、非欧米諸国はそれを受容もしくは拒否するだけの受動的な主体としてみなされることが多い。しかし本書は、このような見方には与しない。非欧米諸国の中にもR2Pに関連した新概念を積極的に提起する国（ブラジルや中国など）やPKOへの能動的な参加によりR2Pの実施に大きく貢献する国（アフリカ諸国など）が存在することを明示して、欧米＝能動的主体、非欧米＝受動的主体との単純な位置づけが、いかに間違っているかを我々に教えてくれるのである。

　第二は、第一とも関連するが、R2Pに対する各国・地域の立場を示す「マトリクス」とR2Pに関わる国際的な取り組みへの各国の参加状況を示す「一覧表」を設定することで、各国・地域の多様な現状の把握や比較を容易にしている点である。「マトリクス」とは、①R2Pに対する「支持」または「反対」、②支持／反対に「積極的」か「消極的」か、という二つの軸を組み合わせたものであり、各国（米加英仏の場合は各「政権」の立場）や各地域（地域機構や準地域機構の立場も含む）の立場が一目で理解できるようになっている。他方、「一覧表」とは、R2Pフレンズグループ、R2P担当官ネットワーク、P5の拒否権の一時停止、安保理での行動指針という四つの取組みへの各国・地域機関の参加状況をまとめたものであり、軍事介入に限られないR2P関連の多様な活動に各国がどのように臨んでいるのかを包括的に理解できるようになっている。総覧性にも優れており、R2Pの世界的な現在地を知る上で、とても役に立つ。

　第三は、R2Pに関連した多数の一次資料（抄訳）を収録している点である。本書は上記の『資料で読み解く「保護する責任」』の姉妹本と位置づけられており、R2Pの展開に関連する各国・地域の資料を紹介するとの方針は本書においても継承されている。具体的には、国連、地域機構・準地域機構、各国政府、各国議会、R2P推進ネットワーク、シンクタンクやNGOに関する文書を含む118件もの資料が掲載されている。地域的なバランスにも配慮した多様性に富む資料の数々は、これからR2Pを学び、研究する者にとって非常に有益である。

　以上のように、対象となる国・地域の多様性、独自の分析枠組み、豊富な一次資料という3点で、本書には、他の類書には見られない強みがある。R2Pに関心のあるすべての者にとって必読の書である。（草野大希）

佐橋亮『米中対立——アメリカの戦略転換と分断される世界』中央公論新社（中公新書）、2021年

　米国と中国の対立は世界的な重要問題であり、国際秩序の動向を左右する最大の要因と言ってよい。この状況がどのように生まれ、今後どう変化するのかは我々が解明すべき大問題の一つである。本書はこの問題に、米国に焦点を合わせて果敢に取り組み、その展望を論じている。

　本書は、まず序章で米中関係を動かす主たる変数が米国にあることを指摘する。第1、2章は、対中関与政策の形成過程と対中警戒論の萌芽をほぼ並行的に説明し、続く第3章で、オバマ政権の関与政策と警戒論の拡大を論じ、第4章ではトランプ政権による関与政策否定の過程を論じる。第5章で米国社会における関与と強硬姿勢の要因を確認する。最後の二つの章で世界の米中対立への対応と国際秩序への影響、今後の展望を論じ、「おわりに」で日本の安全保障を考察している。

　著者の佐橋亮は1978年生まれの国際政治学者で、東アジアの国際関係を専攻する。東京大学大学院法学政治学研究科で博士号を取得した。東京大学特任助教、オーストラリア国立大学研究員、スタンフォード大学客員准教授、神奈川大学教授を経て、2019年以降東京大学東洋文化研究所准教授である。

推奨ポイント

　米中関係に関する論考や分析は、ほとんどが時期的に限定された内容であり、現代の両国関係に至る歴史的展開に関する説明は不十分であった。本書は、この問題に多面的に取り組んだ成果であり、米国の対中政策について、その源流から現在までを簡潔に整理している。ただし、著者はあえて双方の事情を均等に取り上げず、米国に焦点を合わせている。この決定は、米中関係の転換において先に動いたのは米国で、米国こそが大胆に政策を見直したのであり、中国は受動的に対応している側面が強い、という著者の認識に基づいている。

　本書の第一の特徴は、主題である米国の対中関係の国交樹立以降の展開について、豊富な資料に基づく明快な分析を提示している点である。まずカーター政権からクリントン政権までの展開について、天安門事件等の「ストレステスト」の克服も含め、基本的に対中「関与と支援」が主流派であり、その形成から固定化へ至る時代であった説明する。それとほぼ並行して、中国警戒論が80年代後半から胎動し、90年代には関与修正、日米安全保障の見直し、台湾海峡危機があ

り、対中戦略競争の構想を考慮しつつも、ブッシュ（子）政権は中国が「責任ある利害関係者」の役割を果たすよう、関与政策を継続したとしている。オバマ政権も当初、世界金融危機を背景に対中関与政策を追及したが、気候変動やインターネット自由の問題をめぐって政府内外で不満が高まった。その後対外政策の軸足を対テロ戦争からアジア戦略政策に転換したため、対中「包囲網」であると非難を受けたが、関与政策は継続した。しかし、2013年を「潮目」に対中警戒感が高まったという。トランプ政権も初年は関与政策を継続したが、年末の『米国安全保障戦略』（2017年）以降明確に関与政策を否定し、中国への対立姿勢を確定した。その後は貿易戦争、コロナ非難へと強硬政策を貫いた。著者は、この背景に議会での超党派的合意があり、その制度化があったことを指摘する。この傾向はバイデン政権にも引き継がれているという。

第二の特徴は、米国の行動の要因を明確に提示している点である。対中政策の「関与」から「対立」への転換を、中国に対する三つの期待（すなわち政治改革、市場化、国際秩序）に基づく「信頼」と米中間の「パワー」関係という二つの要因の変化として説明する。さらに著者は、社会心理学に基づき、「信頼」促進の要因として相手の能力や動機に加えて、「価値共有」の重要性を指摘し、そして、「信頼」の維持・回復の困難性から、対中関与への回帰は至難と見ている。

第三の特徴は、対中政策の形成過程について、政府の諸部門だけでなく、議会や産業界、専門家、メディアや世論等にも言及し、できる限り多面的な分析を試みていることである。著者は関与政策に関して、産業界の役割を強調し、加えて政治家、中国専門家、大学・科学界等が影響力を発揮し、人権団体、キリスト教保守派や台湾ロビー等の勢力による批判的主張が克服されたと指摘する。そして、その状況が2010年頃から、中国経済への不満と不安、専門家の「転向」、中国に関する言論空間の拡大、米軍や官僚機構の対中不満の高まり、連邦議会・政府・科学界の技術流出問題への懸念、反宗教迫害へのキリスト教保守派の批判の高まり、世論の対中好感度低下等のように変化したとしている。同時に著者は、産業界のビジネス志向の継続にも言及している。

第四に、米中関係をより広い視野から論じていることである。まず、両国関係に対する第3国の対応としてヨーロッパとインド太平洋諸国の行動を簡潔に説明し、そのうえで国際秩序の評価を試みている。また、国際政治学の主要な議論を整理し、冷戦の定義を示したうえで、米中「新冷戦」の展望を論じ、かつ、米ソ冷戦期のデタントが現在の米中関係を考える教訓になるか検証している。最後に著者は日本の安全保障を論じ、読者からの挑戦を歓迎している。（高木誠一郎）

田仁揆『国連事務総長──世界で最も不可能な仕事』中央公論新社、2019年

背景・概要

　本書は、1988年から四半世紀にわたり国際連合（国連）事務局に務めた著者・田仁揆が、四代にわたる国連事務総長に仕えた自らの経験にも基づきながら、国連事務総長とそれを支える事務局の目から見る国際政治を描きだす作品である。

　世界がもっとも滅亡の瀬戸際にあったとされるキューバ危機をはじめ、第二次大戦後、国際社会は幾度もの戦争の危機に直面してきた。それら多くの危機を乗り越えて現在がある。危機がなぜ発生し、またどのように克服されたのかは、国際政治学の主要な関心事として膨大な研究が蓄積されてきた。加盟国が鋭く対立する危機のもとで、国連の姿やその役割はつねに限定的であり、そして無力なものと理解されがちである。

　著者は、安全保障理事会決議をはじめとする国連文書を紐解きつつ、世界の平和と安全の維持に向けて、時々の危機に対応し、また次の危機に備えて動く歴代事務総長の姿を描く。本書は、国際政治の中で光の当たらない事務総長の役割を知り、考える教科書であるとともに、国連事務局から見る国際政治史でもある。

推奨ポイント

　二度の世界大戦を経て世界の人びとは、戦争を繰り返さないために戦争を違法化し、それを実効的に担保する仕組みとして国連を設立した。2017年に第九代国連事務総長に就任したアントニオ・グテーレス（Antonio Guterres）が就任演説で述べたとおり、国連は戦争から生みだされ、世界平和の実現を理念に存在する。

　加盟国の集合体である国連は、対立する各国が議論し、利害調整をはかる場である。同時に国連は、多国間協調にもとづく世界平和のための行政組織でもある。したがってその長たる国連事務総長は複数の顔をもつことになる。一つが世界のトップ外交官としての顔であり、もう一つが世界平和に向けて尽力する国連事務局の長の顔である。事務総長は、国益確保をめぐって対立する主権国家をアクターとする国際政治の中枢に身を置きつつ、いずれかの個別国家の利益に立脚するのではなく、国際社会の平和と安全の維持の役割を果たすべく交渉に臨む。

　その事務総長に光を当てる本書の第一の特徴は、国益の鋭く対立する国際政治

のなかで、多国間協調にもとづき、その礎となりながら国際平和の実現に向けて取り組む人々の視点からみる国際政治といってよい。

　本書の第二の特徴は、事務総長という職責にあたる個人の資質・力量に焦点を当てる点にある。国連憲章で規定される事務総長に与えられた役割は、国連加盟各国と比して極めて限定される。しかし、国際平和の実現に努力する歴代事務総長は、事務総長のもつ権威をもとに、国連憲章に明文化されない重要な政治的役割を静かに担い、またそうした役割を担うことが期待されるようになってきた。第二代ダグ・ハマーショルド（Dag Hammarskjöld）がその道を拓いて以来、事務総長の仕事として定着している紛争の調停や仲介などがその代表である。

　それらは静かに進められる行動であるがゆえに目立つものではない。だがそれは、グテーレスが指摘する、「国際社会全体の最大の欠点は、紛争を予防できないこと」という現代国際政治の本質的な困難を踏まえて、歴代事務総長が自身のイニシアティブによって、慎重に、しかし信念に基づいて加盟国の対立を乗り越えるという創造的な対処法を主導した結果としてある。歴代事務総長がその実績をもって、国連と事務総長および事務局の役割を拡大してきた様を描き出すことをつうじて、本書では欠陥を抱える国際安全保障システムのなかで、事務総長がその欠陥を補完してきたことを淡々と指摘する。

　こうして田は、事務総長の役割が国連憲章に詳細に規定されていない理由を、傑出した個人による建設的イニシアティブに期待したためかもしれないとし、「国連事務総長の可能性」と結ぶ。国連事務総長は、自らが権力をもたないにもかかわらず、加盟国間の対立をおさめ、のみならず多国間協調にもとづく平和と安全を実現するべくリーダーシップを発揮することが期待されている。本書のサブタイトル「世界で最も不可能な仕事」とは、世界平和という理想を託される事務総長が、加盟国間で発生する対立をおさめる仕事にさいして、肝心の対立する加盟各国から広範な支持を獲得しなければその役割を果たすことはできず、またそもそも事務総長に選出されることさえないという立場にあることを指す。

　上述のグテーレスの指摘した国際社会の本質的課題は克服され得ず、国際安全保障の厳しさは増す一方のなか、多国間協調にもとづく平和の姿は見いだされなくなっている。それは現代国際社会が本質的に抱える問題である。それゆえに、国連創設以来、紛争予防や調停に自らの役割を見出し、国連の理念の実現を模索する歴代事務総長の静かな役割の実績を際立たせる本書は、現代の安全保障を考える上でユニークな、しかし解決策が見いだせないなかでも機能してきた仕組みへの視座を得る上で、もっとも理解しやすい一冊となっている。（本多倫彬）

マイケル・ワイス、ハサン・ハサン『イスラム国──グローバル・ジハード「国家」の進化と拡大』(山形浩生訳) 亜紀書房、2018年

Weiss, Michael, and Hassan Hassan. *ISIS: Inside the Army of Terror.* Revised and updated edition. New York: Regan Arts, 2016.

背景・概要

　2001年9月11日の米国同時多発テロ事件以降、およそ20年にわたって、イスラーム過激主義のグローバルな脅威（「グローバル・ジハード」）は米国の国家安全保障に関する議論を支配してきた。2014年6月にカリフ制国家を僭称した「イスラーム国」は、その最新の、かつ、最も大きな影響力を誇った組織である。本書は、数多の一次資料や関係者へのインタビューを通じて、「イスラーム国」の成立と拡大の過程を詳述し、収監施設での人脈構築から、宗派間や部族間の抗争を利用した統治、世界中に拡散するよう計算された周到なメディア戦略、イランやシリアなど周辺各国の動きまで、その全貌を最も克明に描き出した重厚な研究書である。

　著者の一人マイケル・ワイスは国際問題を専門とする研究者／ジャーナリストであり、『デイリー・ビースト』誌の編集長を務め、シリアやウクライナで長年取材を続けている。もう一人の著者であるハサン・ハサンはシリア生まれで中東取材歴の長い研究者／ジャーナリストであり、中東問題を専門的に扱う『ニュー・ラインズ・マガジン』の創設者兼編集長を務めている。

推奨ポイント

　グレン・ロビンソンが論じている通り、「グローバル・ジハード」は1980年代以降に生じた比較的最近の現象であり、それは大きく「四つの波」に分けて理解することが有用である（cf. Robinson, Glenn E. *Global Jihad: A Brief History.* Stanford University Press, 2020)。「第一の波」は、ソ連によるアフガニスタン侵攻と占領（1979-89）を受けて、カリスマ的指導者アブドゥッラー・アッザーム（1941～89）の呼びかけに呼応し、異教徒の侵略に対抗するためにイスラーム世界各地から同地に集まった数千人もの義勇兵たちであった。その後、1989年のアッザーム暗殺とソ連撤退を経て、アッザームの副官を務めたウサーマ・ビン＝ラーディン（1957～2011）は義勇兵たちを組織化し、それをアル＝カーイダと名付け（名付け親については異論があるが）、1990年代を通じて米国を標的とする新しい思想を練り上げた。これが9.11テロ事件に繋がる「第二の波」である。

9.11テロ事件を受けて、米国は「対テロ戦争」の名の下で、2001年10月にターリバーン統治下のアフガニスタンに侵攻し、アル＝カーイダを壊滅に追い込んだ。だが、ビン＝ラーディンをはじめとする一部のアル＝カーイダ指導部は隣国パキスタンへ逃げ延び、以来、自発的にアル＝カーイダの名を語り、潜伏中のアル＝カーイダ指導部によって「承認」された様々な武装勢力が世界各地で破壊活動を行うようになった。これが「第三の波」であり、その頂点が、元々は2003年以降のイラクで活動していたアル＝カーイダ（「イラク・アル＝カーイダ」）を源流とし、2014年6月以降「イスラーム国」を自称するようなった武装組織である。最後に「第四の波」とは、「第三の波」と同時期に世界中で同時多発的に生じることになった、いわゆる「一匹狼型のジハード」を指し、そこでは明確な上位下達式の組織を持たない個人による遊撃型のテロと、それら一つ一つを結びつけて全体を構築する（特にオンライン上での）「物語」の重要性が強調された。

　類書にない本書の特徴は、タイトルともなっている「イスラーム国」の組織や戦略、思想のみならず、グローバル・ジハードにおける「第三の波」全体を（時代的にもトピック的にも）包括的に描き出している点にある（そのため、本書は全体で700頁を超える大著となっている）。

　著者らが強調しているように、「イスラーム国」を理解するためには、その源流となったイラク・アル＝カーイダ、その創設者であるアブー・ムスアブ・ザルカーウィー（1966〜2006）、そして主要なイデオローグであるアブー・バクル・ナージー（？〜2008）らの思想や戦略といった前史を理解することが不可欠である。こうしたことから本書は、「イスラーム国」誕生に至るまでの経緯の部分に関して、かなりの紙幅を割いて詳細に論じている。同時に、「イスラーム国」の盛衰を理解するためには、シリアやイラクの権威主義的な国内政治構造、「アラブの春」と宗派主義・部族主義的緊張に動揺する地域情勢、そして米国やロシアの動向などの国際政治情勢といった様々な側面を包括的に考慮する必要がある。本書では、これら様々な論点が網羅的に、かつ詳細に検討されている。

　「イスラーム国」は2019年3月にその占領地域のほとんどを失い、本稿執筆時点（2023年9月）では組織としてはほぼ壊滅状態となっている。また、そうした状況を受けて、近年、とりわけドナルド・トランプ政権期以降、米国は再び（非国家武装勢力ではなく）大国間競合に焦点を当てるようになった。だが、著者らが強調しているように、グローバル・ジハードの脅威自体は今後も長きにわたって存続するであろうし、潜在的な戦闘員の数も減少してはいない。本書はそうした脅威の本質を理解する上で最良の手引きとなるだろう。（溝渕正季）

船橋洋一『ザ・ペニンシュラ・クエスチョン──朝鮮半島第二次核危機』朝日新聞社、2006年

朝日新聞社、2006年

背景・概要

　朝鮮半島核危機には第一次と第二次がある。第一次核危機は1980年代末から核兵器開発を疑われていた朝鮮民主主義人民共和国（北朝鮮）が93年3月に核不拡散条約（NPT）からの脱退を宣言して、核兵器開発の現実味が高まったことに端を発する。しかし、同年6月の米朝共同声明によってNPT脱退は停止され、翌94年10月に米朝間で締結された「米朝枠組み合意」で北朝鮮の核施設が凍結されたことで、第一次核危機は収束した。本書で論じられている第二次核危機は、2003年1月10日に北朝鮮が再びNPT脱退を宣言したことに端を発する。第二次核危機は悪化の一途をたどり、北朝鮮は05年2月10日に核兵器の保有を宣言し、現在では米本土を核攻撃できる軍事体制にある。北朝鮮が核放棄する可能性はもはや皆無であり、第二次核危機は半永久的な日米韓の安全保障上の危機となった。

　著者である船橋洋一は、執筆当時、朝日新聞社コラムニストであり、現在は国際文化会館グローバル・カウンシルのチェアマンである。日米関係を中心とした国際関係に関する数々の著書で知られており、本書も朝鮮半島をめぐる関係各国の国際関係から第二次核危機の悪化を捉えたものである。

推奨ポイント

　本書は、2002年9月の小泉純一郎・日本総理大臣の訪朝に至る日朝外交と翌10月のジェームズ・ケリー米国務次官補訪朝を皮切りに悪化した朝鮮半島情勢と、それに続く北朝鮮のNPT脱退に端を発する第二次核危機をめぐる関係諸国の対応を論じた現代史書である。第二次核危機をめぐる関係諸国の政策決定過程についても、実に詳細にわたって論じている。第二次核危機について、関係諸国の国内情勢にまで踏み込んで多方面から論じたものは、本書が最初であろう。

　本書の特徴は、第一に、アリソン・モデルの政府内政治モデルによって第二次核危機を論じている点にある。主なアクターは、国家ではなく、政治家や外交官など政策担当者である。第二次核危機で、米国など6者協議に参加した関係諸国は、危機解決の機会を何度も失って危機を悪化させた。その要因の一つは、関係諸国内の政策決定における意見対立によるものというのが本書の見解である。

第二に、関係諸国間の相互不信にも、危機の悪化の原因を求めていることである。日米や米中だけではなく、中朝やロ朝などの相互不信も含まれる。それは中国やロシアが裏で北朝鮮を支えているから危機が深まるという当時からあった陰謀論を打ち消すものでもあった。むしろ、その陰謀論こそが関係諸国間の不信感の表れであり、危機を克服するための各国の協力を阻んだ要因の一つである。

　第三に、本書はニュートラルな立場から書かれたオーラル・ヒストリーである。進行中のテーマを扱い、アクターを個人にしているので、本書の執筆に使われた資料は、各国の政策担当者に対する船橋の膨大なインタビューである。オーラル・ヒストリーの難点は、その内容が偏向しやすいことである。インタビュイーは話を誇張したりするかも知れない。その偏向を補正するためには、より多くのインタビューによって、できる限りニュートラルなものに仕上げることである。本書では、インタビュイーとして日米英中ロ韓の158名にもなる政策決定者と執行者の名を挙げている。しかも、それ以外に名を明かさない条件でインタビューに応じた者も多数いたという。北朝鮮の外交官はすべて匿名であり、中国にもその条件で応じたインタビュイーが多かった。第二次核危機に関して、これほどの膨大なインタビュー記録を使ったものは他にないであろう。

　船橋によると、第二次核危機は失われた機会のオンパレードであった。米国は、国内の意見対立によって「米朝枠組み合意」を投げ捨てて危機を再発させたり、6者協議の共同声明を守り抜けなかったりして、機会を喪失していった。韓国は、朝鮮半島統一の主導権を握る自らの夢と課題を外部に投影することに熱中するあまり、米韓同盟と日米韓の協調をしばしば見失い、機会を喪失した。日朝国交正常化のイニシアティブを踏み固めようとした日本も、北朝鮮に対する制裁論が勢いづいたことで機会を喪失した。逆に、中国は核危機に対処する当事者として機会をつかんだが、北朝鮮の行動を制止できず、国連安保理で米国を支持せざるを得なくなった。核危機を解決するために北朝鮮以外の5カ国が6者協議で共同歩調を示したことはなかった。同盟関係にある米韓ですら、共通項と連帯意識を失っていたのである。そこには、北東アジアの国々の間の抜きがたい不信が横たわるという内在的な危機の構造があったというのが本書の見解である。

　本書の刊行は2006年10月であるため、同月に実施された北朝鮮の最初の核実験には触れられていない。しかし、その核実験も、その後の危機の深化も、関係諸国の政策決定にかかわる政治家や外交官の意見対立や各国間の不信感によって、核危機を解決する機会を逃した結末だったのである。安全保障をめぐる多国間協議のジレンマとその解決の難しさを本書は示してくれている。（宮本悟）

平松茂雄『中国の安全保障戦略』勁草書房、2005 年

　本書は、現代中国軍事研究における第一人者である平松の研究の集大成と位置づけられる。中国人民解放軍の近代化と軍事改革、海洋進出、東シナ海をめぐる日中関係等に関する平松の膨大な研究業績の土台には、中国革命や米中ソ関係、東アジアの冷戦等に関する深い歴史研究がある。それらを総括して中国の安全保障戦略という巨大で複雑な問題を極めて明快に提示したのが本書である。

　構成は誠に簡潔で明快であり、安全保障論のあるべき姿である。

　第一章「何から守るのか」では、中国の地理的条件と、それを取り巻く諸外国からの圧力が説明される。中国は数多くの周辺諸国と接する「世界でも稀な国」であり、圧力はその領土主権をめぐる紛争となり続けてきた。しかし圧力はただちに紛争に至るわけではなく、相手国との関係が友好を第一義とするかどうかによって多様な様相を呈してきた。そして軍事技術の進展により、中国は国境を接しない国からの脅威をも感じるようになった。平松は、安全保障研究にとって中国の歴史は非常に有効な材料を提供していると述べている。

　中国にとっての脅威として、平松はまずソ連・ロシアとの複雑な国家関係を取り上げる。平松は、それを固定的にとらえてはならず国内外の環境によって友好と敵対が変化したという性格は今後も変わらないと指摘する。国境を接しない米国の存在も同様である。平松は、とりわけ朝鮮戦争とベトナム戦争をめぐる米中関係や米国と台湾との関係から、米中関係には対立、接近、対中抑制といった流れがあることを明示する。大国間関係を見極める重要なポイントである。

　その他の中国周辺国としては、モンゴル、朝鮮半島、ベトナム、インド、パキスタン、日本が取り上げられる。小国は中国への侵略経路、領土争奪、核兵器をめぐる確執・協力、米国やソ連との関係によって、中国の安全保障に重大な影響を与えてきた。平松は、「小国」とは「特に大国と結びつく場合に脅威」となり「連合して中国と対抗する場合には脅威となる」国と指摘する。

　第二章では「何を守るのか」が論じられる。平松は、「中国は普通の国家とは

極めて異質な立場」にあると指摘する。それは一つには中国が「アヘン戦争以来失った国土を取り戻し、国家を統一する『失地回復主義』」にあることである。いま一つには「海洋と宇宙に発展しつつ中国の影響力を拡大することを意図」していることである。つまり「守る」というよりも、いわば「獲る」ことで「中華帝国」を目指すという異質性である。また、中国では古来より国境概念が薄く、それは「辺疆」という地域を示す曖昧な概念に置き換えられていることが明らかにされる。

平松が中国の領土や資源をめぐる海洋進出に着目してその研究を始めたのは1980年代初めであるが、今日それらは現実のものとなった。また、中国海軍の太平洋への進出は台湾統一に際して米国と日本の対台湾支援を阻止するという狙いがあると平松は見ている。平松は台湾統一を中国革命の完成という意義ばかりでなく、台湾の戦略的重要性から考察する。平松の多面的な洞察力が垣間見られる。

第三章「何で守るのか」では、まず中国軍近代化の過程が概観される。中国軍は、核兵器開発を一つの原動力として成長し、核保有国として国際政治に確固たる地位を築いた。平松は、人民戦争といって軽視することなく、また核兵器といって忌避することなく、冷静にそれらを分析し続けて、中国は「常に明確な国家目標を掲げ、その目標を実現するために、強い国家意志の働く国である」と結論づけている。

他方で平松は、中国の安全保障政策を補完する対外政策としての「中間地帯論」、「三つの世界論」、「自主・独立外交」に言及する。そのいずれにも共通するのは、「敵を極小化して、味方を極大化する」という「統一戦線」戦略である。この中国の一貫した外交戦略を概観することで、中国外交を一時的・一面的に理解することの危うさがよくわかる。

さらに平松は、朝鮮戦争、台湾海峡危機、中ソ国境紛争、中越戦争、南シナ海進出、東シナ海進出などの具体例を取り上げ、「中国が軍事力をたくみに行使して国家の安全保障あるいは対外戦略目標を達成していること」を検証する。

以上のように本書には平松の長年にわたる研究成果が凝縮されており、今なお改めて教えられることは数多い。資料を緻密に読み込み、そこから生まれる直観力、想像力の上に地道な研究を積み重ねると、中国の安全保障戦略の全体像が現れるという極意が本書には描かれている。（安田淳）

テイラー・フレイヴェル『中国の領土紛争──武力行使と妥協の論理』
（松田康博監訳）勁草書房、2019 年

Fravel, M. Taylor. *Strong Borders, Secure Nation: Cooperation and Conflict in China's Territorial Disputes.* Princeton, NJ: Princeton University Press, 2008.

背景・概要

［中国の領土紛争における行動の論理は何か］

中国は領土紛争においてどのような行動をとるのか、そしてその行動原理をどのようにひも解けばよいのだろうか。

中国の台頭が「平和的に進むのか、あるいは暴力を伴うものとなるのか」は、21世紀の国際政治における根本的問題である。本書は、領土紛争において中国が過去にどのような行動をとってきたのかという、それを知る上で重要な問題を分析した学術的研究である。

領土紛争における行動には、武力行使、妥協、引き延ばしという類型がありうる。多くの場合において、国家はコストのかからない引き延ばしを選択する傾向があるが、ある条件下においては、妥協や武力行使を選択することになる。

では国家はどのような状況において妥協や武力行使を選択するのだろうか。フレイヴェルによれば、国家は係争地域の価値、支配力の強さ、安全保障環境に基づいて行動を選択する。自国の安全に対する国内外の脅威にさらされているとき、国家は領土紛争において妥協を選択しやすい。他方、領土紛争における相対的な立場が低下しているときに、国家は武力行使しやすいという。

こうした理論的見地に基づき、本書は1949年から2000年代半ばまでの中国の陸上や海洋、あるいは国家統合をめぐる問題における中国の行動を分析している。

推奨ポイント

［中国の領土紛争における行動についての最も体系的な分析］

本書は中国の領土紛争における行動を分析する際に、まず参照すべき先行研究だといえる。

まず、本書は、中国の領土紛争における行動についての、最も体系的で包括的な研究書である。従来の中国の領土紛争における行動についての研究が、武力行使に至った事例にのみ焦点を当ててきたのに対して、本書は妥協した事例も含めて分析することで、中国の行動についてより体系的に分析している。

また、著者は主に中国側の文献を丹念に収集し、これを読み込み、高い水準で

実証している。仮に本書の議論に同意できない読者であっても、本書の重厚な記述は一読の価値があり、研究する上で避けて通ることのできない重要な先行研究でもある。

　第二に、しばしば現在のイメージに基づいて中国は領土紛争において非妥協的で、頻繁に武力を用いる傾向があると考えられがちであるが、本書は実際にはこれまで中国が多くの場合において妥協を選択してきたことを明らかにしている。特に中国は、不利な国際情勢や国内社会の不安定な状況に置かれた際に領土問題において妥協することで、内外状況の安定を図る傾向にあったことが明らかにされている。他方で、中国はソ連のような自国よりも強力な相手であっても、局地的なパワーバランスの劣勢を覆すために武力行使に及んだ経歴を持つことも指摘されている。さらに本書の分析が示すのは、海洋部における紛争の解決の難しさである。フレイヴェルによれば、海洋部の紛争は妥協が難しく、解決の引き延ばしが選択される傾向が強い。現在中国が抱えている領土紛争は、中印国境を除けば多くが海洋に関連しており、これが難しい問題であることがわかる。

　第三に、本書はしばしば無批判に語られる傾向のある陽動戦争論を強く否定している。陽動戦争論とは、国内体制の不安定な状況に対して、政権が国民の目をそらすために対外的な強硬姿勢に出て事態をエスカレーションさせるという議論である。こうした見方は、学術界だけでなく、マスコミや世間の議論においても頻繁に耳にすることがある。しかし、中国の実際の領土紛争における記録は、この理論の妥当性を否定するものである。確かに、陽動戦争論は、なぜ対外的な強硬姿勢によって国内の不満を解消できるのかというメカニズムを説明できないし、失敗した場合のリスクが非常に大きいにもかかわらず、なぜ指導者は戦争という選択をするのか明らかでない。

　同時に、本書の議論には限界もあることも事実であり、これは後に続く研究が解決すべき課題だろう。まず、本書が描いているのは2000年代前半頃までの中国の行動であって、それ以降の対外的強硬姿勢を分析していない。中国は2000年代後半以降、主に海洋部において、中国海警や海上民兵などを用いたいわゆるグレーゾーンの現状変更を進めてきた。これは本書の議論で十分にとらえることができない現象と言えるかもしれない。ただし、これらは武力行使ではなく、現実に武力が行使されるとすればどのような条件があるか考える際に、本書の議論は引き続き出発点であり続ける。

　中国の領土紛争や危機における行動に関心を持つ読者が、専門的に学ぶ上でまず手に取るべき作品と位置づけることができるだろう。(山口信治)

丸川知雄『現代中国経済　新版』有斐閣（有斐閣アルマ）、2021年

背景・概要

中国の安全保障を考えるうえで、国力の源泉であり世界第二位の規模に成長した中国経済についての知識が役に立つ。中国は1978年12月の中国共産党第11期中央委員会第3回全体会議で改革開放政策に転換し、1992年10月の中国共産党第14回全国代表大会で「社会主義市場経済」を標榜し、その後目覚ましい経済成長を遂げた。しかし、中国経済は日本や米国のような市場経済とは異なる点が多い。丸川は、中国の歴史と特徴をふまえ、中国の特殊な経済体制を説明している。

本書は、冒頭で中国の経済成長の過去と未来について歴史的な流れを示したうえで、計画経済と市場経済、労働市場と農村経済、財政と金融、技術、国有企業と産業政策、外資系企業と対外開放政策、民間企業と産業集積、高所得国時代の課題の各章が続く。中国経済をデータや数式を駆使して網羅的に解説するのではなく、労働、資本、技術といった中国経済の供給側に焦点をあて、簡潔明瞭な文体で解説している。中国経済の実態を理解するうえで経済学を専門としない読者にとってもわかりやすい良書である。

推奨ポイント

本書の特徴は、①中国が世界第二位の経済大国に成長した理由を体系的に説明していること、②中国経済の要である工業力の解明に力点を置いていること、③最近注目を集めている中国の技術について詳細に解説していること、④巻末に日本語、中国語、英語の詳細な参考文献リストや中国近現代史年表がつけられており、本文中の図表の元データは丸川のウエブサイトからダウンロードできるように工夫されており、読者の今後の研究に役立つ工夫がされていることである。

なかでも、中国の軍事力に直結する技術と「中国製造2025」などの産業政策の担い手である国有企業についての丸川の分析は必読である。中国は、2003年にソ連と米国に次いで世界で3番目に国産ロケットでの有人宇宙飛行を成功させた。2010年に中国のスーパーコンピュータ「天河1号A」が世界最速となって以降、米国や日本と開発競争を繰り広げており、2020年代には中国産のプロセッサ「申威」を使ったスーパーコンピュータが開発されている。さらに、中国の第5世代の移動通信技術（5G）に関する特許保有数は世界最多である。中国は先

端科学技術で先進国にキャッチアップしており、一部では世界の最先端を走っている。中国がなぜ科学技術の振興を重視しているのか、そして移動通信分野などで世界の技術開発の最前線に立つに至ったのかなど、中国の科学技術政策の特徴と優位性を知ることは、今後の中国の技術開発の動向や軍事力への転用の可能性を考えるうえでも有益である。

　中国では労働力が農業から第二次産業、第三次産業へと移行し、2015年頃までには農村の余剰労働力が枯渇した。また、人口の高齢化も進んだことで労働力の供給に制約が生じ、以後の経済成長は資本と技術に頼ることになった。そこで重要になるのが技術の進歩である。丸川によれば、中国では、先進国の進んだ技術を導入する「キャッチアップ型技術進歩」だけでなく、自国や発展途上国の所得水準や社会環境にあわせて技術をダウングレードして大衆化する「キャッチダウン型技術進歩」の二つの方向で技術開発を行ってきたことが、今日の中国の強みとなっている。

　中国の「キャッチダウン型技術進歩」の起源は大躍進運動である。中国は1953年からの第1次5カ年計画以降、ソ連から計画経済の運営方法や、鉱工業、農業、教育、医療などの国民経済の多岐にわたる技術援助を受け、キャッチアップを図った。しかし、1958年から大躍進運動を推進するなかで、ソ連からの大規模生産技術とは正反対にある小型の高炉や小規模な自動車工場などの小規模技術の開発を進めた。毛沢東が掲げた大胆な目標を達成するためには、従来の大規模生産技術だけでは足りず、地方政府や人民公社でも使いこなせるようにダウングレードした技術も発展させる必要性に迫られためである。結局、大躍進は失敗し、1960年にソ連は中国への技術援助を中止し、ソ連人技術者を引き上げたが、この動きは中国で技術の自主開発を加速させることにもなった。丸川によれば、中国が移動通信で世界最先端の技術開発を行うようになったのは、携帯電話を中小企業の分業により低コストで生産する「キャッチダウン型技術進歩」が可能になったためである。技術の大衆化が進む中で、中国国内での受託開発・生産のネットワークが形成され、中国は移動通信技術で最先端に躍り出た。

　本書は、中国が2015年に産業政策である「中国製造2025」が発表した背景や、国家の安全保障のために、国有企業を重点分野への投資促進と戦略的産業の発展のための主要なアクターに位置づけたことなど、今日の中国の安全保障を考えるうえで必須となる事項を経済学者の視点で説明している。米国と中国の技術覇権競争が激化するなか、中国経済の本質を理解するために最適な一冊である。

（渡辺紫乃）

小泉悠『ウクライナ戦争』筑摩書房（ちくま新書）、2022年

背景・概要

2022年2月にロシアが正規軍をもってウクライナに全面侵攻した。この大規模戦争は、日本の安全保障にとっても多くの重大な問題をはらむため、多くの識者がさまざまな場面で論じてきた。ここでは、2022年9月までの執筆ながら、安全保障の根本的なことをいくつも考えさせてくれる良書として本書を紹介したい。

著者小泉悠は、ロシアの軍事問題を専門として歴史や政治思想にも通じる研究者である。本書の前作にあたる『現代ロシアの軍事戦略』（ちくま新書、2021年）は、2014年2月以来のロシアの戦い方を中心に論じた。ロシアは、ウクライナ領のクリミア半島や東部ドンバス地域に介入したが、その「戦場」そのものよりも、ウクライナや欧米諸国の社会一般の認識や政治的な条件に働きかけて打撃を与える「ハイブリッド戦争」を行った。核兵器によるエスカレーションも含む大規模戦争の備えも進めながらも、影響力や工作を重視する政治的な要素の強い「新しい戦争」をロシアは遂行してきた。

2022年2月にも、そのような戦争を準備したのだろう。しかし、ロシアが始めた戦争は、全く異なるものになった。

推奨ポイント

2022年2月24日にロシアが正規軍による攻撃をウクライナの南部、東部、北部（首都周辺）で開始した。本書第3章が描くように、その「特別軍事作戦」と称するものは、ウクライナに準備した対露協力者ネットワークに依拠し、限定的な戦闘を伴う部隊投入によって、ゼレンスキー政権を排除し、首都キーウに親ロシア政権を樹立するという計画だったと推測される。

しかしゼレンスキー政権は倒れず、ウクライナ軍の防衛作戦はロシアの進軍を阻み撤退を強いた。ここから西側諸国はウクライナ支援を本格化し、ロシアは手持ちの戦争資源を引き出して、戦いは「古典的な戦争」に転じていった。

ロシアはある意味で適応し、主要な戦闘単位となっていた大隊戦術グループ（BTG）が得手とする火力を発揮するべく、補給が容易なウクライナ東部で激しい砲撃を浴びせ、破壊を伴って占領地を広げた（149頁）。しかし、ウクライナは

新技術を援用した部隊運用で、ロシアの進軍を途中で阻んだ。そして夏からヘルソン州のドニプロ川右岸のロシア軍への補給インフラを長距離打撃で圧迫して孤立に追い込みながら、9月に外部の多くの観察者の目を欺いて、隠していた戦力でハルキウ州東部のロシア占領地を衝く機動戦を遂行した。大敗したロシアはドネツク州北部を包囲攻撃する態勢を失った。このように、戦争は想定を超えて展開していく。

　これより先、2月にロシアが本当に侵攻するのか否かという難問と格闘する様も小泉は描いている（83頁〜）。小泉の中の「軍事屋」は、侵攻の準備やおざなりな交渉の様子を見て、ロシアが開戦すると確信する。一方で小泉の中の「ロシア屋」は、プーチンの言説やロシアの置かれた状況を見ても、何を求めて大規模戦争を起こすのかつかめない。2月14日にロシアは交渉姿勢を示し、全体としては軍事的圧力を用いた強要の試みであろうという解釈を根拠づけていた。小泉はそのように公に発言したが、翌日の2月21日、プーチン大統領がウクライナ領内の分離地域を「国家承認」し、小泉は率直に「全てが間違っていた」と述べる。まさに「プーチンのジェットコースター」が観察者を翻弄したのである。その後さまざまな情報が出てはいるが、そもそもプーチン大統領がどう考えて何を目指していたのか、いずれの説もすべてを説明しがたい。小泉は、将来の歴史研究の成果を待たねばならないという立場をとる（227頁）。

　このように本書は、実際に起きたことの経緯を丁寧に説明しながらも、その時点では読み切れないという難しさも表現している。理解しがたい経緯で大規模戦争が起こり、予想がつかない展開が進む。それでもできる限り正確に読み、不確実性と向き合い、可能な手を打って有利な展開に導くのが安全保障の営みである。それに必要な知的格闘の様を実感できることが、筆者が本書を推薦する最大の理由である。

　本書は、実際の現場で起こった政治や軍事の現象の意味を説明するのに加えて、小泉が蓄積した特有の研究成果として、ロシアの軍事専門家による戦争の本質の論争も取り扱っている（第5章）。最後の「あとがき」では、ここまで論じてきた巨大な戦争マシーンの激突のもとで、大切なものを失う一人ひとりにも思いを寄せている。筆者の見るところ、それはウクライナの人々が助け合い、社会を稼働させ、戦闘を有利にして少しでも占領地に日常を取り戻す努力の根本、さらには我々の安全保障の根本である。本書や、ウェブ公開されている自著改題「ウクライナ戦争が問う我々の人間性」から、小泉の人柄と識見を通じて読者が安全保障に関して学べることは多いだろう。（山添博史）

安全保障──この曖昧なるもの　神谷万丈

　実は安全保障には、万人に受け容れられた明確な定義は存在しない。安全保障とは、ごく抽象的には「ある主体が、かけがえのない何らかの価値を、何らかの脅威から、何らかの手段により守る」ことだが、その具体的内容をどうみるかについては、論者の価値観や世界観、時代や状況により異なる見解があり得るからである。

　たとえば、国際政治学で主流の学派であるリアリズムは、世界は中央政府を欠いたアナーキーの状況にあるため、各国は自らの安全と繁栄を自らの手で確保しなければならない（自助）という世界観から出発する。自助には力が必要であるため力をめぐる競争が起こり、それは時に対立・紛争につながる。国の力の源泉として歴史的に最も重要だったのは領土と国民であり、それらを守るために不可欠なのは軍事力である。かくしてリアリズム学派の安全保障観は「国家が、領土と国民を、外敵の軍事的脅威から軍事力によって守る」というものになる。

　この定義は、多くの読者が安全保障というものに抱いているイメージと合致するであろう。だが、国際政治学でリアリズムに対する最有力の対抗学派とされるリベラリズム学派は、リアリズムの定義は基本的に有効ではあるものの、この競争・対立の状況を改善できる可能性についての洞察を欠いていると指摘する。リベラリズム学派は、人間の自由な意志の力を信じ、人間が創意工夫を発揮すれば世界の対立や紛争も緩和できるはずだとみる立場である。たとえば経済的相互依存関係の進展、国際制度や国際ルールの発達、自由主義的民主主義の普及などにより世界の対立や紛争を和らげることができるならば、それもまた安全保障の一つの道筋に他ならないというのである。こうしたリベラリズムの世界観からは、リアリズムの安全保障観に対し、軍事中心に過ぎるため、安全保障の非軍事的側面にも目を向けるべきであるとか、一国ごとの個別的な自国の安全の追求ばかりが語られており、国際協調による国際システムの安定の追及も必要であるといった批判が向けられる。

　より理想主義的な立場からは、リアリズムやリベラリズムの安全保障観をいずれも国家中心的に過ぎるとする批判も出されている。安全保障の目標として国家の安全をいうのみでは不十分であり、そこに暮らす人々の幸せの達成を視野に入れた人間中心的な安全保障観が必要だというのである。確かに、国家の安全が達成されれば人々の幸福は顧みなくてもよいのだとすれば、北朝鮮の安全保障政策が優等生ということになってしまう。傾聴すべき意見だが、国家の安全が軍事的に確保されていなければそこに住む人々の幸福を確保することもできないという現実もある。

　安全保障にはこうしたさまざまな見方が可能であり、どれが絶対的に正しくどれが誤っているとは言い切りにくい。本書の読者には、安全保障の概念が不可避的に持つこの曖昧さを認識した上で、自分が読んでいる文献の筆者が安全保障をどのような意味で語っているのかを見きわめてほしい。

VI 戦争論・戦略論・戦争研究・地政学・軍隊

藤木久志『雑兵たちの戦場——中世の傭兵と奴隷狩り』朝日新聞社、1995年（新版、朝日選書、2005年）

背景・概要

　国際関係論の最も重要なテーマは平和である。人間の健康を守る医学の研究とは病気の研究であるように、平和研究とはすなわち戦争研究である。医学は進歩し人間は多くの病気を克服してきた。しかし、人類は生存本能に反すると思われる戦争を止めることができない。なぜ人間は戦争を止めることができないのか。様々な理由が考えられるが、重要な理由の一つは、多くの人が戦争の本質を理解していないからである。本書は戦争の重要な側面、すなわち戦う人間の側から戦争を説明しようとしたものである。

　人間は過去3千年間に1万回以上の戦争を経験してきた。戦争では人が死に、戦争は人間の生存本能に反する行為である。人間には知恵があり、歴史を見ると生存本能に反する様々な悪習を廃止してきた。3千年前の粘土板にも、多くの人が死ぬ戦争を止めるように主張する文章が楔形文字で刻まれている。しかし戦争はなくならない。

　近代以前の戦争は「物取り人取り」の戦争であった。戦争によって敵の財貨を奪い、捕虜を奴隷として売ることは、歴史的に世界中の戦争で見られた。近代の植民地戦争も植民地を獲得した国に大きな利益を齎した。戦争には利益があったのである。しかし、現代の戦争は巨大な破壊力と規模の拡大によって膨大なコストを要求するようになり、コストに見合う経済的利益を見込めなくなった。但し、現在の戦争にも計算できない政治的利益は存在する。

　戦争にはもう一つの側面がある。本能の戦争である。社会学や比較行動学の研究によれば、戦争は人間の遺伝子に組み込まれた本能の一つである。戦争は動物を狩る狩猟採集時代を生き延びた人類の遺伝子に組み込まれた攻撃本能に由来すると考える学説は多い。戦争が人間の本能なら戦争はなくならないだろう。

推奨ポイント

　本書は、人間はなぜ戦争をするのかという問いに対する有力な答えを提供する。人間は本質的に反戦的であるという平和教育を受けた多くの日本人にとって、本書の主張は衝撃的である。本書の主張は以下の通りである。

　日本の戦国時代に貧しい農民（雑兵）は何のために戦っていたのか。それは

「生きるため」に戦っていたのである。それは、「物取り人取り」すなわち「生きるために略奪する戦争」であった。

　ルイス＝フロイスの『日本史』には、戦争で兵士が行っているのは、敵地での身代金目当や奴隷にするための人の生捕りや牛馬の略奪であり、日本の戦争は小麦や米や大麦を奪うためのものである、と記されている。

　また、戦場で生捕られた人々が、ポルトガルなどの外国商人により奴隷や傭兵として海外へ売られていった。朝鮮出兵の際には、王子を含む多数の朝鮮人が生捕りになり、身代金を払えない住民は東南アジア各地に奴隷として売られた。戦国時代、戦争の主役は貧しい農民（雑兵）だったのである。

　本書は雑兵の行動だけではなく戦国大名の戦争の本質についても詳細に記述している。戦国大名も生き残るために戦っていた。実例として挙げられているのが越後の戦国大名上杉謙信の戦争である。上杉謙信は頻繁に貧しい越後から豊かな関東へ出兵した。上杉謙信の関東出兵は、晩秋に関東に攻め込み村々を略奪して年末に越後へ帰るパターンが多かった。生産力の低い越後では、年が明けて春になると、畑の作物が獲れる夏までは端境期になり深刻な食糧不足に陥った。端境期の死亡率は高かった。上杉謙信の戦争は、貧しい農民が端境期の飢えを凌ぐために欠かせない行動であった。中世の戦争は貧しい農民に生きるチャンスを提供したのである。戦国時代の農民は、戦争に参加し人身売買や物品を略奪することによって飢えを凌いでいた。戦国時代の戦争は、飢饉と疫病によって生存本能を脅かされた貧しい農民が生き残るためのメカニズムであった。

　以上が本書の内容と主張である。これまでの研究によれば、人間の攻撃本能が活性化するのは、人に対するストレスが高くなった場合である。したがって、戦争を抑止するためには、社会の中のストレスを軽減することが肝要である。近代以前には飢饉が大きなストレスの原因であったが、現在でも政治的混乱、経済環境の悪化、伝染病の蔓延、大規模な自然災害など人間には大きなストレスがかかっている。現代でも人間の攻撃本能を活性化する社会不安という鍵は世界中に存在する。

　本書は戦争のメカニズムを考察する際に重要な議論のポイントを提供する。戦争は独裁者が始めるものであり、反戦的な大衆は戦争の犠牲者であるという平和教育を受けた日本人が、戦争を抑止する方法を考える際に無視するかまたは触れることを躊躇する好戦的な大衆の存在を再認識させてくれる書物であろう。本書は戦争の抑止という現代国際関係の中心テーマに直接寄与する基礎文献である。
（村井友秀）

ローレンス・フリードマン『戦略の世界史——戦争・政治・ビジネス』全２冊（貫井佳子訳）日本経済新聞出版（日経ビジネス人文庫）、2021年

Freedman, Lawrence. *Strategy: A History.* Oxford: Oxford University Press, 2013.

背景・概要

　ローレンス卿（ローレンス・フリードマン）は、キングスカレッジ（ロンドン）戦争学部の名誉教授であり、「英国戦略研究の長老」とも敬われる、英国を代表する軍事史・戦争学の権威である。フォークランド戦争の公刊戦史を手掛け、イラク戦争独立調査委員会では委員を務めた。

　氏の数多くの著書の中でも、本書はそのテーマの壮大さが目を引く。往々にして定義なしに語られる「戦略」の概念と思想を、古代から現代までの歴史を通じて系譜を追い、実践の諸問題を解く。その範疇は広く、聖書、ギリシャ神話、孫子やマキアベリの思想に始まる「起源」、クラウゼウィッツ、核戦略、RMAからゲリラ戦、間接的アプローチを含む「力の戦略」—ここでは、科学と戦略、殲滅と消耗、合理性と非合理性など戦略が孕む緊張関係をも分析している—、そして、戦略論では普遍的な類型である「下からの戦略」（革命思想など）、「上からの戦略」（経営と管理の問題）、そして合理主義とその限界に着目しつつ「戦略の理論」が分析される。

推奨ポイント

　本書の推奨されるべき点の第一は、本書が全編を通して戦略の本質的な不確実性を指摘し、戦略家が実際に環境や結果を操作できるのかという疑問を投げかけている点である。物理的な力の適用は、期待される効果を（直線的に）生み出すべくもなく、常に偶然と、相手の戦略と能力との間の相互作用、環境の複雑さによって予想もできなかったような方向に向かう可能性があるとする。不確実性を前に、戦略の現実は「なんとかその場をしのぐ（muddle through）」こと（下巻552頁）に他ならない。戦略とは、与えられた状況を制御するための手段というよりは、誰も制御できない状況に対処する方策なのである。

　本書の第二の推奨すべき点は、氏が採用する戦略の今一つの定義、「パワーを創り出すアート（art of creating power）」（上巻20頁、英語版xii）である。つまり、戦略とは、「当初のパワー・バランスが示す以上のものを引き出す」ものである。さらに、戦略研究では現実主義の物理的な力の定義が一般的であるのに比

して、氏の力（パワー）の概念は、構築的なものである［B. Wilkinson and J. Gow eds, *The Art of Creating Power: Freedman on Strategy.* Oxford: Oxford University Press, 2017］。フリードマンにとって戦略とは、「脅しと圧力だけでなく交渉と説得、物理的な効果だけでなく心理的な効果、行動だけでなく言葉」も含有する。すなわち、力の源泉は他者との間に社会的な関係性を形づくることにある。実存する軍事力など力の現実を見据えながらも、力とは物理的条件のみでなく、社会的過程の中で創り出されるものであるとしている。

　本書の推奨すべき第三の点は、戦略とコミュニケーションの関係を指摘した点である。「本書で言葉とコミュニケーションの問題を繰り返し取り上げてきたのは、それらがなければ戦略は意味をなさないからである」（下巻562頁）とし、ある政治目的の達成に向けた戦略とコミュニケーションとの間には、密接な関係があるとする。フリードマンは、他者が実践できるように、戦略とは言葉で示されねばならないとし、さらに、他者の行動に作用することによって機能する戦略とは、常に「説得（persuasion）」に関わることであるとする（ibid）。他者に協力を促し、協力せずに敵対すればどのような結末になるかを説明し、納得させることだと述べている。フリードマンのこの言葉には、戦略とコミュニケーションとの間の切っても切れない関係性、さらには、コミュニケーションが他者の行動に作用し、将来を形成する力があるが故に戦略に内在するということが示されている。

　このような認識からか、フリードマンはナラテイブ（あるいはストーリー）と戦略の関係を早くから理論化した先駆者でもある。『戦略問題の変遷［*The Transformation of Strategic Affairs.* London: IISS, Adelphi Papers, 2006］』では、一貫したナラテイブ構築のためには、言動が一致しなければならず、作戦がリベラル規範から逸脱しないことの重要性を解いた。本書『戦略の世界史』では、最終章においてストーリーとスクリプトおよび戦略の関係を分析し、合理モデルと対比している。ストーリーや意味の解釈を通じて状況や戦略を理解する人間の認知の本質から、戦略の合理性の限界を指摘している。意図性や因果論に基づいて状況を制御しようとすること自体、戦略の核心ではないことを再度、読者に想起させている。（青井千由紀）

岡崎久彦『戦略的思考とは何か』中央公論社（中公新書）、1983 年

背景・概要

　外交官であり、防衛庁（当時）にも勤務した岡崎（1930 ～ 2014 年）は、40 年前に同書を上梓した。戦略という言葉が日本においては、いまだ奇異に受け止められる時代であった。岡崎は次の言葉（要約）で本書を締めくくっている。

「戦略論の教養と軍事的常識は、今後、単に、国民の納得する防衛体制をつくり上げるためのみならず、その大前提となる国家戦略をつくるためにも必要である。要は、主権国家というものが存在するかぎり、国益を調整するものは国家間の力の関係である。国家が有する政治、経済、文化など種々の力の中で、古来何人も否定しえない最も基本的なものは、畢竟軍事力であって、この軍事力についての正確な認識のない国際関係論は、どこか一本抜けたものにならざるをえない」。

　1980 年代初頭の日本では、国際化の流れを反映して大学教育において国際関係の冠のついた学科が出現し始めた時期であった。しかし、一般の大学において、軍事に基づく戦略教育などは論外の時代であった。そうした風潮の中にあって、岡崎はあえて「軍事が欠落した国際関係」をいくら論じても無意味であると断じた。翌年には、永井陽之助が『現代と戦略』（文藝春秋）を上梓し、戦略に関する本格的な議論が提起された時代であった。

推奨ポイント

　30 年あまりの歳月が流れて、2013 年、政府においてようやく「国家安全保障戦略」が策定され、さらに、昨年末には新たな「国家安全保障戦略」が採択された。今後、日本が採るべき戦略について活発な議論が展開されることを期待したい。その際、本書はまさに次のような理由で、恰好の入門書となるであろう。

　第一に、日本の国家戦略という大きな問題を考察するには日本の歴史と地理というものを熟知して論じる必要があるとして、岡崎は日本が置かれている北東アジアの地理的要因と歴史を背景に、幕末から明治期、そして戦後に至るまで、日清・日露戦争などが戦略的にどのような意義があったか解き明かしている。

　本書に対して、永井などから軍事力を中心とした勢力均衡論に偏重しているとの指摘もあった。しかし、現在の北東アジアの情勢を見れば、力に基づく激しいせめぎあいが展開されており、岡崎の主張が今なお輝いて見えるのは筆者だけで

あろうか。

　第二に、本書は日本の戦略を考察する際に必要となる重要な要素をほぼ網羅しており、かつ外交官としての経験と歴史を引用しながら戦略をわかりやすく語っている。その重要な要素とは、情報に対する見方であり、核戦略に関する議論であり、同盟に対する考え方である。最後に綜合的な戦略をも説き、食料やエネルギー、そして備蓄の概念まで導いている。それらの原則は現在においても示唆に富むものであり、読者が今後、日本の戦略を考察する際に大いに参考となろう。

　第三に、戦略とは「一部の人間が知ればよいのか」という問いかけをして、岡崎は国民があまねく日本の戦略を承知して広く議論することが、健全で強靱な戦略を構築できると説く。

　日露戦争において、国力の限界に達した日本はかろうじて米国の仲介により講和条約にたどり着くことができた。戦争終結の背景を熟知する政権中枢の一部を除いてその真実は明らかにされなかった。日本には戦略は極秘として記録されない習慣があり、そのために日本は全体として完全な戦略的［白痴］状態に陥っていたと岡崎は主張する。そして、戦略を成り立たせるためには「よく知られた国民（informed public）」の支持が不可欠であることを力説する。今の日本にも当てはまる原則ではないだろうか。

　最後に留意すべき点を述べたい。40年前に書かれた本書では、中国は日本や米国にとっての戦略上の挑戦者では到底なく、中ソ対立の一環で位置づけられている。1980年の中国のGDPが約3000億ドル、世界第10位前後であるのに対して、今やその額は60倍に急増し、世界第2位のGDPを誇り、かつその軍事力は米国に匹敵する勢いである。当然ながら中国に関しては、本書の戦略的思考の趣旨と中国の現状の国力等を踏まえて、日本の国家戦略にとって中国の戦略的位置づけを改めて明確にする必要がある。

　最近では、DIME（ダイム、外交・情報・軍事・経済の英語の頭文字を要約したもの）という用語をよく耳にするようになった。岡崎はDIMEという語を用いてはいないものの、DIMEを総合的に活用して国力を増進することを提唱しており、すでにDIMEを先取りした内容となっている。DIMEの一つ、情報について、その情勢判断に際しては、1）あくまで客観的であること、2）柔軟であること、3）専門家の意見をよく聞くこと、4）歴史的ヴィジョンをもつことを岡崎は薦めている。ここにも、岡崎の情報に対する鋭敏な感性が見てとれる。ロシアによるウクライナ侵略以降、世界は一層混迷を深めている。日本は軍事力をリアルにとらえ「戦略的思考」を一層研ぎ澄ませる必要に迫られている。（磯部晃一）

H・J・マッキンダー『マッキンダーの地政学——デモクラシーの理想と現実』(曽村保信訳) 原書房、2008年

Mackinder, Sir Halford John. *Democratic Ideals and Reality: A Study in the Politics of Reconstruction.* Washington, D.C.: National Defense University Press, 1942.

背景・概要

「地政学」の理論家の中で最も有名な著者が、第一次世界大戦直後に執筆した1919年の表題作と、1904年日露戦争勃発直前に公刊された「地政学」の金字塔と言える論文、および第二次世界大戦中に著者が執筆した論文の三点の翻訳を収録した書物である。著者の「地政学」の全体像がわかる著作集であることを表現する題名がつけられている。

　ただし著者自身は「地政学」という概念を用いたことはなかった。しかしその独特の視座が放った影響力の大きさから、他の研究者たちが著者の手法を「地政学」の有力な理論的アプローチとみなすようになった。ドイツのカール・ハウスホーファーは、イギリスを代表する著者の「地政学」を乗り越えることで、自らが「地政学」者の確立者であることを誇ろうとした。しかしアメリカのニコラス・スパイクマンら有力な継承者を得て名声を確立したのは、著者のほうであった。ただしその背景に、第二次世界大戦で英米を中心とする連合国がドイツに勝利を収めた現実があった。今日でも、著者の「地政学」の評価は、アメリカの覇権を前提にした国際安全保障システムへの評価と深く結びついている。

推奨ポイント

　本書の特徴をなすのは、やはり著者が示した概念構成であろう。その洞察力は、本書に収録されている1904年論文「地理学から見た歴史の回転軸」で、すでに示しされていた。上述したように、著者自身は、「地政学」そのものについて論じていない。したがって本書のどこにも、「地政学」とは何か、といった定義づけの議論を見ることはできない。代わりに読者を魅了するのは、地理的条件に着目して、世界の諸地域を特徴づけていく世界観の包括性である。

　著者の世界観を代表するのは、世界の諸国を「シー・パワー」と「ランド・パワー」に分けていく概念構成であろう。基本的には、ユーラシア大陸に属する諸国が「ランド・パワー」で、それ以外の地域の島嶼諸国が「シー・パワー」である。ただしユーラシア大陸沿岸部の諸国は、中間的な存在とされる。

　まず著者は、人間が生活する地表の陸上部分を全て「島」として理解したうえ

で、ユーラシア大陸は、その巨大さのゆえに、特別な島であると考える。ユーラシア大陸は、アフリカ大陸とも接合しているので、両者をあわせた巨大な島は、「世界島」と呼ばれる。この「世界島」の最深奥の中心部「ハートランド」は、その地理的位置によって特別な性格を持っているだけではない。北極という人間が住んでおらず、交通も著しく途絶えた場所を後背地にしているため、背後から襲われる心配をしなくていいという特殊事情も持っている。他方において、この「世界島」の中央部には、大海に通じる河川がない。このためハートランドの「ランド・パワー」は、南へ拡張する政策をとる強い性向を持つ。

これを警戒するのが、「シー・パワー」諸国である。「シー・パワー」には、「世界島」を支配する野心を持つことができる地理的条件がない。代わりに、ある国が単独で「世界島」を独占的に支配することを恐れる。そこで「ランド・パワー」の拡張政策を抑え込む政策をとる強い性向を持つ。「シー・パワー」が重視するのは、大陸へのアクセスを確保するための「橋頭堡」である。

地理的であるがゆえに歴史超越的な概念を駆使することによって、著者は歴史を超えた地理的条件の普遍性を示す。国際政治の全体傾向を大局的に把握しようとする壮大な概念構成には、地理的条件という人間には変更不可能な要素によって支えられているという説得力があり、各国の安全保障政策の最も基本的な原則を示すものとして絶大な影響力を誇り続けている。

実際には、著者は、数多くの河川・山脈・平野などの地名を参照し、それらに関する史実を例示しながら、議論を進めていく。それでも著者の知識量に圧倒されるだけに終わることなく読者が本書を読みとおすことができるのは、著者が示す概念構成によって、超歴史的な見取り図が一貫して維持されているからだ。この普遍的法則と具体的事情の絶妙な組み合わせが、著者の「地政学」を際立って魅力的なものにしている。

もっとも本書に収録されている三つの論文を比較してみると、それぞれの時代に応じて著者が微妙に議論に変化を与えていることもわかる。20世紀初頭のグレート・ゲームの構造に対しては、イギリスがロシアと対峙する見取り図が重要であった。第一次世界大戦の時代には、イギリスはドイツと対峙しており、東欧の位置づけなどが大きな焦点となった。第二次世界大戦の時代になると、これに加えて、共産主義国家ソ連として拡大したロシアの「ハートランド」をどのように理解するか、という課題も浮上していた。超歴史的に応用可能な地理的条件に依拠する概念構成を、実際には激しく変転する国際情勢の中で応用していく方法は、著者の議論をへてなお残る刺激的な課題である。（篠田英朗）

ニコラス・スパイクマン『平和の地政学——アメリカの大戦略の原点』
（奥山真司訳）芙蓉書房出版、2008年

Spykman, Nicholas. *The Geography of the Peace*. New York: Harcourt, Brace, 1944.

背景・概要

　著者のスパイクマンは、その主著『米国を巡る地政学と戦略』（*America's Strategy in World Politics,* 1942）で、西半球の防衛という観点から、さまざまな地理的要因の組み合わせを簡潔に図式化し、第二次世界大戦中の米国が取るべき戦略の指針を提示した。その中で、当時まだ交戦国であった日本と戦後に同盟を結ぶ必要があることを指摘するなど、先見の明があったことで知られる。

　地政学の系譜は、アルフレッド・マハンの「海の時代」、ハルフォード・マッキンダーの「陸の時代」、そしてスパイクマンの「沿岸の時代」へと移ってきた。スパイクマンは、マハンの「シーパワー理論」とマッキンダーの「ハートランド理論」の影響を受け、本書でシーパワーとランドパワーが交錯するユーラシア大陸の沿岸部（「リムランド」）に注目し、その重要性を説いた。米国の対ソ封じ込め戦略やその後のユーラシア戦略も、「リムランド理論」によって説明することができる。

　なお、本書は著者の死後に助手の手によって編纂されたものである。

推奨ポイント

　地政学という言葉を耳にすることが増えるなか、その定義と実際の戦略への含意を理解するうえで、本書は優れた入門書である。国家の安全保障戦略は、戦時平時を問わず国家のパワーの維持を目指さなければならない——本書で繰り返されるのは、この現実主義的主張である。では、パワーとは何によって決定されるのか。本書はパワーが地理と天然資源によって決定され、地形や気候がこれらの要素に影響を与えることを指摘する。また、地政学は地球の表面を一つの単位とするが、たとえば技術の変化がある地域の重要度を変化させるため、静的な状況よりもパワーの動的な状況を分析する重要性が強調されている。つまり、地理的現実は変化しないが、その対外政策への含意は変化するのである。

　つづいて、西半球の地政学的な位置が考察される。西半球はユーラシア大陸、アフリカ大陸、オーストラリア大陸によって「包囲」されている。西半球は東半球と海上交通路によって結ばれており、パワーも海を通じて伝わる。パワーのも

う一つの要素である資源に注目すると、西半球の総産出量は東半球に比べて圧倒的に有利ではない。第二次世界大戦は、ユーラシア大陸を支配する日独によって西半球が東西から「包囲」される可能性を示した。それゆえ本書は、米国がユーラシア大陸に圧倒的なパワーが出現するのを妨がなければならないと主張する。

　本書は、マッキンダーが「ハートランド」と呼んだユーラシア大陸中央部分の外側にある沿岸地帯を「リムランド」と呼び、その重要性を強調する。「リムランド」の外側には、イギリス、日本、アフリカ、オーストラリアなどの「沖合の陸地」があり、その間にある「海の公道」の存在によってユーラシア大陸に存在するすべての地域が結ばれている。「リムランド」はランド・パワーとシー・パワーの緩衝地帯であり、ユーラシア地政学の特徴は、「リムランド」の支配をめぐる闘争にある。「リムランドを支配する者がユーラシアを制し、ユーラシアを支配する者が世界の運命を制す」のである。

　以上をふまえて、本書は西半球防衛の戦略を考察する。第二次世界大戦中、米国はドイツと日本に対して大陸での戦闘と海からの戦闘を迫っていたが、欧州ではソ連、アジアでは中国というランド・パワーを提供する同盟国を必要とした。加えて、大陸での戦争に決着をつけるには、シー・パワーとエア・パワーも必要であった。このため、本書は陸海空軍力の統合と補給線の確保、そして同盟国の存在の重要性を指摘する。その上で、米国は今後も大西洋と太平洋を通じた交易を通じて東半球と関わっていかなければならないため、ユーラシア大陸の沖合で基地を外国から租借し、敵対的勢力による「リムランド」統一に反対する同盟国と協力していくことが不可欠である、と本書は結論づけている。

　さらに、本書は東アジアの海域を「アジアの地中海」と位置づけ、中国がいずれ経済成長を遂げ、軍事力によって「アジアの地中海」の支配を目指すことを予言している。その予言通りに、中国が「アジアの地中海」で現状変更を行うようになり、米国や近隣諸国と領土、資源、海上交通路の支配、そして政治・経済的影響力をめぐって競い合うようになっている。現代の地政学を考える上でも、本書が必読の書である証左である。（小谷哲男）

エドワード・ミード・アール編著『新戦略の創始者——マキアヴェリからヒトラーまで』全2冊（山田積昭・石塚栄・伊藤博邦訳）原書房、1978年（新版2011年）

Earle, Edward Mead, ed. *Makers of Modern Strategy: Military Thought from Machiavelli to Hitler.* Princeton, NJ: Princeton University Press, 1943.

背景・概要

　本書の編著者アール（1894～1954）は『トルコ、諸列強、そしてバグダッド鉄道』と題する外交史研究によってコロンビア大学で1923年に博士学位を取得。1934年から新設されたプリンストン大学高等研究所に奉職し、死去するまで同研究所に勤務した。彼が1939年秋から主催した国家安全保障をテーマとするセミナーから生まれたのが本書である。本書の出版は第二次世界大戦中の1943年である。全20章からなり、大西洋世界とヨーロッパを中心として、マキアヴェリ以来の軍事思想と戦略について、それらの歴史的背景と各々の時代の実践を総覧する形で編集されている。

　執筆者で特徴的なのは、当時アイヴィーリーグの大学ですらまったく受け入れていなかったユダヤ系の亡命ドイツ人の学者が参加していることであり、それ以外の執筆者は若手のアメリカ人学者および軍人たちである。中島浩貴氏の校訂により本書は1978年の版よりもはるかに読みやすくなり、省略されていた文献解題が新たに訳出されている。さらに1986年には原書第2版（ピーター・パレット編『現代戦略思想の系譜』ダイヤモンド社、1989年）が出版されている。

推奨ポイント

　アールは全体主義国家の台頭と大恐慌に直面して、1930年代からアメリカ外交政策を孤立から介入へと転換することを強く主張し、合衆国のような自由民主主義国が戦略や安全保障の問題に対して無知であることは許されず、またそれらを軍部に任せきりにすることも反対であった。エチオピア危機やスペイン内戦の頃には、こうした主張は支持されず、大学のキャンパスも孤立主義が横溢していた。状況が劇的に変化するのは、独ソ不可侵条約と第二次世界大戦の勃発、ソ連・フィンランド戦争、1940年のフランス陥落が契機であった。本書を貫くアールの問題意識は、民主主義には軍事戦略を理解できる市民が必要であり、将校を含む軍隊は、そうした民主的基盤から建設されねばならないとするものであった。

　有力な政治コラムニストのウォルター・リップマン（Walter Lippmann）は本書が「軍事史と軍事ドクトリンの研究を、高等教育と国民の知的生活において不

可欠のテーマとして確立するであろう」と高く評価した。

　本書の編集方針の特徴について指摘しておきたい。ドイツの政治史家フリード
リヒ・マイネッケ（Friedrich Meinecke）の、アメリカに渡った三人の弟子が本書
に寄稿している。そのうちの一人、ハンス・ロートフェルス（Hans Rothfels）が
執筆した第5章では、1940年代におけるクラウゼヴィッツに対する理解を知る
ことができる。今日なお中心論点である「絶対戦争」や、1980年代に分析視角
として流行した「摩擦」もすでにこの章で議論されている。

　マイネッケの他の二人の弟子、フェリックス・ギルバート（Felix Gilbert、第1
章でマキアヴェリを担当）、ハーヨ・ホルボーン（Hajo Holborn、第8章でプロイセ
ン流ドイツ兵学を担当）の論考に加えてさらに5篇が1986年刊行の第2版に再録
されている。執筆から40年余を経過して、これらがなお価値ある論考であった
ことを示している。他方、日本海軍戦略を扱った第19章は刊行直後から問題が
指摘され、程なく時代遅れの論文と評価された。

　今日の安全保障研究は、政治学の理論や方法との関連において理解されること
が一般的だが、さらに歴史学の特定の学派や議論とも強いつながりがある。アー
ルは後者を代表し、過去の問題を現在の問題と関連づけることを重視し、さらに
現代的な問題に対する解を得るためには、社会科学、人文科学の方法を何であれ
採用しようとする姿勢が顕著であった。若い社会学者だったジクムント・ノイマ
ン（Sigmund Neumann）が第7章の「社会革命の軍事的概念」を担当しているの
もそうした姿勢の反映であったと思われる。大戦が熾烈をきわめていた時期に、
世界に残された数少ない民主主義国にとって、こうした研究が生死にかかわる問
題と捉えられていたことにも留意する必要があろう。ともあれ本書は、軍事大国
の手段と目的の研究を、実践的な局面の分析にとどまらず、学問的テーマとして
取り扱った先駆的業績である。そこでは喫緊の課題の分析・解明に重点をおく安
全保障研究の原型が提示されている。

　アールは出版直後から、長期的課題を重視した改訂版を企図していたが、研究
者に対する戦時の要請がそれを許さなかった。アールとクレイグ（Gordon A.
Craig）、ギルバード、ホルボーンは戦略情報局（Office of Strategic Services）に加
わり、同局の研究・分析部門の設立に尽力した。他の寄稿者も政府や軍に入っ
た。自由フランス軍に投じた第9章のエチエンヌ・マントウは1945年4月にド
イツで戦死した。初版から80年後、本書の三回目となる全面改訂版が刊行され
ている。Hal Brands, ed. *The New Makers of Modern Strategy: From the
Ancient World to the Digital Age*（Princeton University Press, 2023）.（赤木完爾）

ポール・ケネディ『決定版 大国の興亡──1500年から2000年までの経済の変遷と軍事闘争』全2冊（鈴木主税訳）草思社、1993年

Kennedy, Paul. *The Rise and Fall of the Great Powers: Economic Change and Military Conflict from 1500 to 2000.* New York: Random House, 1987.

背景・概要

　本書は、冷戦末期の1987年に刊行された世界的ベストセラーである。ルネサンス期以降の主要大国の台頭と衰退の軌跡について、経済や技術の発展と国家の戦略的行動との絶えざる相互作用という観点から分析している。

　本書は3部構成をとっている。第1部では産業革命以前の主要大国の戦略と経済について、西欧世界の台頭、ハプスブルク帝国の覇権追求とその挫折、ヨーロッパにおける財政・金融改革と地政学的闘争などを中心に論じている。第2部では、ナポレオン戦争終結から第二次世界大戦に至る時期の主要大国の戦略と経済について、産業革命が世界政治に及ぼした影響、戦争形態の質的・量的変化や戦争のコストの増大といった観点を強調しつつ論じている。そして第3部では、第二次世界大戦終盤から冷戦末期にいたる時期の主要大国の戦略と経済について、米ソ二極世界の定着と流動化という観点に重点をおきながら論じている。

　本書を通じて、経済面と技術面での変化がそれぞれの時代の主要大国の力関係に大きな影響をおよぼしたことや、手を広げすぎた大国が力の優位を失っていくパターンが何度も繰り返されていることが、力強く論じられている。

推奨ポイント

　筆者が、本書に最初に目を通したのは大学1年生の時だったと記憶している。16世紀のヨーロッパで激しく対立していたハプスブルク帝国とフランスが、軍事革命などの影響で急増する軍事費に対応できず、同じ頃に破産宣言を余儀なくされていたということを本書から知り、大きな衝撃を受けたことを今でも覚えている。今でこそ、経済と安全保障を結びつけて分析することは一般的であるが、本書の刊行当時、主要大国の相対的な経済力と戦略的行動の変遷を結びつけて論じる専門書は少なく、本書のような本格的な歴史書となるとほぼ皆無であった。

　本書の意義や特徴については、すでに国内外の多くの紹介や書評で論じられているが、ここでは国際安全保障に関心を持つ読者を想定して、本書に目を通すメリットについてまとめてみたい。第一に、冷戦終結直前までの約500年間の主要大国の興亡の歴史について、本書のみで基礎的な知識を得ることができることで

ある。大国間政治の歴史を詳細に概観する本書はページ数がかなり多く、注釈も膨大な量になっているが、そのことについてケネディは、「経済史家も軍事史家もこの分野に手をつけていなかった」ので、「大国の興亡の歴史における重大な空白を埋める」必要があったからだと説明している。

　第二に、それぞれの時代の主要大国の国力資源について、人口、国民所得、工業生産、兵力、軍事費、兵器の数など、様々なデータが提示されていることである。諸大国の相対的国力を判断する材料として、こうしたデータは有用である。

　第三に、国家を一元的なアクターとみなすような記述が多く、国家を分析の中心とする国際安全保障や国際政治の研究との親和性が高いことである。反面、個々の出来事における指導者個人の思惑・行動や官僚・利益集団間の複雑な国内政治の力学等について詳しく知りたい場合には別の文献をあたる必要があるが、膨大な注釈は文献ガイドのような役割も果たしてくれる。

　第四に、本書に触発された国際安全保障研究の重要な争点が多いことである。大国の衰退原因に関する論争（帝国の「過剰拡大」が主因なのか、それとも国内制度の疲弊や硬直化の問題なのか）や、さらなる地位の低下や状況の悪化を恐れ、成長への投資よりも国防費に多く支出しすぎてしまう衰退国の一般的傾向など、国際安全保障を考える上で重要な論点の基礎を本書は提供してくれる。

　本書が扱う時期は非常に長く、分析対象は欧米の大国に偏っていて、小国に関する記述は少ない。また、各国の経済成長は均等ではないので、アメリカのように圧倒的優位を持つ大国であっても長い目でみればその地位を維持できない、という論争的な視点を提示したことで、多方面から様々な批判があったことも事実である。本書は冷戦末期に刊行されているため、冷戦終結後に入手可能となった旧東側諸国の公文書等を利用した新しい研究と合致しない記述がみられる点にも注意が必要であろう。とはいえ、本書から得られるものは、こうした留意点を差し引いても非常に大きい。大国が大国であり続けるためには、経済的基盤、国内の安定、軍事力、対外的なコミットメントのバランスをうまくとらなければならない、という本書のメッセージは今なお重要であり、無視できない重みがある。

　ケネディは、「未来に起こることを把握する最良の方法は、過去に目を向けて、ここ五世紀のあいだの大国の興亡を振り返ることだろう」と本書で述べている。実際、世界の戦争や危機の歴史から現代の安全保障問題を考えるヒントを得たい読者にとって、本書は材料の宝庫であるといえる。近代以降の主要大国の政治・経済・軍事・外交に関心がある人や、大国間政治の歴史から物事を考えるヒントを得たい方々に本書を強くおすすめしたい。（今野茂充）

サミュエル・ハンチントン『軍人と国家』全2冊（市川良一訳）原書房、2008年

Huntington, Samuel P. *The Soldier and the State: The Theory of Politics of Civil Military Relation,* Boston, MA: The Belknap Press of Harvard University Press, 1957.

背景・概要

　本書は『第三の波──20世紀後半の民主化』（1991年）や『文明の衝突』（1996年）など、数々の話題作を連発してきたサミュエル・ハンチントンの処女作である。同時に、政軍関係の理論的枠組みを初めて世に問うた先駆的業績である。今日に至る政軍関係研究は、本書との対話を通じて発展してきたといっても過言ではない。本書は、単に軍部の政治介入を論じた政治学研究ではない。本書を不朽の古典的名著にしたのは、「政軍関係は国家安全保障の一局面」との位置づけにある。

　本書の問題関心は、対外的には外敵の脅威に対処する強い軍隊を求める一方で、対内的には政治の統制下で軍部の権力を極小化するという連立方程式を解くことにある。前者の機能的要求と後者の社会的要求との調整と均衡という命題は、むろん、冷戦期の米国を念頭に置いた政策的関心でもあった。しかし、本書の枠組みを通じて、党の軍隊として徹底した文民統制下にある中国人民解放軍が、軍事専門職業化と国家安全保障を両立させる難しさが見えてくる。また、戦後平和主義の下で、機能的要求より社会的要求を重視してきた日本が、昨今の厳しい安全保障環境に直面して新たな均衡を模索する現実にも示唆を与える。

推奨ポイント

　著者は、軍の実効性と権力の抑制という連立方程式を解く上で、将校を医師や弁護士と並ぶ専門職業と規定し、①暴力の管理、②国家安全保障への責任、③将校団たる集団意識で構成される軍事専門職業化が進めば、軍は軍事的任務に専念し政治から遠ざかると説いた。その結果、軍事専門職業化による軍と政治の分離を導く客体的文民統制により、軍は政治に関与することなく最大限の能力を発揮できると論じた。他方で、軍と政治の一体化による主体的文民統制は、軍の権力は抑制できても、軍事専門職業化が後退して実効性を妨げるとした。

　本書への批判が集中したのが、軍事専門職業主義という鍵概念であった。特に将校団が積極的に政治に介入した戦前の日本のような反証事例の存在が指摘され、政治介入の有無は軍事専門職業主義を持ち出さずとも文民統制という規範の

定着の有無だけで説明できるとされた。そして、軍事専門職業主義は純粋な演繹法で導かれた概念であり、現実の理解には役立たないとさえ手厳しく評された。

　しかし、著者の定義を忠実に紐解けば、政治に介入した軍は、軍事専門職業化の水準が低かったのであり、近代化の遅れた戦前の日本軍も例外ではなかったともいえる。実際に、旧日本軍の将校団は、専門職業制度の導入に比して専門職業的精神を身に着けていなかったと著者は指摘している。また、軍事専門職業主義をめぐる著者の考察は、決して批判されるように純粋な演繹法による空論ではなく、帰納的な考察に裏付けられたものでもあった。何より、本書への批判が文民統制のあり方に論点が集中したのに対し、著者は常に国家安全保障の観点から軍の実効性との均衡を意識していた点を忘れてはならない。

　本書へのもう一つの批判は、軍事専門職業主義の考え方が、軍事と政治との明確な区分を前提としていることに向けられてきた。確かに、対内的安全保障を主任務とする発展途上国の軍隊のみならず、非正規戦争や対テロ戦争に従事するようになった先進国の軍隊も、非軍事的任務へと役割を拡大させている。あくまで軍隊の任務は戦闘にあるとして暴力の管理を軍事専門職業主義の中核にすえる著者の議論は、現実の安全保障環境に適応しないと評されることが多い。

　しかし、「新しい戦争」の登場は、国家間で展開される「旧い戦争」の完全な退場を意味しない。たとえ軍の役割が拡大したとしても、暴力の管理が軍の専門性の核心であり、いかに非軍事的任務に長けていようとも、軍事的任務の専門性に乏しい軍はもはや軍ではない。医師の役割が拡大しても、医学的専門性を欠いた人間をもはや医師と呼ばないのと同じである。しかも、冷戦後、実戦経験が激減し、安定化任務や平和維持活動に資源を割かれるようになったことで、軍の実効性が低下する現実を無視すべきではないだろう。

　本書が提起した軍事専門職業主義という言葉は、実務の世界では今なお頻繁に使用されている。その一方で、近年、国家による暴力の独占が崩れはじめ、政治と軍事の区別が曖昧になった新たな安全保障環境の下で、学術的な概念としての有効性が問われている。国際安全保障を理解する１冊として本書を推奨する理由は、そうであればなおさらのこと、本書の主張の原点に立ち返る必要性があるからである。著者は、いかなる理論もすべての事実を説明できないとしても、現実を単純化し抽象化する理論の重要性を説く。そして、大きな従属変数を大きな独立変数で説明してみせる素晴らしさを、後進の学徒に再三説いていたという。批判を恐れることなく、大きな命題に挑戦する研究姿勢と知的好奇心を持ち続けるためにも、本書は誰もが一度は目を通してほしい一冊である。（武田康裕）

高坂正堯『近代文明への反逆――「ガリヴァー旅行記」から21世紀を読む　新装版』PHP研究所、1998年

　近代初期のイギリスに生きたジョナサン・スウィフト（Jonathan Swift）の名は日本ではあまり知られていない。だが、彼が1720年代に著した『ガリヴァー旅行記』は、誰もが知っている物語である。

　本書は、国際政治学者である高坂正堯が『ガリヴァー旅行記』を読み解いたものである。スウィフトは、『ガリヴァー旅行記』という童話の形をとって、当時のイギリス社会を風刺し、近代的なものを批判した。架空の話であるため、通常とは異なった視点を提示することが可能になり、また、厳しいことを言っても読者への直接的影響は少ないというメリットがあった。出版後、イギリスは繁栄の道を歩んだことから、スウィフトの議論は正しくはなかったことになる。しかし、意外な形で的中しているところがある、というのが高坂の主張である。

　高坂は1934年生まれの国際政治学者である。京都大学法学部を卒業して学卒助手となり、1996年に逝去するまで京都大学法学部教授を務めた。初期の専門は19世紀のヨーロッパ国際政治史であり、後に日本の外交・安全保障について現実主義に基づく数々の論考を発表し、論壇や政策に大きな影響を残した。

『ガリヴァー旅行記』には、バルニバービという架空の大陸についての描写が出てくる。バルニバービでは、人々は忙しく働いているのに、田畑は荒れ果て、収穫は上がっていなかった。ガリヴァーがそこを通過してある貴族の領地に赴くと、景色は一変し、豊かな田園が広がっていた。なぜバルニバービは荒廃しているのか。その原因は、40年前に開設された学士院にあった。学士院では、新しい農業や建築の様式が研究され、人々に推奨されていた。しかし、それらは未完成であったため、国内いたるところ惨憺たる荒廃状態となった。だが、人々は意気沮喪するどころか、さらなる猛烈さをもって計画遂行に没頭した。他方、その貴族だけは改革に加わらず昔通りの生活をした。その結果、立派な畑と美しい建物を維持していたが、バルニバービの人々からは、学問の敵、非国民として侮辱と敵意とをもって見られていたのである。

バルニバービの人々は、先験的な理念にしたがって行動するならば世の中はよくなるはずだという考え方にとりつかれている。現実によい成果がもたらされずとも、人々はいっこうに反省せず、かえって猛烈に改革に没頭する。そして、反対派を敵視する。髙坂は、こうした態度は20世紀における共産主義者、あるいはその礼賛者の態度とまったく同じものであると断じる。

　筆者は、バルニバービの風刺は平和や軍備をめぐる問題を考察する際にも手掛かりになると考える。日本で生まれ育った人々は、非武装中立や全面核廃絶といった理念が望ましいものであると教育されてきた。それは、軍備や核兵器さえなくせば世界は平和になるという単純な理屈に基づいている。そして、彼らが失敗に直面すると、どこかで邪悪な勢力が妨害しているはずだと考え始める。平和運動がときに暴力行為に転化したり、安全保障研究や軍事研究それ自体が批判の対象となったりする。日本では、安全保障を学ぶ入口において、そもそも安全保障を学ぶことが是か非かという問題と向き合わねばならないのである。

　さらに、髙坂は、いくつかの原理に基づく分析によって世の中がわかると考えることの危険性を主張する。ここでは、「技術的知識」と「実践的、伝習的知識」の区別が紹介される。前者は厳密に公式化され、記述できる知識で、たとえば人体の構造に関する知識などはそうである。後者は厳密な体形化はできず、雰囲気とか、ニュアンスとか、こつといったものとしてしか把握できない。だが、医術にそうしたものが不可欠であることは否定しえない。熟練した医師は、患者の顔色から多くを判断し、患者に接する形で多くの治療行為を行う。「技術的知識」と「実践的、伝習的知識」はともに必要だが、近代を特徴づける合理主義は前者を強調し、ときには後者の価値をまったく否定することさえある。そうした態度が政治や経済において支配的となるとき、理論的にはうまくいくはずなのに失敗の連続ということになってしまうのである。

　筆者は、この「技術的知識」と「実践的、伝習的知識」という区別は安全保障の学問的アプローチについても妥当すると考える。かねてより戦略研究の分野では、「サイエンスか、アートか」という論争があった。前者は理論研究、計量研究などを、後者は歴史学や思想史などを指す。安全保障研究が発展するにつれて、厳密性・客観性を備えた前者の「科学的な」価値が強調され、後者は廃れていった。しかし、理論研究とて万能ではない。2022年のロシアによるウクライナ侵攻をほとんどの識者が予想できなかったことからも、安全保障理論はいまだ完全とは言い難い。それに頼り切ってしまうと、結局は学問の分野においてもバルニバービの轍を踏むことになりかねないと思うのである。（篠﨑正郎）

アンソニー・ギデンズ『国民国家と暴力』(松尾精文・小幡正敏訳)而立書房、1999年

Giddens, Anthony. *The Nation-State and Violence.* Volume 2 of A Contemporary Critique of Historical Materialism. Berkeley: University of California Press, 1985.

背景・概要

　後にイギリスのブレア政権のブレーンとして「第三の道」を提唱し、イギリスの欧州統合への積極的な関与を打ち出してきたアンソニー・ギデンズは社会学者でありながら、その枠には留まらない幅広い活動と政治経済に関する造詣の深さも知られる知識人である。

　彼は1938年、北ロンドンのエドモントンの下層中流階級の家に生まれ、1959年にハル大学を卒業後、ロンドン・スクール・オブ・エコノミクス（LSE）に進み、同校より修士号、1974年にはケンブリッジ大学より博士号を取得。ケンブリッジでは、長らくキングス・カレッジのフェローとして勤め、1987年に正教授に昇進した。1997年から2003年まで、LSEの学長を務めた。

推奨ポイント

　本書は必ずしも国際安全保障に関する著作ではないが、歴史社会学の手法を用いて国民国家を分析し、イギリスの左派知識人によって展開された国家論の流れを大きく変えた著作として注目に値するものである。

　著者であるアンソニー・ギデンズは社会学者として、パーソンズの構造理論やデュルケームの社会学に対して、国家と権力の問題が社会学には欠如している点から議論を展開する。その中でギデンズはウェーバーの国家概念を採用し、国家は暴力と規律によって一定の領土を支配する存在であると定義する。しかし、その中でもギデンズの特徴となるのは、彼が主張する近代性（modernity）を形成する存在として国家を位置づけ、資本主義、産業社会、監視社会と並ぶ近代の要素として見ていることである。

　この点は現代の国際安全保障を考える上で様々な点から示唆的である。第一に、国家が持つ暴力性に着目しつつも、それが国内の治安を安定させ、統治を可能にするメカニズムを提供しうるという点である。これは、現代世界において内戦が絶えない国家が生まれるのは、単に国家が暴力の独占に失敗しているからだけでなく、産業社会や資本主義のメカニズムが十分に機能せず、当該国家の「近代性」が十分に確立していないことに起因することを示唆する。

第二に、国民国家と暴力の関係は「近代性」の文脈の中で成立するとして、戦争の工業化という視点から近代国際関係を見ている点にある。近代資本主義と産業社会は、国家が暴力を独占する中で、その暴力の水準を強化し、より強力な兵器や暴力装置を開発し、大量生産することを可能にした。これは現代において経済安全保障が国家安全保障の一部として認識され、資本主義の発達によるグローバルな市場の形成が、結果的には国家による暴力装置の独占という文脈から、「相互依存の武器化」につながる道筋を提供している点で興味深い。

　第三に、ギデンズの社会学理論として知られる「構造化理論」すなわち「知識の絶え間ない投入が個人や集団の行為に影響を及ぼすという意味での社会関係の《再帰的秩序化と再秩序化》」という枠組みも、現代の国際安全保障秩序を考える上で重要な点である。再帰的秩序化とは、個人や集団（ここでは国家を含みうる）が既存の秩序に沿った形で行動することで、その秩序が再生産され、強度を増していく（再秩序化）ことを指す。しかし、ギデンズはこうした構造決定論を排除し、個人や集団は様々な外的なインプットによって自らの行動を変容させ、新たな秩序を作り出し、その秩序を再帰的に個人や集団の行動に組み込むことで、新たな秩序を再帰的に秩序化するという点を強調する。これは例えば、中国の台頭やアメリカの内向き化といった変化によって、2000年代に見られたG20の創設や米中協力による国際秩序の安定化から、急速に米中対立への国際秩序の構造が変わっていったことを説明するのに適している。

　このようにギデンズは社会学理論の中で国家を論じ、国民国家が暴力を独占することで、近代国際関係が基本的には勢力均衡によって成立し、国際秩序の背景には軍事力という担保があることを明示する。と同時に「構造化理論」が示す、勢力均衡の秩序が変革されるのは、相互の勢力が変化することではなく、その変化をどう認識し、その認識をどのように行動に反映し、その行動が新たな秩序を作って行くという、国際政治学でいうところのコンストラクティビズムに通ずる議論を展開している点で、本書を読み解いていくと新たな知見が得られるのではないかと考えている。

　ギデンズの『国民国家と暴力』は難解な上に、国内の統治機構としての国家と国際的なアクターとしての国家を区別せずに論じているため、やや安全保障の研究者には不向きかもしれないが、彼の『近代とはいかなる時代か』（松尾精文・小幡正敏訳、而立書房、1993年）や『暴走する世界——グローバリゼーションは何をどう変えるのか』（佐和隆光訳、ダイヤモンド社、2001年）などと合わせて読むと理解が進むと思われる。（鈴木一人）

高坂正堯・桃井真共編『多極化時代の戦略──上　核理論の史的展開／下　さまざまな模索』全2冊　日本国際問題研究所、1973年

背景・概要

　本書は冷戦期の日本で米欧の軍事戦略理論を紹介した唯一といっていい本格的な論文集である。内容としては、海外文献の翻訳（上巻22本、下巻15本）を骨子としながらも単なるアンソロジーではなく編者らによる丁寧な解説論文が複数収録されている。周知のように、第二次世界大戦末期に登場した核兵器はそれまでの軍事戦略のあり方を大きく変える事になった。この変化は「抑止」概念によって象徴されることになったが、核戦争を回避することと、外交手段としての軍事力の役割を維持することという二つの目的をいかにして両立するかについて様々な議論が行われることになった。編者の髙坂は京都大学教授、桃井は防衛研修所員であり、彼らを中心として研究会が組織され、欧米の文献を読みながら意見を交換し、本書の構成を検討していったものと思われる。

推奨ポイント

　上巻では主に核抑止理論の展開が扱われている。冒頭の「歴史的概観」では編者の一人、高坂（京都大学教授）が第二次世界大戦後の戦略理論の変遷を簡明に要約している。1950年代にアイゼンハワー政権によって提示された大量報復理論への批判から本格的な戦略理論の研究が始まり、1950年代末から60年代はじめにかけて戦略理論が急速に精密化されていった流れを、レイモン・アロンの整理を踏まえつつ簡明に紹介するものである。この整理に沿った形で、抑止概念の本質（解説桃井・防衛研究所企画室長）、大量報復理論（解説神谷不二・慶應義塾大学教授）、制限戦争理論（解説桃井）、軍備コントロール理論（解説桃井）と5部に分けられて解説と翻訳論文が収められている。紹介されている論文は、1950年代中期から60年代後半までのもので、グレン・H・シュナイダー「拒否と懲罰による抑止力」、ヘンリー・A・キッシンジャー「核時代における力と外交」、アルバート・ウォールステッター「こわれやすい恐怖の均衡」、ヘドレー・ブル「軍備コントロールの目的と条件」、トマス・C・シェリング「軍備コントロールにおけるコミュニケーションの役割」などが含まれている。

　下巻は現代を多極化時代と捉え、国際関係の中で戦略理論を位置づけようとする論考が集められている。上述の「歴史的概観」の締めくくりで、高坂は1964

年頃から戦略理論への関心は急速に低下した、と指摘している。そのきっかけは、ベトナム戦争で、軍事力が意思の問題と切り離せないことが示されたことであったが、本質的には抑止戦略に対して戦争回避と相手を自らの意思に従わせる手段の両方を担わせようとしたことに無理があったのである。かくて、「戦略理論は『没落』し、外交政策をその全体として考察する態度が現れてきた。」

こうした考察を踏まえて、下巻では全般的な国際関係を扱った1972年までの論文が収録されている。第一部「アメリカ時代の終わり」では、佐藤俊一（外務省事務官）「アメリカ外交政策の変遷」、小林克己（防衛研修所）「アメリカ国防政策の変遷」の2本の解説論文とキッシンジャーの「核時代の同盟外交」、第二部「多極化」では、①「中級国家の台頭」で桃井が「中小国家と核」を、髙坂が「フランスの核政策」を論じた後、アンドレ・ボーフル「各同盟の問題」などが並び、②「米中ソ三角関係の出現」、③「五極構造論」と続く。③では永井陽之助による「五極構造論」の論考の後、アラステア・バッカン「二極時代の終り」、スタンレー・ホフマン「均衡は国内で均衡するか」などが収められている。第三部「デタント政策」では髙坂の解説論文の後、ズビグニュー・ブルゼジンスキー「東西和解の枠組」などがあり、第四部では服部実（防衛大学校教授）が「新しい戦争――不正規戦争」を執筆している。第五部は日本の戦略として、桃井、久保卓也（防衛庁防衛局長）、髙坂の論考がウォールステッター「日本の安全保障――ショックの後のバランス」と共に収められている。

安全保障研究史では、1955年から65年の十年間は安全保障研究の「黄金時代」とされる［Stephen M. Walt, "The Renaissance of Security Studies," *International Studies Quarterly,* 35, no.2（June 1991）: 211-239］。期せずして本書は上巻で黄金時代の米欧の戦略理論の展開を主要な論考と共に跡づけ、下巻でその衰退期の議論の展開を同時代的に示すものとなっている。全体として高度な内容を持つ戦略理論の入門書となっており、現代の核戦略を巡る議論が今なお「黄金時代」の議論を下敷きにしていることを考えれば、今日から見ても1970年代初頭までの戦略理論の展開を跡づける上で必読文献といってよい。

加えて、髙坂、桃井、久保、神谷、永井といった寄稿者の名前を見れば、本書を準備する過程で1960年代から70年代にかけて主にリアリズムの立場をとる研究者や政府官僚がどのように問題意識を共有し、また協力していたかを知る手がかりになる。実際、本書に集められた論考は1970年代後半に防衛計画の大綱が策定され、総合安全保障戦略が構築される理論的基礎となったことが窺える。本書は日本の安全保障政策史上も意義を有する著作と言えよう。（中西寛）

ケネス・マクセイ『ロンメル戦車軍団——砂漠の狐（第二次世界大戦ブックス 18）』（加登川幸太郎訳）サンケイ出版、1971 年

Macksey, Major K. J. *Afrika Korps.* New York: Ballantine Books, 1968.

背景・概要

　第二次世界大戦でのエジプト、リビア、チュニジアにわたる北アフリカ戦線は、当初のイタリア軍が崩壊する寸前の戦況から、ロンメル将軍が指揮するドイツ軍の増援によってイギリス軍が敗北寸前まで追い込まれる戦局へ大変化を遂げた。本書は、第二次世界大戦の北アフリカ戦線の推移について、ドイツ軍が参戦してから壊滅するまでの 1941 年 2 月から 1943 年 2 月を描いた作品である。

　ヒトラーは、もしもイタリアが早々に北アフリカ戦線でイギリスに敗北を喫してしまうと、南欧州が連合軍の反撃口となり、欧州戦略のすべてが崩壊しかねないと懸念したため、やむを得ず、北アフリカ戦線に介入を決断したのだった。だが、ロンメル将軍の指揮するドイツのアフリカ軍団は、ヒトラーの予定を越えて、イギリス軍を壊滅し、一時期はカイロを脅かすまで快進撃を続けたのである。

　著者のケネス・マクセイ（Kenneth J. Macksey, 1923-2005）は、第二次世界大戦にイギリス陸軍に従軍し、戦車連隊に所属して大佐まで昇進した。主に退官後、第二次世界大戦に関する軍事史家・軍事作家として活躍したが、本書は初期のノンフィクション作品である。

推奨ポイント

　本書では、期間中の北アフリカでの 11 の軍事作戦について、枢軸軍と連合軍の部隊の構成と配置、指揮官の采配と失敗、戦闘の開始・展開・結末が活き活きと描かれている。本書を通じて読者は、砂漠の乾燥と砂を舞台とする指揮官と兵士の辛苦を感じ取るだろう。また砂漠の現代戦における機甲部隊、制空権、補給の働きについて自ずと理解するだろう。また指揮官の特徴や作戦の出来映えが戦況を左右する有様をまざまざと目にするだろう。これらの戦争の一コマ一コマは平易に描かれているが、中東における第二次世界大戦後から現在までの戦争や安全保障問題の本質を理解するために必要な基礎的軍事知識を提供する。

　本書の著者は、イギリスの軍人だったにもかかわらず、ドイツの指揮官や兵卒に対して敬意を払い、軍事作戦に対する評価の眼差しは敵味方に関係なく公平で

ある。ちなみに筆者にとって本書は、『バルバロッサ作戦』、『電撃戦』、『焦土作戦』と並ぶ高校時代の愛読書であった。

第二次世界大戦期におけるロンメル将軍は、彼の名声からその凋落までについて多くが語られてきたが、本書を手にした読者は、まず、自ら休む間もなく砂まみれの戦場にたち、兵士と行動を共にして奮闘するロンメル将軍の智恵や果敢さに惹かれていくだろう。訳者は、帝国陸軍に従軍経験があったが、ロンメルほど兵士と心のつながった将軍には出会ったことはなかった旨を訳者あとがきに書いている。

また本書は、ドイツ・アフリカ軍団、イギリス軍、イタリア軍、アメリカ軍の戦意、技量、戦術や戦略の対比が浮き彫りにされている。智恵と統率のドイツ軍、お荷物のイタリア軍、戦場でも民主的に話し合いばかりする指揮官のイギリス軍、物量豊かだが新兵の米軍といった様相である。そして、一兵卒の乾きや戦意にまで視線を向けながら、戦場の一瞬の出来事を事実から描き出している。

アフリカ軍団は、1942年5月にリビア側から機甲部隊による大胆な機動戦を開始し、機動戦を戦術的に理解できないイギリス軍を出し抜いた。そして、誰の予想にも反して6月にイギリス軍の要衝トブルクを陥落させる大戦果をあげた。この戦績によりロンメルは元帥に昇進したのである。だが、アフリカ軍団はエジプト国境に侵入したものの補給線が伸びきってしまった地点でイギリス軍に食い止められてしまう。その後、戦線は膠着したが、枢軸軍は、マルタ島のイギリス軍を無力化できず、地中海の制海権と制空権を喪失し、補給不足に悩み続けることとなった。そして10月以降、新任のイギリス・モントゴメリー将軍は、圧倒的な制空権を的確に活かした戦術を工夫して、ドイツ軍特の機動戦を封じ込め、枢軸軍を地上で撃破してしまった。

本書は、アフリカ軍団の作戦展開が、ドイツの東部戦線や地中海戦略などとの関連で制約を受けていた点を何度も描いている。またヒトラー、ケッセルリンク空軍元帥、イタリア軍指導部などが北アフリカ戦線の特徴を理解できなかったために、アフリカ軍団を窮地に追いやることがあり、ロンメルが苦悩したドイツ軍の内情が描かれている。本書は、第二次世界大戦全体の推移を北アフリカ戦線の方面から理解し直す作品でもある。

中東地域研究者の観点に立つと、本書は、アフリカやアラブの現地民の姿や生活がほとんど描かれていない点で、植民地主義の欧米諸国の視点を反映したオリエンタリズム（東洋差別主義）の一作として評価も可能であると付記しておきたい。（中村覚）

J・F・C・フラー『制限戦争指導論』（中村好寿訳）中央公論新社（中公文庫）、2023年

Fuller, J. F. C. *The Conduct of War 1789-1961: A Study of the Impact of the French, Industrial and Russians Revolutions on War and its Conduct.* London: Eyre & Spottiswood, 1961.

背景・概要

　著者のJ・F・C・フラー（1878～1966）は、英国陸軍の将校である。士官学校卒業後、ボーア戦争に従軍した。第一次世界大戦では参謀勤務を経験し、戦車軍団参謀長に就任した。戦間期は陸軍大学校の教官として、機甲戦理論の発展に尽力した。1933年に少将で退役し、以後『デイリー・メール』紙の特派員を務めた。その生涯を通じて研究と著作に勤しみ、軍人学者（soldier-scholar）の典型となっている。本書は、フラーが最後に遺した著作である。

　本書が出版された1961年はキューバ・ミサイル危機の1年前であり、米ソ冷戦の最中であった。フランス革命以後、欧州諸国はナポレオン戦争、第一次・第二次の両大戦を経験し、その戦禍は欧州の大部分に及ぶとともに、世界規模に拡大した。冷戦の開始とともに総力戦、無制限戦争の世紀が進展しつつあった。その中枢と現場で19世紀と20世紀の戦禍を経験してきた著者にとって、無制限戦争の回避こそが戦争指導の目的であった。したがって、本書は無制限戦争を避けるために戦争指導において遵守すべき一般原則を示すことが命題となっている。それが、原題 *The Conduct of War* を『制限戦争指導論』と訳した理由である。

推奨ポイント

　本書は当初、1975年に原書房から「フランス革命・産業革命・ロシア革命が戦争と戦争指導に及ぼした衝撃の研究」という副題と伴に中村好寿訳で出版され、2023年に中公文庫として復刊されたものである。48年を経て文庫として復活した本書には、新たな価値が添えられている。その第一は、石津朋之の解説——J・F・C・フラーとその思想——が加えられたことである。フラーの軍歴と時代背景はもとより、リデルハートの思想との相関関係、最終的には20世紀における戦争と社会の関係が論じられる。また、フラーの提唱する「戦いの9原則」やその戦略思想の現代的意義が、広範な視点の下で詳細かつ明確に展開され、フラーの著作を通した近代軍事思想の解説書の体裁となっている。原著出版から60余年を経て、なお現代的意義を有するゆえんである。

　周知のとおり、20世紀の戦争は科学技術の質と量の戦争であり、例えば、ス

ローン（Elinor Sloan）の『現代の軍事戦略入門』では、その３分の１以上を「科学技術と戦略」に費やしている。変化と改革、軍事革命やイノベーションは、軍事戦略の中心的課題となり、サイバーやドメインといった新たな用語が戦略理論の中枢を占めている。そうした傾向の中、「イノベーションに反対する軍隊は敗北し、イノベーションを起こす軍隊は勝利する」という直感を「間違い」とする議論がある。クオ（Kendric Kuo）の「危険な変革」（*International Security*, Vol.47, No.2, Fall 2022）である。健全な軍事的イノベーションとは「軍事的手段と政治的目的の再調整」が必要であり、新たな能力と伝統的な能力の適切なバランスが求められる。多次元との調整やバランスを考慮した健全なイノベーションと、拙速で独断的な有害なイノベーションを明確にする必要がある。20世紀の戦禍を経験したフラーは、戦争や戦闘の本質的変化の認識には、軍事技術や兵器の変革だけでなく、政治的・社会的・経済的大変革に目を向ける必要性を強調した。換言すれば、多次元的な調整とバランスを求めていたのである。また、フラーの提唱した「機甲戦理論」が、第二次大戦の初頭において英国よりはドイツ、特にグデーリアンの電撃戦に影響を与え、さらに、北アフリカで英独の機甲戦が展開された事実は、原著の現代的意義として極めて示唆的である。

　翻訳者の中村好寿は防衛大学校卒業の後、陸上自衛官として防大教授、防衛研究所主任研究員等を歴任した日本を代表する軍人学者である。1975年に『制限戦争指導論』を訳出した後、1984年には『二十一世紀への軍隊と社会』（時潮社）を著わし、日本における「政軍関係研究」の先駆者となった。社会の分化・専門化と調整・統合機能を「同じ現象の盾の両面」と捉え、現代社会における軍隊の役割、専門職としての軍人の識能を問うた中村の著作は、フラーの戦略思想を基礎に置いている。フラーは軍事戦略や戦術だけでなく、18世紀から20世紀に至る欧州の政治的・社会的・経済的変革を視野に入れた戦争指導の変質に注目したからである。中村は、「訳者まえがき」において、戦いの制限と終結に寄与する軍事教義について、その解答の鍵は「産業社会から知識社会への変革が戦いに及ぼす衝撃の中にある」と指摘している。すでに、米国の社会学者モスコス（Charles Moskos）の『ポストモダン・ミリタリー』を予感させる。さらに、「中公文庫版訳者まえがき」では、情報革命と情報兵器の進歩が破壊や殺傷を効率的に行う手段として「消耗戦を繰り返させる」可能性を懸念し、「まさに2022年以降のウクライナ戦争はこのことを物語っている」と結論している。

　原著刊行後、60余年がたち世紀を超えて、解説者と訳者によって、再び現代的意義を与えられた好著である。（八木直人）

アンドリュー・クレピネヴィッチ、バリー・ワッツ『帝国の参謀——アンドリュー・マーシャルと米国の軍事戦略』(北川知子訳)日経BP、2016年

Krepinevich, Andrew, and Barry Watts. *The Last Warrior: Andrew Marshall and the Shaping of Modern American Defense Strategy.* New York: Basic Books, 2016.

背景・概要

　1973年から米国防総省のネットアセスメント初代室長として、2015年に退任するまで32年の長きにわたり、米国の軍事戦略と国防政策作成に強い影響力を持ってきたアンドリュー・マーシャルの評伝である。著者のアンドリュー・クレピネヴィッチとバリー・ワッツは、マーシャルが国防総省で育て上げたいわゆる「セイント・アンドリュー・スクール」(聖アンドリュー学派)の一員である。マーシャルは国防総省勤務の前は、シンクタンク「ランド研究所」に勤務していたが、クレピネヴィッチは、シンクタンク「戦略・予算評価センター」(CSBA: Center for Strategic and Budgetary Analysis)を創設し、ワッツは国防総省の計画分析評価室(PA&E)ディレクターを歴任した後、CSBAに参加した。二人とも米国の国防戦略と政策に強い影響を持つ人物である。

　原語タイトルの「最後の闘士」(Last Warrior)が示すとおり、マーシャルは冷戦期のソビエト連邦との軍事競争において、「コスト強要戦略」(cost-imposing strategies)を主導して、ソ連を崩壊に導いた影の立役者である。この評伝は、マーシャルと米国の戦略コミュニティが、どのような戦略的な発想と計算により、冷戦を勝ち抜いたかをマーシャルを中心に描かれている。

推奨ポイント

　本書は、冷戦における米国の国防戦略と政策策定の一側面を描いており、米国の国防に関わる政権内外の研究者が、ソ連との厳しい軍事競争にどのような知的努力によって向き合ってきたかを、マーシャルの知的活動の歴史を追うことで、知ることができる。ハイライトは、統計学を専門とするマーシャルが、ライバルのソ連および米国の軍事力とそれを支える経済力を、総合的かつ客観的に評価する手法を開発し、その分析を基に「コスト強要戦略」を米国政府に採用させた過程だ。これは現在の米国が、中国との長期的な競争関係についての戦略観を見る上でも参考になる。本書にはマーシャルの対中戦略観も示されている。

　マーシャルは、当時の米CIA(中央情報局)がソ連の軍事費用をGNP(国民総生産)の6~7%と試算していることに疑問を持っていた。マーシャルの友人で、

彼を国防総省の初代ネットアセスメント室長に起用したジャームズ・シュレジンジャー国防長官（ニクソン・フォード政権）は、当時、経済規模では米国の半分ほどのソ連が、GNP の 6~7% の国防費で米国と互角以上の軍事力を維持しているのであれば、奇跡が起こっているか計算間違いだと考え、マーシャルに試算を命じた。検証された国防費の GNP 比は、CIA の推計の二倍だったため、これによりソ連に対する長期的な米国の優位性が示唆された。

　現時点で振り返れば明らかだが、市場の機能を無視したソ連型の計画経済の欠陥は、当時の米国防総省幹部の軍人には十分に認識されておらず、ソ連の軍事支出には資源制約がないと思い込んでいた。マーシャルの分析と提言に着目したレーガン政権は、ソ連の軍事努力に過剰なコストを科す「競争戦略」を採用し、米国の国防支出の増大により、当時のソ連指導者はかつてない難しい課題に直面することになった。

　レーガン政権は、ソ連との戦略核バランスを重視し、カーター前政権が中止したB-1爆撃機開発を再開するなどの一連の政策を採用する。マーシャルは、ソ連の参謀本部は、1941年にナチスドイツの奇襲攻撃により軍用機を大量に失った経験から、高コストの防空システムに投資する傾向にあると考えた。そしてB-1開発により、ソ連は広範囲にわたる国境の防空への投資を強要されると想定し、米国の費用以上にソ連が消耗すると結論づけた。実際に米政府が根拠とした数字や政策は機密のベールに包まれており、B-1開発も一例に過ぎないが、これらのコスト強要戦略はソ連の崩壊と冷戦の終結をもたらすことに寄与した。

　本書の学問的なインプリケーションは、ソ連の参謀本部が必ずしも「合理的」なアクターではないと考えるようになったマーシャルの組織論の研究だ。マクナマラ国防長官（ケネディ・ジョンソン政権）が導入した「システム分析」が、「合理的アクター」を想定していたのに対して、マーシャルは、資源、文化、戦略などの定量化できない、つまり合理的ではない要素を考慮して分析手法を開発してきた。

　マーシャルは企業の組織的な行動を知るために、ハーバード・ビジネス・スクールの研究者とも交流し、政府の政策決定者の意図と、実際の政治的行動のギャップに着目し、意思決定について1）合理的アクターモデル、2）組織過程モデル、3）政府内政治モデルを検証した。当時、記録担当として参加したハーバード大学の学生のグレアム・アリソンが博士論文のテーマのヒントをもらい「決定の本質――キューバ・ミサイル危機の分析」（40頁に掲載）に繋がったことも付記しておきたい。アリソンも「聖アンドリュー学派」の一人である。（渡部恒雄）

ローレンス・フリードマン『戦争の未来——人類はいつも「次の戦争」を予測する』（奥山真司訳）中央公論新社、2021年

Freedman, Lawrence. *The Future of War. A History.* London: Allen Lane, 2017.

背景・概要

　本書は、人々が19世紀から現代まで、「次の戦争」をどのように考えてきたのかについて、当時書かれた書籍や議論などを題材に、いわば戦争についての未来予測がどのようになされてきたのかを描いたものである。著者によれば本書の最大の要点は「次の戦争についての議論が、実際には現在の政策についての議論であった」ことを示すことにあるという。次の戦争についての予測は、すべてとは言わないが、「その多くは外れている」。著者は過去の戦略についての議論を俯瞰的に論じることで、「戦争が人類の問題から追放されたわけではなく、回避されたわけでもない」ことを読者に示している。

　著者のローレンス・フリードマンは、「サー」の称号を持ち、マイケル・ハワードに代表される英国軍事史学の正統を受け継ぐ研究者である。1948年生まれ。マンチェスター大学、ヨーク大学卒業後、オックスフォード大学博士課程に進学。英国際戦略研究所（IISS）等を経て81年英王立国際問題研究所（チャタムハウス）政策研究長、1982～2014年、ロンドン大学キングスカレッジの戦争学部教授、現在は名誉教授。英国における軍事史・戦争学、戦略研究の第一人者である。

推奨ポイント

　本書は、注や参考文献を含めると531頁、本文だけでも433頁という大部なものだが、多くの事例やエピソードも含み、研究者だけでなく一般の読書人にも読みやすいと思われる。全体は25章からなっており、それが三部に分かれている。19世紀から冷戦時代までの、次の戦争についての予測と実際の戦争とを描いた第一部、戦争に関する科学的アプローチの登場から、テロや内戦といった、従来の戦争とは異なる事象が出現し、戦争についての見方が変革を迫られている状況を描いた第二部、そしてハイブリット戦争や、ロボット、ドローンの登場などによって、戦争の様相が大きく変化しつつある現在を描いた第三部で構成され、本書を読めば、戦争という事象がどのように変化してきたのか、人々にどのような影響を及ぼしてきたのかがよくわかるであろう。また、戦争に関する議論や考え方がどのように変化してきたのかも明らかにされている。まさに軍事史の大家で

あるからこそ書けた著作といってよい。

　本書で著者が明らかにしているのは、戦争という事象を客観的に見ることがいかに困難かということであり、人々が次の戦争を予測することにどれほど失敗してきたのかということである。無論、著者は戦争を客観的に見ようとする努力や次の戦争を予測すること自体を否定しているわけではない。第10章や11章に書かれているように、戦争についての一般的な定義や、客観的分析に必要とされる数字化というものが、いかに困難であり、それぞれの時代に即した戦争および戦争観などがあることを理解することが大切であるということを著者は述べたいのだと思われる。これは米国流の国際関係論と一線を画す、英国軍事史学の蓄積の中から導き出されたものである。著者が所属したロンドン大学キングスカレッジ戦争学部は、安全保障や軍事、戦争学研究において極めて重要な位置を占めているが、それは膨大な歴史研究を土台にしているからに他ならない。米国で発達した国際関係論も有益であるが、数値化に基づく客観的分析だけでは見えてこない問題があるということも認識してもらいたい。

　本書は、戦争についての歴史を追って書かれた単なる軍事史ではなく、現在の問題についての理解を深めるための、示唆に富む文章や、警句にあふれている。本書のタイトルでもある「戦争の未来」に関心がある人には、特に第三部をお勧めしたい。その中でも、将来予測の難しさを指摘した第24章「迫りくる戦争」と最後の第25章「『次の戦争』の未来」は示唆に富んでいる。第24章では将来予測がほぼ間違うという話から始まり、将来予測には五つの学派があると紹介される。それは「シナリオ発展学派」、「エマージング・テクノロジー学派」、「能力ベース評価学派」「新概念を戦略に見せかけた学派」「グローバル・トレンド学派」であるという。それぞれの学派の説明は本書を紐解いていただきたいが、アメリカで冷戦後にソ連に代わる「競争相手」を探した結果、日本が筆頭候補となり、日本を批判する様々な本も刊行されたが、すぐにそのトレンドは変化したという事例は、日本人にはよく理解できるエピソードであろう。

　現在最も関心が高いと思われるロシア軍のウクライナ侵略についても、本書は現在の戦争が始まる以前に書かれたものだが、第20章を読めば背景の理解に極めて有益であろう。本書の「もし敵側が予想以上に粘り強かったりすると、戦争では次第に非軍事的な要素の重要性が増してくる」という指摘を読むと、ウクライナがロシアに頑強に抵抗することによって国際政治の様々な問題が現出することに納得がいく。安全保障を考える重要性が一層高まった現在、読むべき本として推奨したい。（佐道明広）

マイケル・ウォルツァー『正しい戦争と不正な戦争』(萩原能久監訳)風行社、2008年

Walzer, Michael. Just and Unjust Wars: A Moral Argument with Historical Illustration.
5th edition. New York: Basic Books, 2015.

背景・概要

　正しい戦争などあるのだろうか。仮にあるとすれば、それはどのような戦争か。こうした問いに向き合う際、本書は恰好の手引きとなる。

　時代を超えて読み継がれることが古典の条件だとすれば、本書はすでに古典の名にふさわしい。ヴェトナム反戦運動への参加を契機として書かれたという1977年の初版以来2015年までに五つの版を重ねていることが、その証左である。本書は単著だけでこれまで20冊近くをものしてきたウォルツァーが40代前半で刊行した3冊目の著書であるが、80歳を迎えて最新版が刊行されている。なお、訳書は原書第4版（2006年刊行）の翻訳であるが、本編には初版以来変更がなく、序文のみがその都度書き下ろされている。

　もっとも、有名ではあるものの通読した人は意外に多くないという点を古典の条件として挙げられるならば、この点でもまた本書は条件を満たしているといえそうである。全5部19章にも及ぶ大部であることや、目次をみても各部・章のタイトルから内容が想像しにくいことに、その原因が求められるだろう。ただし、構成がつかめれば全体の内容を把握することはさして難しくない。

推奨ポイント

　そこで、以下、三つの推奨ポイントを挙げながら構成についても説明することで、読者の便宜に供することを目指したい。

　第一に、本書全体を貫く問題意識である。これは、初版序文と第1章から読み取れる。戦争に際して、当事者も観察者も、ある行為が正しいとか正しくないといった評価を加えている。評価が人によって異なることはあれども、道徳的な観点を意識して論じていることに変わりはない。そうした実態がある以上、戦争に正邪などないとする「リアリズム」を退けて道徳的な用語で戦争を論じる方がリアリティのある議論を展開できるのではないか。こうした問題意識ゆえに全章において古今東西の実際の事例が逐一参照されている（そして、膨大な事例が本書を読み進めるうえで、ときに読者の苦痛になりかねない）ため、それを真先に把握しておく必要がある。それとともに、「リアリズム」という強敵を論敵と見定めて対峙する姿勢が本書の議論に緊張感をもたらしていることも確認しておきたい。

第二に、本書が有する体系性である。例えば、第2章は、第2部（第4〜7章）の導入であり、戦争の目的の正しさ（ユス・アド・ベルム）に関する議論が展開される。侵略に対する自衛や集団安全保障は正当であるとして他に正当なものはあるのか、侵略への宥和は正当なのか等を読者は考えることとなる。同様に、第3章は、第3部（第8〜13章）の導入であり、戦争の手段の正しさ（ユス・イン・ベロ）に関する議論が展開される。耳慣れない用語や事例が出てきてもひとまず気にせずに両章を読み進めれば、本書特有の議論の進め方（第三の推奨ポイントで後述）に次第に慣れるとともに、第2・3部の理解も容易になる。第4部（第14〜17章）では戦争目的の正しさと戦争手段の正しさとの緊張関係（例えば、侵略に対する自衛戦争を遂行する者が侵略戦争を遂行する者が採る不正な手段によって敗れかねないとき、不正な手段に訴えることは許されるのか）、第5部（第18〜19章）では指導者や市民、兵士の戦争責任に焦点が当てられる。いずれも第2・3章、そして第2・3部の議論をおさえておけば、スムーズに読み進めることができるだろう。このように、前半の内容が理解できれば、後半は加速度的に理解が増す構成となっている。数章をめくって書棚に戻すのは、あまりにもったいない。

　第三に、独創的な議論を可能にする本書特有の議論の進め方である。本書は、既知のことから議論を始めて徐々に未知のことに迫っていくという立論スタイルを一貫して採用している。例えば、私たちが相対的に多くのことを理解している国内社会における犯罪について論じたうえで、国際社会における戦争についても同様に考えられるかを検討するといった論法である。ここで留意すべきは、ウォルツァーが単に国内類推で、つまり国内社会と国際社会との類似点にのみ着目する形で議論を進めているわけではないということである。安易な類推では分析対象の特徴を見逃してしまいかねない。対比によって類似点のみならず相違点をも把握するという周到な議論の運びにこそ本書の特長がある。独創的な議論を展開するには未知のものを分析する必要があるが、それを地に足がついた形でおこなううえで欠かせない論法だといえよう。

　筆者自身は10年そこそこの短い学究生活のなかで本書から度々示唆を得てきた。初読時には議論の進め方を学んだ。「人道的介入」について書く際には第6章と第3版序文、「正しい終戦のあり方」について書く際には第7章が着想の源となった。そして、いまロシア・ウクライナ戦争について書くため、第4・14〜19章を再読している。個々の論点への異論はあれども、その比類なき体系性と独創性ゆえ、本書は常に立ちかえるべき座右の書の地位を譲らないのである。
（中村長史）

ニコラス・ミュルデル『経済兵器──現代戦の手段としての経済制裁』（三浦元博訳）日経BP、2023年

Mulder, Nicholas. *The Economic Weapon: The Rise of Sanctions as a Tool of Modern War.* New Haven, CT: Yale University Press, 2022.

背景・概要

　本書は、戦間期における経済制裁の法的構造と国際政治における意義を歴史的視点から描くモノグラフである。タイトルにもなっている「経済兵器」という語は、経済制裁が戦争への対抗手段として考案されたという著者の評価に由来する。著者によれば、経済制裁が戦争の代替手段であり、リベラルな国際主義を擁護するために経済を管理する方法だという見方は一面的に過ぎない。むしろ20世紀初期の国際主義者たちは、制裁を通じて一般市民に対して威嚇と強制力を行使することによって、国際連盟を擁護し、侵略を非難する仕組みを創設したのである。そのインパクトの大きさは兵器に匹敵すると著者はいう。

　経済制裁が安全保障論の重要な柱の一つであることは言を俟たない。その範囲が広きにわたり、全体像を把握することは困難であるため、今日につながる経済制裁のメカニズムがどのような起源を持ち、どのような経緯で発展してきたのかを踏まえることが必要である。本書は経済制裁の構造的理解を深めるための一助となる。

推奨ポイント

　以下では、本書の内容を紹介したい。まず、第Ⅰ部「経済兵器の起源」において、著者は、第一次世界大戦時の経済封鎖から植民地帝国の取り締まり、そして戦間期のファシズムとの対決に至る経済制裁の利用を、広範な史料調査によって政治、経済、法律、軍事史的に追跡し、国際連盟がいかにして戦時における非軍事的な強制措置を平和維持の手段として用いるようになったかを描き出す。

　第Ⅱ部「経済兵器の正統性」では国際連盟がいかにして経済制裁の射程を見極め、その安定性を確保しようとしたかが論じられる。「経済兵器」の機能は、領土秩序の防衛にあった。もっとも、著者はその基盤が不安定な資本主義経済の上に成り立っていたことを実証的に示している。

　第Ⅲ部「戦間期危機下の経済制裁」で描かれるように、国際連盟の制裁メカニズムはユーゴスラヴィアやギリシアのような小国を抑制する手段としては有効だった。しかし、ドイツ、イタリア、日本の侵略を止めることはできなかった

し、むしろそれらの国の行動を急進化させることになった。経済ナショナリズムが高まる中で、平時の制裁は戦時に用いられる封鎖としての性格を帯びることになる。そして、制裁は、結果として国際社会の政治的、経済的分裂を加速させた。

戦間期の経験を通じ、国際連合では国際連盟の手続きよりも強力で、かつ軍事的措置との連続性が意識された制裁メカニズムが創設された。もっとも、ミュルデルは結論として、今日の経済兵器はパワーポリティクスによって第二次世界大戦以降も残された戦間期の創造物であること、それが1945年以降、その範囲と機能を変えて今日に至ることを述べている。第一に、経済制裁は自国の外交政策を実現するため、自国に対する安全保障上の脅威を抑止するため、そして違法行為を行った国や個人に制裁を加えるためなど、様々な目的によって行われる。その方法も輸出入や出入国管理、貿易や金融取引の断絶、指定された個人や法人の資産凍結など、多岐に渡る。第二に、経済制裁は20世紀において米国が、軍事的優位性、冷戦政治のイデオロギー的屈折、世界経済における米国金融市場の役割を背景として、頻繁に用いた経緯がある。そのため、経済制裁を外交手段として利用できる幅は広がっていった。

経済制裁は効果が限定的であるのにもかかわらず、今日、頻繁に用いられている。他方で、経済制裁は対象国等の財政状況のみならず、政治的、社会的、文化的な価値観にも影響をもたらす。そのため、経済制裁はもはや克服できないと思われる断層や泥沼をも生み出してきたことが指摘される。

本書の魅力はその包括的な視点だけではなく、膨大な史料に裏打ちされた詳細な事例研究にもある。制裁事例をめぐる精緻な描写は、読み応えがある。確かに戦間期とは異なり、冷戦終結以降の国連安保理体制においては、標的制裁を行うための仕組みが確立している。さらに、今日のグローバル化した国際社会では、貧困問題、途上国の治安など、国境を越えて影響を及ぼし、解決に協力が不可欠な領域が拡大している。また、中東、アジア諸国の経済規模が大きくなっており、米国と欧州だけで決定できる要素が限られていることも、主要な相違といえよう。そのため、経済制裁の目的や範囲、その効果も、戦争への対抗手段としての制裁とは異なる側面が大きくなっている。さらに、今日では友好関係条約、自由貿易協定や投資協定が数多く締結されており、経済制裁がそれらの条約に抵触することも、制裁のあり方を構想するときに踏まえられなければならない。これらの特徴を把握する上でも、本書が示した経済制裁の歴史的側面を理解することが有益である。（石井由梨佳）

タブー視されていた安全保障研究　神谷万丈

　国際安全保障学会が防衛学会として創設された1970年代初め頃の日本では、安全保障を論ずることがタブー視されていた。そのように聞いたことがある読者は少なくないであろう。だが、「タブー視」の意味を理解するのは、実はそれほど簡単ではない。なぜならそれは、当時の日本で安全保障の議論や研究が行われなかったという意味ではないからである。反対に、後に本学会の会員となるある研究者は、1970年の論考の中で、「安全保障論は、戦後日本の国論、国家政策論議における、終始一貫して、中心的議題の一つであった」と、その盛んさを回顧している。

　にもかかわらず戦後の日本社会には、安全保障を正面から論ずることを抑えつけるような風潮が、長く確かに存在していた。特に問題であったのは、安全保障の中核的要素であるはずの軍事や防衛をストレートに語ることをはばからざるを得ない空気が強かったことである。

　戦後の日本での安全保障論議は、長く「理想主義者」と「現実主義者」の論争を中心に展開した。前者が、社会主義を「進歩」、資本主義を「反動」とみる左派イデオロギーの影響の強い「進歩的文化人」を中心とし、平和に果たす力、とりわけ軍事力の役割を否定し、自国を防衛することの必要性にさえ疑義を唱え、自衛隊の廃止や日米安全保障条約の廃棄を主張したのに対し、後者は、国際政治では力の役割が重要であるとして、自衛隊と日米安保条約を認めることを主張した。

　そして戦後日本のジャーナリズム、学界、教育界では、長く「理想主義者」が主流であり、「現実主義者」はそれに対する少数派の抵抗勢力であった。そうした雰囲気の中で、安全保障に関して「進歩的」でも「理想的」でもない研究を行い、軍事や防衛の問題に踏み込んだ議論を行うことは危険であった。進歩派からの攻撃により、深刻な不利益を受けることを覚悟しなければならなかったためである。その意味で、安全保障研究にはタブーが存在していたのである。例えば永井陽之助は『平和の代償』（1967年）のあとがきで、「もし私が、いわゆる"現実主義者"であったなら、悪名高い防衛論議や戦略論など書かずに、米帝国主義を非難し、平和と正義の道徳感情に訴えるような理想主義的な一文を書いたであろう。」と述懐している。後に本学会第2代会長となる神谷不二が本書でも取り上げられている『朝鮮戦争』（1966年）で日本の研究者として初めてこの戦争が北朝鮮によって起こされたことを示した際には、進歩派から人格攻撃を含む理不尽な非難を浴びたという。

　冒頭で紹介した、当時の安全保障論の「活発さ」は、実はこのような「進歩的」ではない安全保障研究をタブー視する空気と圧迫に屈しなかった少数派の研究者の覚悟ある努力に支えられていたのであった。

　本学会が創設されたのは、まさにそのような状況下においてであったのである。先人たちの労苦と勇気が今さらながらしのばれる。

VII　核兵器と核戦略

D・G・ブレナン編『軍備管理・軍縮・安全保障』（小谷秀二郎訳）鹿島研究所・日本国際問題研究所、1963年

Brennan, Donald G., ed. *Arms Control, Disarmament, and National Security.* New York: George Braziller, 1960.

背景・概要

　本書は、1960年代初頭に米ソ間で核の「恐怖の均衡」が顕在化するなか、軍備管理・軍縮を国家安全保障政策にどのように位置づけるべきか、米国の核抑止論者や軍備管理論者が議論を重ね、米国科学アカデミーの後援のもとで研究成果として取りまとめたものである。当時、米ソの核戦力には数倍の格差があったが、双方とも熱核兵器の爆発実験に成功し、核弾頭数が両国合計で2万発に近づこうとする時期であった。一方、軍備管理・軍縮では1950年代後半から部分的核実験禁止条約（PTBT）交渉が始まっていたが、妥結済みであったのは南極条約のみであり、米ソ軍備管理は未だ手探りの段階にあった。こうしたなかで、本書は軍備管理の背景と目標、その基礎的要件、軍備競争の危険性、軍備管理と情報公開の原則、限定戦争の再評価、軍備管理の経済的意義、軍備の安定に必要な相互的措置、一方的軍縮、包括的な軍備制限の体系、核実験禁止の政策的検討、対ソ交渉、軍備管理計画への中国の包含、軍備管理と小国（英仏）の役割、軍備管理と査察技術、効果的な軍備管理のための世論の喚起、軍備管理における裁定と強制、米国の軍備管理政策論争、合理的でグローバルな安全保障体制と軍備管理、そして国際法と軍備管理という多様な視点を提供している。

　編者のドナルド・G・ブレナンは、1926年生まれ、1980年没の数学者である（数学博士、マサチューセッツ工科大学（MIT））。MITと米国防省の出資で設置されたMITリンカーン研究所において、電離層の数学的研究や電子回路システムの設計・研究などに従事しつつ、同学数学科で教鞭を執った。ブレナンは1961年にハーマン・カーンと共にハドソン研究所を創設し、以来、国務省、国防省、大統領府のコンサルタントを歴任し、米国政府のための調査研究を行った。なかでも国際安全保障に長きにわたり影響を及ぼす「相互確証破壊」（MAD）の命名者として、MADのシステムが失敗することで政策当局者に無辜の市民が核戦争の犠牲とならぬよう、その状況からの脱却を求めたことで広く知られている。

推奨ポイント

　本書の特徴は大きく三つある。まず第一に、本書は米国の外交・防衛実務者に

加えて、核物理学、安全保障論、核抑止論、心理学、核廃絶論などの様々な研究者として、いずれもその名を残す当代きっての俊英・碩学が様々な視座から軍備管理の推進の是非をめぐる諸課題を論じたことが挙げられる。これらはトーマス・C・シェリング、エドワード・テラー、ハーマン・カーン、モートン・H・ハルペリン、ヘンリー・A・キッシンジャー、エーリッヒ・フロム、バーナード・G・ベックヘファーなど枚挙にいとまがなく、それぞれの論旨も多岐に及ぶ。さらにレイモン・アロンを筆頭に欧州の有識者から得た書評を巻末に掲載するなど、極力、超国家的な観点で軍備管理・軍縮と安全保障を論じようとの配慮がなされており、こうした姿勢は今日においても稀有のものと言わざるを得ない。

　第二に、今日では外交・安全保障政策上、所与のものといってよい軍備管理・軍縮を、その是非から問い直す学術的な誠実さが、本書の端々に見られることに言及しないわけにはいかない。議論の方向性は様々だが、例えばブレナンは、軍備管理が米国の安全保障に資する一方で、いずれ安全保障の別な側面を悪化させる可能性があると論じることで、あらゆる可能性を俎上に載せ、それが結果的に学術的検討の成果に強い説得力を持たせている。

　第三に、本書が核抑止を真正面から議論した点も白眉であった。具体的にはキッシンジャーの「限定戦争の再評価」が盛り込まれ、将来の戦争を巡る核戦略支持派と通常戦力での在来型戦争支持派の議論の相剋が鮮明に表された。キッシンジャーは通常戦力を限定核戦争能力の補完と位置づけた上で、核攻撃が行われた時には①敗北、②全面戦争、あるいは③限定核戦争の選択肢があるとした。その上で、通常戦力と限定核戦争遂行能力を同時に構築しながら戦略理論を調整し、軍備管理交渉に進む必要があるとする一方で、これらのいずれかが欠けた場合には、軍備管理重視政策は転換されねばならないと論じている。

　本書収録論文に通底するのは、第二次世界大戦の大規模動員が未だ記憶に残る時代に、核抑止を手探りで構築しつつ、軍備管理・軍縮を通じて文明崩壊に至る核戦争を回避せんと碩学らが重ねた議論の峻烈さだといえよう。鹿島守之助氏が寄せた序文で、本書が平和のための完全軍縮論ではなく、国家安全保障の観点から軍拡競争を食い止め、文明の危機となる核戦争リスクを一掃するための研究書である旨記述されているが、同氏も述べるように核爆発は「中立」を考慮してはくれない。今を遡ること60年前に刊行された本書だが、再び核の脅威が顕在化し、「軍備管理の終焉」が問われる今日において、改めて安全保障と軍備管理・軍縮を再考する重要な手掛かりを与えてくれるものだといえよう。（一政祐行）

トーマス・シェリング『軍備と影響力――核兵器と駆け引きの論理』(斎藤剛訳)勁草書房、2018年

Schelling, Thomas C. *Arms and Influence.* New Haven, CT: Yale University Press, 1966.

背景・概要

　核兵器の登場は、戦争と平和の様相を一変させてしまった。核時代以前では、国家は戦争で勝利することを目指した。しかし、核時代では、全面戦争における軍事的勝利は不可能になった。なぜならば、核兵器の破壊力が大きすぎるからである。国家が核兵器で相手国を全力で相互に攻撃すれば、自国も敵国も破壊しつくされてしまうために、どちらも力ずくで相手を屈服させることなどできない。

　にもかかわらず、冷戦期において、アメリカもソ連も全面戦争で勝利をもたらさない核兵器の増強にまい進した。いったい、核兵器にはどのような効用があるのだろうか。本書は、こうした時代に出版された、主に核兵器の影響力を解き明かす古典的な学術書である。シェリングが本書で目指したのは、核兵器の戦争での使用法ではなく、国家間の駆け引き（バーゲニング）において、核兵器がどのような影響力を持つのかを解明することであった。換言すれば、彼は、核兵器の使用価値ではなく、その威嚇が国家指導者の意思決定に与える価値を明らかにしようとしたのである。

　著者のトーマス・シェリングは、1921年に生まれ2016年に死去した経済学者である。戦後の欧州復興を担うマーシャル計画の執行に携わり、トルーマン政権下でのホワイトハウス勤務時に博士論文を書きあげ、ハーバード大学から博士号を授与された。その後はイェール大学の教員を経て、ハーバード大学で教授職を長年にわたり務めた。晩年は、メリーランド大学の特別功労教授の職位にあった。2005年には、ゲーム理論による協力と対立の分析が評価されてノーベル経済学賞を受賞した。専門は、経済学やゲーム理論であるが、バーゲニング理論や核戦略論の発展にも大きく貢献した。

推奨ポイント

　本書のキーワードは、相手を「痛めつける力」である。核兵器といった軍備による威嚇は、相手に何かをさせない「抑止」にも、相手に何かをさせる「強要」にも使える。しかしながら、軍事力による暴力の脅迫は、うまくいくときもあれば、うまくいかないときもある。この重要な問いに、彼は、朝鮮戦争やベルリン危機、キューバ危機、ヴェトナム戦争において関係国間で行われた、暴力による

脅迫を通したさまざまな駆け引きを例に挙げながら、その答えを導き出そうとしている。

　本書は次の章から構成されている。①暴力という外交、②コミットメントの技法、③リスクの扱い、④慣用表現としての軍事行動、⑤極限の生存競争という外交、⑥相互警報の力学、⑦軍備競争という対話、である。本書を貫くテーマは各章のタイトルからはわかりにくいので簡単に解説すると、核時代において、軍事力とくに核兵器という暴力の手段は、国家の生き残りためにどう利用されるのか、ということである。ただし、本書は政策立案のマニュアルではない。シェリングは、「暴力という外交に潜むいくつかの原則を見いだそうとした」（同書、6頁）のである。もちろん、これらの原則は政策に応用できる処方箋である。

　暴力の脅しによる外交は、それが説得力を持てば有効であるが、それがハッタリと見なされてしまうとほとんど無効になってしまう。「コミットメントの技法」とは、その国政術である。小規模な軍事力を「仕掛け線」として展開することは、具体的な一つの方法である。敵国に対して、この部隊を攻撃したら、最悪の場合には核戦争にエスカレートするという恐怖心を与えて、その侵攻を抑止するのである。また、国家は弱腰であるとみられると、決意や評判に傷がつく結果、敵国にバーゲニング上の優位性を与えてしまう。したがって、暴力による外交では、国家は敵国に対して安易に妥協するのは避けるべきということになる。

　核のホロコーストの恐怖にさいなまれる外交は、若者同士が度胸を試す「チキンゲーム」のようなものである。このゲームでは、最初に引き下がった方が敗者になる。しかしながら、どちらも引き下がらなければ、結果は大惨事になる。共倒れになるリスクを避けながら、弱虫というレッテルを貼られるリスクを瀬戸際で負わない「リスク操作」という駆け引きが、核時代における外交の大きな特徴である。そして彼は、核兵器の「痛めつける力」を非脆弱な報復能力として運用すれば相互抑止に「安定性」をもたらすこと、これを使用しないという行動規範が「核兵器のタブー」として核戦争の防止に役割を果たしてきたと主張した。

　シェリングが本書で扱った「抑止」や「強要（強制）」、「瀬戸際政策」、「コミットメント問題」、「評判」、「攻撃と防御」、「タブー」といった概念は、安全保障研究の重要なテーマとなった。そして、多くの研究者が、これらに関する研究を発展させた。その結果、現在では彼のいくつかの主張は否定されているので、本書の議論を無批判に受け入れるべきではない。しかしながら、本書は、安全保障研究の重要なテーマの土台を提供した現代古典である。初版から約半世紀後も読み継がれる本書の価値は、少しも下がってはいないといえよう。（野口和彦）

ハーバード核研究グループ『核兵器との共存——いま何ができるか』(永井陽之助監修・久我豊雄訳) TBS ブリタニカ、1984 年

The Harvard Nuclear Study Group. *Living with Nuclear Weapons.* Cambridge, MA: Harvard University Press, 1983.

背景・概要

　1980 年代前半の米国では、NATO の二重決定、ヨーロッパにおける反核運動、核の冬、戦略防衛構想（SDI）などによる影響を受けて、核兵器をめぐる論議が再燃した。このような状況のもと、ハーバード大学のデレク・ボク（Derek Bok）学長の要請を受けて、「ハーバード核研究グループ」が核問題を検討した。その研究成果が本書『核兵器との共存——いま何ができるか』にほかならない。本書は「現代の中心問題に取りくんでいこうとする市民に援助の手を差しのべるため、必要な情報とともに、総合的な取組み方を伝授しようとするまじめな努力といってよい」(2頁) と記されている。実際、全米で大きな反響を呼んだ。

　ハーバード核研究グループのメンバーは、アルバート・カーネセール（Albert Carnesale）、ポール・ドティ（Paul Doty）、スタンレー・ホフマン（Stanley Hoffmann）、サミュエル・P・ハンティントン（Samuel P. Huntington）、ジョセフ・S・ナイ・ジュニア（Joseph S. Nye, Jr.）、スコット・D・セーガン（Scott D. Sagan）という、そうそうたる顔ぶれであった。メンバーの共通した問題意識、それは「はたして人類は、核兵器とともに生きていけるのか」(1頁) である。

推奨ポイント

　本書は、各章の副題において、核兵器に関する問いが読者に示されている。すなわち、「何が問題なのか」(1章)、「核の世界で新しいものは何か」(2章)、「核戦争はどのようにして起こるか」(3章)、「どうしてこうなったか」(4章)、「われわれは何を学んだか」(5章)、「バランスとはなにか」(6章)、「何のための核兵器か」(7章)、「何を選択するか」(8章)、「出来ることと出来ないこと」(9章)、「どこまで防げるか」(10章)、「選択の余地はあるか」(11章)、という問いである。本書は、これらの問いかけを通じて、核をめぐる問題を綿密に、かつ、慎重に考察している。

　11章の「核兵器とともに生きる」では、核兵器が使用されないためには、「倫理的規範」と「政治的現実」の双方を配慮しなければならないという。そのうえで、考慮すべき三つの道義的ディレンマ——(1)「核の先制使用」、(2)「目標の選

択」、⑶「抑止の構造」に関するディレンマ——があると指摘する。⑴のディレ
ンマについては、核使用のエスカレーションは道義に反するが、その行為がヨー
ロッパでの通常戦争を急速に終わらせることができるとすれば、道義的に許容さ
れるという。⑵のディレンマに関しては、たとえば、「深刻な危機に直面した
場合でも、双方の将軍たちが、こちらから先に核攻撃をしないと、逆に壊滅的打
撃をうけるおそれがあるということを理由に、戦略核兵力の総力をあげて攻撃に
でる緊急の必要があることをいくら説いても、それに賛成するものが一人もいな
いような状況をつくるにはどうしたらいいか」（379頁）と問いかける。⑶のディ
レンマに対しては、長期的には核抑止への依存度を低くするという前提条件の
もと、核戦争という大悪を回避できるのであれば、核抑止は道義的に許されると
主張する。

　そして、本書の締めくくりに、「人間の精神にとっての試練」として、「核のディ
レンマを抜けだす真に重要な手だては、完全に安全な、神話の世界への飛躍を
夢見ることではない。かつてアメリカがもっていた核の優位の再建とか、核兵器
の早期全面廃絶といった不可能なことを追い求めることでもない。最も重要な行
動は、今すぐとれる行動——世界をもっと安全にするための、控え目ではあるが
リアルな措置をとることである。それなしには、未来はまったく希望のないもの
となる。だが、こうした措置をとるかぎり、人類の進歩はつづく」（391頁）との
見解を示している。

　翻訳の監修者である永井陽之助は、「絶対悪か必要悪か」と題して、本書を解
説している。本書は「核兵器という必要悪との共生を説く、〝政治生態学〟の立
場にたった政治的リアリズムの書である」と評価したうえで、「核兵器がいずれ
廃棄されるという幻想に逃避することなく、また核戦争の不可避性という他の現
実逃避に向かうことのない、真のリアリズムは、核兵器という『悪』とともにし
ぶとく生きつづけること以外にない」（406頁）と説く。

　また、「本書は、核兵器を『必要悪』とする『抑止理論』の立場にたってい
る」ことから、「本書をつらぬく思想は、わが国の反核・平和運動にかかわる多
くの知識人から、つよい反発と批判をうけるだろう」（398頁）との布石を打つ。
しかし永井は、反核・平和運動に強い関心をもっているがゆえに、「たんなる感
情的反発ではなく、事実と論理にたった水準の高い論争がわが国でも起きること
を期待する」（同上）と力を込めて述べている。はたして、日本において、「事実
と論理にたった水準の高い論争」は起こった／起こっているのだろうか。永井の
期待はいまだ実現されていないようである。（佐藤史郎）

ウィリアム・ペリー、トム・コリーナ『核のボタン——新たな核開発競争とトルーマンからトランプまでの大統領権力』(田井中雅人訳)朝日新聞出版、2020年

Perry, William J., and Tom Z. Collina. *The Button: The New Nuclear Arms Race and Presidential Power from Truman to Trump.* Dallas, TX: BenBella Books, 2020.

背景・概要

「核戦争に勝者はなく、また核戦争は決して戦われてはならない」。1985年に米国のレーガン大統領とソ連のゴルバチョフ書記長による米ソ首脳会談の成果として記されたこの言葉は、今もなお広く共有されていることである。実際、1945に広島と長崎へ原爆が投下されて以降、戦時に核兵器は一度も使われてこなかった。だが、だからといって、世界が安全になったわけでもない。依然として、世界を破壊するには十分な量の核兵器が存在するからである。

本書を貫く問題意識は、現在もなお、世界は核戦争に陥ってしまう深刻なリスクに直面しているということである。筆者のウィリアム・ペリーは、カーター政権で国防次官やクリントン政権で国防長官を歴任し、冷戦期から冷戦後の米国の核政策や核戦略を第一線で形成してきた人物である。共著者のトム・コリーナは、民間の立場から核問題に長年携わってきた軍備管理、軍縮、不拡散の専門家である。立場や経験の違いを越えてペリーとコリーナは、米国の核使用をめぐる政策決定の歴史を振り返りつつ、核使用によってもたらされうる悲惨な結末を避ける必要性を訴え、そのために米国がとっていくべき行動への視座を提供する。

推奨ポイント

ペリーとコリーナは、冷戦期よりも現代のほうが核兵器の使用の可能性が高まっていると考えており、その危険性を、冷戦期の核政策を振り返りつつ、現代の状況と比較しながら指摘する。そこには、核政策、核抑止、核使用、核軍縮、核廃絶など、核兵器をめぐる課題について考える際のヒントが随所に散りばめられている。

第一に、核兵器は使ってはならないが、敵を抑止するために常に使えるようにしておく必要があるという考えが、現代もなお残っている点である。冷戦期に醸成された核心的な核政策は、米ソの核大国による対立が終わった現代においてもなお中心的な考えとなっている。ペリーとコリーナは、他国が核兵器を保有する限り、米国が核抑止力を持つことに対しては賛意を示す一方で、そもそも米国の核政策が誤った脅威認識に基づいていると指摘する。冷戦期における核使用は、

もっぱらソ連による奇襲攻撃であり、現代の核戦略や核態勢もこの考えに則るものが多い。しかしながら、現在の米国が抱える危険や脅威は、冷戦期と比較すると、より多岐にわたるものとなっている。

第二に、したがって、核使用の危険性は現代においても残っており、むしろその可能性は高まっている点である。いかなる核兵器も、戦略的なゲームチェンジャー（状況を変えるもの）である。いったん使われると、二度と使用前の状況には戻れない。それゆえに、今日における本当の意味での脅威は、核戦争にまで事態が拡大してしまうこととも言える。核兵器が意図的に使われる可能性がある一方で、事故や政治的誤算などによる偶発的な核使用の可能性も大いにありうる。

そして第三に、その核使用をめぐる米国の決定は、冷戦期より大統領の専権となってきたが、世界の破滅を招きうる判断を一人の人物に託してきたことの危険性は無視できない点である。米国には、核兵器の誤射や権限のない人物による発射を防ぐための管理システムは存在するが、最終的な決定を行う権限がある人物（大統領）の決意を止める手段はない。このような核兵器の使用に関する決定には、十分な時間的、心理的、そして物理的な猶予が求められるが、現代の制度ではこれらが不十分であると言わざるを得ない。

本書の最後でペリーとコリーナは、米国の核政策の今後のあり方についての具体的な十の提言を提示する。米国にとって核廃絶を達成することは、究極的には必要な政策ではあるが、その目標を達成するまでは核抑止が引き続き有効である。他方で、そういった最小限の核抑止を維持するためには、核兵器の近代化や増産は必ずしも必要なものではない。むしろ、米国の安全を担保していくためには、核使用の権限の制限や核態勢の変更を行っていくことが必要である。

これに加えてペリーとコリーナは、米国には核兵器を世界からなくす大きな責務があると指摘する。米国は核兵器を世界にもたらした国であり、これまで核兵器をめぐる国際政治の中心的な存在でもあったからである。それゆえに、米国は核軍縮に必要な大義を取り戻し、国際社会を牽引する必要がある。そのためには、米国の大統領が果たすべき役割と責任は、決して小さなものではない。

核使用は許されないが、安全保障上の理由から、敵を抑止するために常に使用できるように準備しておく必要がある。この考えこそが、核兵器の政治的かつ軍事的な影響力の大きさを象徴すると同時に、安全保障政策上の矛盾を生み出してきた。ただし、核兵器に係る問題は高度な政治レベルの課題に留まらない。市民の関与により現状を変えることも可能だとペリーとコリーナは指摘する。問題意識を共有し、核なき世界に向けて共に行動することが求められる。（向和歌奈）

マーティン・J・シャーウィン『キューバ・ミサイル危機――広島・長崎から核戦争の瀬戸際へ』全2冊（三浦元博訳）白水社、2022年

Sherwin, Martin J. *Gambling with Armageddon*. New York: Knopf, 2020.

背景・概要

　ウクライナを侵略したロシア大統領ウラジーミル・プーチンが開戦から現在に至るまで核恫喝を繰り返し、核兵器使用のリスクは冷戦期以来、最も高まっているとされる。本著がテーマとする1962年10月のキューバ危機は、そんな核リスクが厳然かつリアルに存在した冷戦時代において人類が最も核戦争に近づいた歴史的大事件である。そこから学び取れる現代的な含意と教訓は少なくない。

　キューバ危機に関する先行研究は無数にあるが、本著は核時代の幕開けとなる1945年まで時計の針を巻き戻し、強大な核戦力を誇示する米ソがどうして地球全体を破滅に陥れかねない死活的な事態を招いたのかという点を、両国の公文書や当事者証言を精査した上で極めて精緻かつ論理的に著述している。

　著者シャーウィン（2021年逝去、享年84歳）は日本への原爆投下に至る米国の政策決定過程を追った歴史研究（『破滅への道程』TBSブリタニカ、1978年）で先駆をなし、「原爆の父」ロバート・オッペンハイマーの伝記（共著）でピューリッツア賞を受賞した。上下巻で800頁にも迫る本著は、同時代史である核時代を冷徹に見詰め続けた老歴史家がまさに死力を尽くして書き上げた遺作である。

推奨ポイント

「歴史は、それがそのように生じる定めにあったから生じたのではなく、権力ある地位にある個人が特定の選択肢を選んだから、そのように生じたのである」

　本著にあるこの一節は、歴史を紡ぐに当たり個々のプレーヤーの判断や人間の営為に重きを置いた実証的史家の問題意識を明敏に物語っている。それはまた、著者が本著に込めたメッセージを読み解く鍵になると同時に、78年前は1カ国だった核保有国が9カ国に増大した現代国際社会への鋭敏な警句、さらには核と人類の現時点における位相ときたるべき未来を考究する上での箴言である。

「核のボタン」を握るのは、80億を超す全世界人口のほんの一握りの政治指導者にすぎない。しかし核がひとたび使われたら、人類全体にもたらす影響は計り知れない。核攻撃された側がどれほどの烈度で反撃するのか。仮に核で報復したら本格的な「核の投げ合い」が始まるのか。そんな核戦争と地球の行き着く先は。

危機のさなかに米大統領ジョン・F・ケネディとソ連最高指導者ニキータ・フルシチョフの脳裏に去来したであろうこれらの問いは、核時代の舵取りを行う者の決断、つまり「権力ある地位にある個人」が採る「特定の選択肢」がどれほど重大かつ深遠な意味を持つかを示唆すると同時に、誤った選択をした場合は取り返しのつかない代償をすべての人間にもたらす危険性を暗示している。

　この点は、本著が引用するドワイト・アイゼンハワー米大統領の特別補佐官ロバート・カトラーの言葉からも明白だ。「核物質を含む700万キロトンの集中爆発が気候、作物収穫サイクル、人口の再生産、世界全域の人口にどう影響するか、だれにも分からない……地球上の生命が絶滅しかねないことも考えられる」

　さらに本著は、政策決定に直接関与した当事者の肉声や、極度の緊張状態に置かれた現場兵士の動向に着目し、危機が収束した背景として「運」が大きく作用していたという史実の断面に分析の光を鋭利に照射している。

　例えば、キューバに向かうソ連の核搭載潜水艦が米軍との交戦状態に入ったと勘違いして核魚雷を発射しそうになった際、経験豊かで機知に富んだ名もなき乗組員がこれを阻止した事件が詳述されている。また、米外交界の大御所で元国務長官のディーン・アチソンの印象的な後日証言が次のように紹介されている。「戦争は『単なる気まぐれ』のおかげで回避された」

　そして本著の最大の特徴は、次の一節に集約されている。「（キューバ危機を米ソ）両超大国が1945〜62年の間に核兵器をどう利用したかという大きな地平のなかに組み入れてみると、危機を誘発した諸々の意図がはっきりする」。

　1945年7月のポツダム会談で、人類史上初の核実験後に核開発成功をあいまいに伝えた米大統領ハリー・トルーマンにソ連最高指導者のヨシフ・スターリンは激怒し、不信感を強めた。翌8月にあった敗北濃厚な日本への核使用を「ソ連への挑戦」とみなしたスターリンは米国の後塵を拝しながらも核軍拡競争に邁進、これに対し米国は欧州への核ミサイル配備でソ連をけん制した。こうした核恫喝のサイクルこそが米国本土と目と鼻の先にあるキューバへの核ミサイル搬入につながり、人類はまさに核戦争の瀬戸際へと歩を進めていった――。

　著者は核時代の教訓として語り継がれる「13日間」を核時代の「大きな地平」の中に位置づけることによって、今なお増殖し続ける核リスクと現在進行中の核軍拡競争に警鐘を鳴らし、こんな結語を最終章に刻んでいる。

「ヒロシマが残した歴史の遺産は、核兵器が絡む一つの偶発事件ないし誤算が、（スティムソンがトルーマンに指摘したように）『文明を破壊』、もしくは人類を絶滅さえしかねないという事実である」。（太田昌克）

ジョセフ・S・ナイ Jr.『核戦略と倫理』(土山實男訳)同文舘出版、1988年

Nye Jr., Joseph S. *Nuclear Ethics*. New York: The Free Press, 1986.

背景・概要

　本書は、核をめぐる道義的な問いに対して、筆者のジョセフ・S・ナイ・ジュニアが自らの答えを探すために書かれたものである。たとえば、被爆者による案内のもと、ナイは1976年に広島平和記念資料館を訪れている。その際、彼の脳裏から離れることができない問いかけを被爆者から受けた。「なにゆえに、あのように多くの罪のない市民が死ななければならなかったのか」(iv頁)との問いである。

　本書は主として一般の読者たちを対象としている。だが、その内容はきわめて高度である。決して「道義的な怒りに訴えるのではなく、核戦争の回避に道義的に強くコミットすることをうながす」(vi頁)ことに成功しているからだ。

　ナイによる著作は、『国際紛争——理論と歴史』(田中明彦・村田晃嗣訳)や『ソフト・パワー——21世紀国際政治を制する見えざる力』(山岡洋一訳)といったように、日本でも多く翻訳されている。本書『核戦略と倫理』は、日本で初めて翻訳されたナイの単著であった。土山實男による「訳者あとがき」では、ナイの研究軌跡が描かれているとともに、本書の意義と課題が簡潔に述べられていることから、刊行から40年近く経ったいまでも読み応えがある。

推奨ポイント

　ナイによれば、国際政治における倫理の余地について、「全面的懐疑主義者」、「現実主義者」、「国家道義主義者」、「コスモポリタン」という四つの立場があるという。全面的懐疑主義者は国境を越える義務は「ない」と考える。これに対して、国境を越えた義務を「無差別」に認めるのがコスモポリタンである。そして、国境を越える義務は存在するものの、それは「最小限」にすぎないと考える現実主義者や「限定的」と捉える国家道義主義者の立場がある。ただし実際には、現実主義者・国家道義主義者・コスモポリタンの三つの立場は重複しており、それぞれが「競合する道義的要請をバランスするために考慮されなくてはならない知恵の一部分をだしあっている」(54頁)。

　これら四つの立場のなかで、ナイはどの立場をとっているのだろうか。ナイは

自らを「コスモポリタン＝現実主義」であると述べる。すなわち、「歴史の現段階において、世界が国家によって構成されているという現実に拘束をうけているというそのかぎりにおいて、国境をこえた義務を認める」（54-55頁）という見方である。

そして、ナイは核の倫理について五つの公理を提示している（147頁）。すなわち、「動機」として、「（一）自衛は正当だが限界をもった大義名分である」。「手段」としては、「（二）核兵器をけっして通常兵器とおなじようにあつかってはならない」、また、「（三）無辜の民への被害を最小限にせよ」。そして、「結果」については、「（四）短期的には核戦争のリスクをさげよ」、「（五）長期的には核兵器への依存度をさげよ」と主張する。そのうえで、核兵器をめぐる優れた道義的推論をするためには、動機・手段・結果という三つの次元を比較考慮しなければならないと説く。

なお、四つ目の公理のなかで、短期的に核戦争を回避するための政策に関して、三つの立場があるという。核兵器の使用を防ぐために、「タカ派」は核戦力の増強を主張するが、それは相手国を挑発する危険性がある。「ハト派」は挑発を避けるべく、無制限な核戦力の増強を批判するとともに、安心供与などを試みる。しかしそのような行動は、相手国にとって宥和として捉えられてしまうおそれがある。心理的ストレスや偶発事故といった非合理的モデルにもとづいて核危機の状況を憂慮するのが「フクロウ派」である。タカ派・ハト派・フクロウ派は、「それぞれ事実のすべてではないが、一部をわかちあっている」（174頁）。

核の倫理の公理は、「すべての核のディレンマを解決しようともくろむものではない」が、「指導者たちに、かれらがほとんど時間的余裕がない緊急事態下で道徳哲学をとおして決断をせまられたとき、かれらが正しい判断をくだすうえでの直観の基礎となるものをあたえるものである」（192頁）。それだけではない。「民主主義社会の市民にたいして、これらの公理は、精神的な苦痛や自己満足を助長する悲観主義ではなく、むしろ、希望と道義的有効性をあたえるとともに、提案された政策の概要にかんしてその是非を判定し、かつ、それにどう対応したらいいかの判断の基礎をあたえるであろう」（192-193頁）と述べている。

本書『核戦略と倫理』が世に出てから約40年の歳月が流れた。現在、ロシアによるウクライナ侵略などにより、核兵器が使用されるのではないかとの懸念が高まっている。このような状況のもと、核の倫理を再考すべく、2023年の *Ethics & International Affairs*（Vol. 37, No. 1）では、ナイの論考を含む4本の論文が収められている。核の倫理は古くて新しい研究テーマなのである（佐藤史郎）

デイヴィッド・E・ホフマン『死神の報復——レーガンとゴルバチョフの軍拡競争』全2冊（平賀秀明訳）白水社、2016年

Hoffman, David. *The Dead Hand: The Untold Story of the Cold War Arms Race and its Dangerous Legacy.* New York: Doubleday, 2019.

背景・概要

　冷戦という現象に様々な側面があったことは度々指摘される。それは米ソによる軍事的対立であったと同時に、近代化モデルの競争であり、また地政学的な角逐でもあった。そうした中で、本書『死神の報復』は、改めて軍事的対立としての冷戦のありように新たな光を当てるものである。著者であるデイヴィッド・ホフマンは研究者ではなくジャーナリストであるが、それゆえにインタビューをフル活用して、史料に基づくアカデミズムが迫り切れてこなかった領域を存分に暴くことに成功している。

　本書が特に際立つのは、ソ連の生物兵器プログラムについて大きな比重を割いていることで、これが冷戦期の米ソ関係に及ぼした影響なども含めて非常に興味深い記述が多い。本書のもう一つの軸は、ゴルバチョフ政権期におけるソ連の核兵器開発プログラムと米国の戦略防衛構想（SDI）の関わりである。まだ研究の少ないこの時期を対象としていること自体も興味深いが、その中から浮かび上がってくるソ連の核戦略や、その中から生み出された自動報復システムの実態は、冷戦史および核戦略研究に新たな地平を開くものと言える。

推奨ポイント

　ソ連の生物兵器プログラムの実態は、ケン・アリベックのような亡命生物学者の証言を通じて、これまでもある程度は明らかにされてきた。本書でもアリベックの証言は活用されているが、新たなインタビュー取材を通じてその実態をさらに詳しく明らかにしたことが推奨ポイントの第一である。

　しかも、ソ連の生物兵器プログラムが米英の知るところとなっていたにもかかわらず、核兵器の削減を優先してこの事実が不問に付されていたことを本書は明らかにしている。これは、核戦力の均衡による相互抑止を中心として描かれてきた従来の軍事的冷戦史に修正を迫るものといえよう。これを推奨ポイントの第二として挙げたい。生物兵器の開発・生産・貯蔵・保有について戦時・平時を問わず包括的に禁止した生物兵器禁止条約（BWC）の締約国でありながら、ソ連がこれを全く遵守しようとせず、西側の査察に対してものらりくらりと言い逃れを図る様子も、2010年代以降の中距離核戦力（INF）条約違反をめぐるロシアの態

度を彷彿とさせるものがある。

　第三の推奨ポイントは、核兵器プログラムの描き方に関連している。

　スターリン政権期における核兵器・弾道ミサイル開発の草創期については、デーヴィド・ホロウェイの『スターリンと原爆』をはじめとして、優れた研究書がすでに多数出ている。これに続くフルシチョフ政権期についても、いわゆる「ミサイル・ギャップ」の実態やキューバ危機の実態に関して見るべき書物は多い。これに対してソ連の戦略核戦力増強が真の意味で軌道に乗ったブレジネフ政権期以降となると、史料公開がまだ限定されていることもあり、突っ込んだ研究成果は少ないようだ。特に冷戦最末期のゴルバチョフ政権期に関してはこの当時に開発された兵器システムの多くがまだ現役であること、核ドクトリンについても現在との連続性があることなどから、アカデミックな研究対象とはなりにくいようだ。

　前述したホフマンのジャーナリスティックな手法は、ここで大きくものを言っている。特にソ連の軍需産業を差配していたヤリニッチのようなキーマンへの直接インタビューを通じて、米国のSDIにソ連がどのように対抗しようとしていたのかを明らかにした点は、冷戦史研究への大きな貢献といえよう。SDIと同等の宇宙迎撃システムを開発する資金も技術もないソ連が「非対称アプローチ」を採用し、投射核弾頭数の増大によって対抗を図ったことはよく知られているが、この中には50発もの核弾頭を搭載した超重ICBM計画が含まれていたことを明らかにしたのはおそらく本書が初めてであろうと思われる。

　これに関連する第四の推奨ポイントが、報復に関するソ連の考え方を本書が暴いていることである。「死の手」システム、すなわち自動報復システムをソ連が開発していたことはそれまでにも知られていたが、これが具体的にいかなるもので、どのような核ドクトリンに基づいたものであったのかはこれまで今ひとつ曖昧であった。

　ホフマンの取材によれば、「死の手」は米国の欧州INF配備への対処策であったという。すなわち、欧州から発射される核ミサイルに対してソ連指導部が報復を決断するだけの時間的余裕を持てない場合でも、のちに指令ロケットが自動的に発射されてソ連全土の戦略核部隊が報復を行える体制があれば、危機事態において焦って報復命令を出す必要がなくなる、というのが「死の手」システムの根底にあるアイデアであった。

　これを理性と見るのか、狂気と見るのか。その境目は非常に曖昧である。冷戦時代のこうした空気を伝える資料としても、本書は独特の意義を持つ。（小泉悠）

佐藤行雄『差し掛けられた傘──米国の核抑止力と日本の安全保障』
時事通信出版局、2017年

時事通信出版局、2017年

背景・概要

本書は、露・中・北朝鮮という三つの核保有国に隣接し厳しい安全保障環境にある日本にとって、米国の核の傘の下に入ることが最適の戦略であるということを説くとともに、核の傘の信頼性の強化のために日本が何をなすべきかについて明快に述べた書物である。

本書が刊行された2017年は、北朝鮮が第5回及び第6回の核実験を行うとともにICBMを発射し、「国家核武力の完成」を宣言した年である。また、米国でトランプ政権が発足した年でもあった。このようなことから、日本を含む米国の同盟国の間では、米国の核の傘の信頼性に関する議論が盛り上がっていた。そして、ウクライナに侵攻を続けるロシアが核兵器の使用の威嚇を繰り返している今、核の傘の信頼性の確保は、更に重要性を増している。

著者の佐藤行雄は、1961年に外務省に入省し国連常駐代表（大使）として2002年に退官するまで、安全保障課長や北米局長時代を含め日本の安全保障政策に直接にかかわり続けた外交官であり、退官後は日本国際問題研究所の理事長や副会長を歴任し安全保障問題の専門家として活動を続けている。

推奨ポイント

本書は、1956年の「国防の基本方針」から2015年の「日米防衛協力のための指針」あたりまでの戦後日本の安全保障・防衛政策の変遷を振り返りつつ、米国による拡大抑止の信頼性の強化に向けた今後の課題を提示している。

本書について著者自身は、自らの経験を中心に書いたものであるとしている。実際に1976年のミグ25事件や1990年代前半の北朝鮮核危機などの際の記述は、政府の当事者でなければ分からない舞台裏を明かしていて興味深いが、本書全体は回顧録では全くない。あくまで日本の抑止戦略を論じたものである。また、冷戦期からポスト冷戦期にかけて長く日本の外交・安全保障政策に関与してきた著者ならではの記述に溢れているが、本書の扱う範囲は、著者が外務省に勤務した期間を越えて、自衛隊の発足前から始まり、近年の日米拡大抑止協議についてもカバーしている。記述の焦点は米国の拡大抑止であるが、日本の防衛力整備構想

や防衛予算の問題も含めて日本の安全保障政策全体を論じるものとなっている。

著者はまた、本書は学術的な論考ではないとしているが、抑止理論の基本をわかりやすく解説するとともに、日本の安全保障・防衛政策を抑止戦略の変化という視点から考察したものとなっており、日本のこれまでの政策を学術的に分析する上でも有益な手引きとなると考えられる。

本書は、以上のような意味で、戦後日本の安全保障・防衛政策の基本書としても十分に価値のあるものとなっている。本書が、政府の公式文書の対外的メッセージとしての意味を重視し、記述の手法として公式文書の表現の分析・評価に重点を置いている点も、本書の基本書的な価値を高めている。

さらに、本書は、日本が唯一の被爆国としての立場から核軍縮を提唱していくことの重要性を指摘する。核兵器をつくる能力を持ちながら非核政策をとっている日本の姿勢を、核兵器国間の軍縮交渉に対する一定の発言力に変えていこうという考えに立ち、関係国の安全保障を損なわないような現実的かつ実践的なアプローチを追求するという立場で全体が描かれている。著者は、日本国内で、国際核軍縮を追求する人たちと国家安全保障に関心を持つ人たちとが別個の言論空間をつくり相互の交流もほとんどないという状況を憂え、「核なき世界」の理想と国家安全保障の確保をともに進めるべきと訴える。貴重な指摘である。

本題の米国の拡大抑止の信頼性の中心的な課題は、「米国はニューヨークを犠牲にしてまで本当に東京を守るか」という問いに対してどう答えるかということである。これはおそらく永遠の問いである。同盟国同士とはいえ国益が完全に一致するわけではない以上、100％の信頼は本来あり得ないからである。しかし、それは拡大抑止が無意味な概念だということにはならないし、他の選択肢よりもずっとましなものである。そのことを本書は読者に教えてくれる。

すべては日米双方の努力にかかる。傘を差し掛けられているというと、差し掛ける国の一方的な行為のように思われがちだが、実はそうではない。日本は米国に守ってもらっているのではない。日本を守るのは日本であって、そのための一つの手段として日米同盟協力があるのである。拡大抑止もその一環であり、相互協力という要素を抜きにしては考えられない。

とすれば、米国が信頼できるか否かなどと考えをめぐらせるよりも、米国にとって日本が頼りになる同盟国となることの方がよほど重要である。頼りがいのある同盟国になるためになすべきことはいくらでもある。本書は、こうしたことをわかりやすく語りかけており、日本人に議論の素材を数多く提示している。（徳地秀士）

高田純『核爆発災害──そのとき何が起こるのか』中央公論新社（中公新書）、2007年

　広島には爆発直下500メートル圏内に78人の生存者がいた。彼らはなぜ死を免れることができたのか、その後の人生はどうなったのか。本書は科学的なエビデンスを基に、核爆発災害の中で生き残るための術とは何かを引きだす。

　核物理学者の高田純は1954年に生まれ、広島大学大学院で、後に札幌医科大学で研究と教育を重ねた。高田は核災害や放射線防護をテーマに数多くの書籍を執筆してきた。その中でも本書は、核爆発を科学的に説明し、核被害の実相を広く紹介した最も教科書的な作品になるであろう。

　第1章で被災者の生きざまも交えて広島の爆心地を描き、第2章は戦後の核災害である第五福竜丸事件、米国のマーシャル諸島での一連の核実験、ソ連・セミパラチンスクでの核実験（後年、高田自身が現地線量調査を実施）を振り返る。第3章は核爆発の物理的説明と臨床症状に本書の最も多くの頁を割いている。第4章は核兵器と技術の進化をたどり、第5章で被害と防護のシミュレーションとして東京都心への核攻撃が描かれる。最後に、国民の自衛策と政府の課題が示され、今読むと刊行からこの17年間の取組みの進展や停滞を考えざるを得ない。

推奨ポイント

　ところで国際安全保障学会には政治学や法学など社会科学者が多く、理工学や医学系の研究者は非常に少ない。だが、安全保障に関する研究テーマは広く、文理間の交流と共同作業も望まれる。また、安全保障から戦時や危機時の民間防衛の領域は切り離せない。もし国民が放射線、バイオ、ケミカルの基礎知識や、爆傷と銃創への応急的な対処、そして避難の在り方に全く無関心であれば、有事の到来とともに社会は大混乱に陥り、敵と戦うどころではなくなる。しかし日本社会には、「文系か理系か」という大人になっても抜けきれない奇妙なアイデンティティにこだわる人が多く、加えて、安全保障は外交官や軍人や政府首脳の仕事だから自分には関係ないという"おかみ任せ"的な意識も根深く、それらによって1人1人が持つ潜在的能力を自ら封印してしまい、国家全体の有事対応力が向上しない、と筆者は悲観的に考えている。

　その観点から本書を紐解くと、安全保障は国民にとって身近な問題であり、被

災時のリスクを科学的に考えねばならないと改めて勇気づけられる。何よりも国民が有事に適切な行動をとるためには、その前提として関係機関の連携やリスクコミュニケーションが平時から機能していなければならない。被害想定を直視しそれを局限化する民間防衛の理論と実践が、国際政治のリアリズムとは別の、"もう一つのリアリズム"として必要になる。それが行間から伝わってくる。

　本書のユニークさは、都心での空中核爆発と地表核爆発それぞれの被害シミュレーションと、生存率を高めるための自衛策を提示した点にある。刊行当時は相当に斬新な試みであった。今では内外の研究機関から詳細な核攻撃の報告書も出ており、東京に限らずどこでも核兵器の威力を自由に選択して被害想定を出すシミュレーターも知られている。被害想定さえあれば、それを元に、（本書では書かれていないが）関係機関——医療、警察、消防、自衛隊、海上保安庁、地方自治体、放送や通信ほかインフラ事業者など——の役割を時系列的に描く作業に移れる。爆心地での行動は制約されるであろうが、周辺地でやらねばならないことは多岐にわたる。こうしたシナリオ作成の学習効果は測り知れない。筆者が授業でシナリオ作成を課すと、濃密でオリジナリティ溢れる作品が毎年生まれ、学生の書いたシナリオ通りに関係機関が動けるのか否かを検証する議論も盛り上がる。

　日本は世界で唯一原爆を落とされた国であり、今では攻撃的な三つの核保有国に囲まれている。そのわりには核爆発のみならず、有事にどうすべきなのかを、誰も相応に考えてこなかった。反核や反戦平和思想によるものか、はたまた言霊の呪縛か、否それだけが阻害要因ではない。被災と防護をセットにした研究が進まず、戦後生まれの国民に有事のイメージが具体化されなかったのも一因であろう。筆者にも罪悪感がある。大学1年の時にハーマン・カーンの『考えられないことを考える』を読んで強烈な拒否感を抱き、最悪事態とは映画的なものにすぎないとして現実から排除していた。抑止論を信じてきた。現在は心を入れ替え、国民保護行政に関わり、身近での武力攻撃や大規模テロを可視化して最適対応を模索している。筆者が高田純に初めて会ったのも国民保護の会合だった。核物理学の知見を国民に還元する、そのスタンスを貫いてきた高田は、ときに癖のある政治的言説も目につくが、紛れもなく知行合一を実践してきた研究者である。

　核以外でも科学の裏付けと行政や事業者の実態を踏まえたリアリズムの立場から、実践的な防護策や政策提言が様々な専門分野から出され、多くの国民がそれらに啓発され行動する、その姿こそが安全保障研究が実を結んだと言える最終段階であろう。本書はそれを目指した先駆的な1冊として記録されねばならない。
（宮坂直史）

ブラッド・ロバーツ『正しい核戦略とは何か──冷戦後アメリカの模索』
（村野将監訳）勁草書房、2022年

Roberts, Brad. *The Case for U.S. Nuclear Weapons in the 21st Century.* Stanford, CA: Stanford University Press, 2015.

背景・概要

　米ソ冷戦という核大国間の対立は、一歩間違えれば人類の存亡につながりかねない深刻な問題であった。それゆえに、冷戦期には官民学の垣根を越えた様々な分野の専門家によって、核戦争を回避するための方策が議論され続けてきた経緯がある。ところが、冷戦の終結とともに核戦争の恐怖が去ると、核戦略や抑止をめぐる問題への関心は急速に失われてしまい、安全保障の焦点は、地域の民族紛争や予防外交、あるいは対テロ戦争や核不拡散のような非対称脅威に移っていった。

　しかし2010年代以降、核をめぐる国際安全保障環境には次々に新たな問題が生じている。北朝鮮による核・ミサイル開発の進展、中国の多様な対米介入阻止能力の拡充、そして核の脅しを背景としたロシアによるクリミア併合（とその後のウクライナ侵攻）などである。

　こうした状況に早くから警笛を鳴らしてきた著者のブラッド・ロバーツは、冷戦期の議論や政策実務から得られた教訓を手がかりに、北朝鮮、ロシア、中国が構築しようとしている核戦略を詳細に分析し、米国と同盟国に求められる対応策やその課題を提示している。

推奨ポイント

　本書を推奨するポイントは主に四つある。

　第一に、ポスト冷戦期における米国の核政策・核態勢の変遷について、バランスのとれた解説がなされている点が挙げられる。筆者は、オバマ政権の国防次官補代理（核・ミサイル防衛政策担当）として、2010年の核態勢見直し（NPR）や弾道ミサイル防衛見直し（BMDR）などを主導したほか、日米拡大抑止協議の設置に尽力した人物である。そのため本書からは、「核の危険性を減らし、将来的にはなくしていくための政治的努力と、核の脅威が残っている限り、それを抑止するための軍事的努力とのバランス」を両立させることを模索した、米国政府における政策論議の背景を読み取ることができる。筆者は、党派を問わず多くの政策実務者や軍人、さらには意見が異なることも少なくない軍備管理や軍縮の専門家からも尊敬と信頼を集めており、公職を離れてもなお、政府内での会議や議会公

聴会などで意見を求められている。実際本書は、原書の出版以来、様々な論文等で引用されているほか、2016年には全米図書館協会が選出する優良学術書籍に選出されるなど、現代核戦略論の教科書的な位置づけがなされている。

　第二は、核武装した現状変更国（北朝鮮、ロシア、中国）が米国と同盟国にもたらす課題について詳細な分析、検討を試みているという点である（第2〜5章）。これにあたり、筆者は冷戦期の対ソ戦略を検討する過程で生まれた「セオリー・オブ・ビクトリー（勝利の方程式）」と呼ばれる概念――望ましい政治目標を達成するための戦略、戦術、能力などを結びつける一貫した考え方――を分析枠組みとして用いている。北朝鮮、ロシア、中国は、（その細部に違いはあるものの）核をちらつかせた脅しや強制を背景に米国の核使用を抑止しつつ、米国が介入意思を固める前に現状変更や既成事実化を達成しようとする、おおむね共通したセオリー・オブ・ビクトリーを構築しようとしていると考えられる。一方、冷戦終結以後の米国は、中東のテロリストや核を持たない小中規模国家などの軍事的に弱い敵とばかり対峙していたがゆえに、自らにとってのセオリー・オブ・ビクトリーを構築することを疎かにしてきた。今日米国の戦略コミュニティにおいて、同概念の重要性が再考されるようになっているのは、本書によるところが大きい。

　第三に、欧州と北東アジアにおける拡大抑止（第6、7章）と安心供与をめぐる問題（第8章）が詳細に論じられている点も見逃せない。米国が拡大抑止を強化するために、NATO（北大西洋条約機構）や日韓との間で実施している措置は、核兵器の配備態勢や能力に関する取り組み（ハードウェア）と、その運用や計画立案に関する制度・協議枠組み（ソフトウェア）という二つの要素から成り立っている。こうした概念的整理が一般化したのも、著者の整理によるものである。

　第四に、本書の日本語版には、2015年以降の情勢変化（米中関係の悪化、トランプ政権の影響等）と日米同盟への含意をまとめた新しい終章が追加されており、事実上の第二版（改訂版）と言える内容となっている。

　なお本書は、2022年2月以降に生じたウクライナをめぐる情勢を直接扱っているわけではないが、そこで浮き彫りとなった論点や課題については、本書全体を通じて徹底的な検討がなされている。日本の読者は、こうした議論が2015年の段階ですでに行われていたことにむしろ驚かされるかもしれない。しかしそれは、課題が明らかであったにもかかわらず、具体的な備えが間に合わず抑止に失敗してしまったということでもあり、安全保障学が実践の学問であることを再認識させられる。台湾有事や朝鮮半島有事の後、忸怩たる思いで本書を読み返すことは避けたい。（村野将）

平和のための軍事力　神谷万丈

　先の大戦は、日本人にとっては悪夢以外のなにものでもなかった。信頼を寄せていた軍の暴走により国土は灰燼に帰し、日本は歴史上初めて他国の占領下に置かれて独立を失った。戦後の日本人が軍事力に対してきわめて強い警戒心と拒否的感情を抱き、「平和国家」を志向するようになったのは当然のことであったと思う。

　だが、「平和国家」が日本と世界の平和を希求する国のことであるならば、単に軍事力を拒否するだけではそうした国になることはできない。なぜなら、平和はそれを築き維持するための努力なしには手にすることができず、そうした努力には軍事力の役割が不可欠だからである。

　確かに軍事力は危険なものである。人を殺傷し物を破壊することをその本質的な機能とする軍事力は、平和を破壊するための道具となり得る。今われわれが目の当たりにしているウクライナの惨状も、ロシアの軍事力によってもたらされたものに他ならない。だが、軍事力にはもう一つの側面がある。その危険な道具を正しく使いこなさなければ、平和を実現することができないのが人間社会の現実だということである。力によって支えられない平和はあり得ないからである。

　軍事力にこうした二面性があることは、世界では常識となっている。だが戦後の日本人には、平和のための軍事力の役割を認めたがらない傾向が長くきわめて強かった。先の大戦の記憶から、平和と軍事を180度正反対の相容れない概念とみる見方が強かったからである。だが実際には、軍事力は使い方によっては平和を壊す道具にもなれば、平和を守るための道具ともなるのである。

　「戦争は絶対にいけない」。戦後の日本人には、そのような意識が今日でも強い。だが、世界での常識はそうではない。戦争はできるだけ避けるべきものだが、世の中には「必要な戦争」を戦わなければならない時も存在する。こうした考え方が、政治的立場を超えて広く共有されているのである。かつて、米国を代表するリベラル派知識人でベトナム反戦運動への参加などで知られた作家スーザン・ソンタグが、コソボ戦争に際してこの立場から北大西洋条約機構（NATO）によるセルビア空爆を肯定し、彼女に絶対的な武力行使反対の言辞を期待していた日本の「平和主義者」を愕然とさせたことが思い出される。「なかには正義の戦争だとみなしうる戦争も、きわめて少数ではあれ、たしかにあります。戦争という手段をとらなければ、武力による侵略をやめさせる道がないという場合に限って。」と彼女は述べた。そして、戦争を起こさない、ジェノサイド（大虐殺）を起こさないことは大切であるが、戦争それ自体が大虐殺を引き起こすのではなく、大虐殺を阻止するためには戦争しか方途がない場合があることを説いた（『朝日新聞』1999年7月14日夕刊）。

　軍事力の危険性を認識しつつ、それが平和のために果たす役割を直視する。成熟した安全保障論の根底にあるべき考え方であろう。

VIII 内戦・テロリズム・サイバー・テクノロジー

デイヴィッド・アーミテイジ『〈内戦〉の世界史』（平田雅博・阪本浩・細川道久 訳）岩波書店、2019年

Armitage, David. *Civil Wars: A History in Ideas.* New Haven, CT: Yale University Press, 2017.

背景・概要

　内戦（civil war）は現代世界が直面する深刻な課題の一つであり、それについて研究を行うのに意義があることを否定する者は少ないだろう。しかし、内戦に関する研究には多くの困難がともなう。その結果、著者によれば、「内戦は理論化が遅れていて、一般化も難しかった」（4頁）。著者の議論も踏まえて整理すれば、内戦に関する研究の難しさは、少なくとも以下の二点に基づくと考えられる。

　まず、内戦を定義することの難しさがある。著者が端的に指摘するように、「内戦の定義は、万人を満足させたり、疑問や論争なしに使われたりしたことは一度もなかった」（10頁）。内戦と騒乱や暴動の境界はどこにあるのだろうか。内戦にはしばしば国外の勢力が介入し（あるいは引き込まれ）、「国際化された内戦」となるが、「外戦」と「内戦」はどこまで区別できるのだろうか。

　そして、内戦という言葉が本質的に帯びる政治性がある。往々にして、内戦という言葉を使うか否かということ自体が特定の政治的立場を反映したものとなる。既存の政府は、実際は内戦に相当するものを、正当な権威に逆らう反乱や非合法的な蜂起だと非難するだろうし、逆の立場からは、自分たちの闘争は革命や自決権の行使だという主張がなされるだろう。アメリカ独立革命やフランス革命についても、同時代にはそれらを内戦と捉える見方は珍しいものではなく、近年の研究でも、それらが内戦としての性質を持っていたと論じるものは少なくない。

　著者のデイヴィッド・アーミテイジは1965年生まれの歴史家である。1992年にケンブリッジ大学で博士号を取得した後、コロンビア大学での勤務（1993～2004年）を経て、現在、ハーバード大学の教授を務めている。専門は思想史、国際関係史で、グローバル・ヒストリーや海洋史研究の牽引者でもある。現在の世界を代表する歴史家の一人であり、本書は5冊目の邦訳書となっている。

推奨ポイント

　本書の大きな特長は、古代ギリシャ、ローマから始まり、21世紀初頭に至る長期間を扱っていることである。本書はまた、内戦に関する思想史として貴重であり、グローバルな視野の広さも併せて、著者の力量が随所に示されている。

以下では、本書の三部構成に沿う形で、いくつか主要な論点を紹介したい。第一部「ローマからの道」では、古代ローマで内戦という概念と用語が発明されたことが明らかにされる。ローマで一連の内戦が始まったのは、紀元前88年に執政官スッラが軍隊の先頭に立ちローマに進軍した時である。カエサルも、前49年にルビコン川を越えて自軍をローマに向かわせ、内戦を起こした。内戦を意味するラテン語は「ベッルム・キウィレ（bellum civile）」であり、「キウィレ」（市民の）――英語で「シヴィル」――と呼ぶことも、戦っている相手によって戦争に名前をつけるローマ人の慣例に基づいている。そしてローマ人たちは、同胞市民の間の戦争を意味する内戦という言葉を、不本意に、恐る恐る用いた。

　第二部「初期近代の岐路」では、ローマの弁論家、詩人、歴史家の内戦に関する概念や用語が、古典語の教育を通して、初期近代の政治思想家に強い影響を及ぼしたことが詳らかにされる。グロティウス、ホッブズ、ロックらは、伝統的な内戦の概念を初めて本格的に再検討したが、そうした努力は古典古代の先人たちとの対話という形でなされた。例えば、ホッブズは、1629年にトゥキュディデスの著作『ペロポネソス戦争についての８巻』の翻訳（ギリシャ語原典からの初めての英訳）で出版の仕事を始め、晩年の1670年には、ローマ・モデルに部分的に着想を得たイングランドの内戦の歴史を刊行した。18世紀には、スイスの法思想家ヴァッテルが内戦の概念を革新した。彼は、人民を武装蜂起させるほど主権者の要求が受け入れがたい場合、内戦を引き起こした反乱勢力は交戦国として承認され、戦争法の適用対象になり得ると論じた。ヴァッテルの『諸国民の法』（1758年）は、アメリカ独立革命期の建国の父祖たちに大きな影響を及ぼした。

　そして、第三部「今日への道」では、19世紀半ば以降、グローバルなつながりが強まり、「内」戦が意味していた旧来の範囲が疑わしくなる状況下での内戦の変容が論じられる。ヴィクトル・ユゴーは、『レ・ミゼラブル』（1862年）で、コスモポリタンな世界にあっては内戦の意味が変わりつつあることを、主人公に熟考させた。20世紀を通して、少なくともヨーロッパでは、二つの「世界」大戦の連続性を描写する手段として、「ヨーロッパの内戦」という用語が、自由主義者やマルクス主義者の関心を一様に引いた。21世紀初頭においては、アルカイダのような国家横断的なテロリストとアメリカやイギリスのような既存の国家主体との紛争を意味するのに、「グローバルな内戦」という言葉が用いられている。内戦について思想史的に――または他のアプローチを用いて――探究することは、安全保障について学び、研究するための尽きることのない教訓に満ちているといえる。（小川浩之）

バーバラ・F・ウォルター『アメリカは内戦に向かうのか』(井坂康志訳)東洋経済新報社、2023年

Walter, Barbara F. *How Civil Wars Start: And How to Stop Them.* New York: Viking, 2022.

背景・概要

　アメリカが「内戦」に陥るという考えは荒唐無稽かもしれない。ところがその可能性は存在し、しかもそれは日増しに高まっていることを、学術的な知見から論じたものが本書である。著者はカリフォルニア州立大学サンディエゴ校（UCSD）の教授だが、専門は世界の「内戦」（civil war）でフィールドワークやデータ分析を使って研究してきた人物だ。そもそも内戦に関する研究というのは冷戦後から本格的に始まったものであり、米ソ冷戦時代のイデオロギー的な対立が終わったあとに中東や南米、アフリカなどで突如として頻発した事態に、国際政治学者たちは内戦に関する体系的な知見がないことに気づき、その必要性から内戦に関するデータを収集するところから学術的な知見が体系化され始めた。

　原著者は、そのような冷戦終了前後から研究を始め、その後この分野の研究の成熟とともに過ごし、CIAと共同研究を行っていたが、トランプ政権前後から米国内の政治的な暴力事件を目撃することになり、自分の研究分野の知見が不気味なことにそのまま祖国のアメリカにも当てはまることに気づいたことが執筆動機となったという。

推奨ポイント

　本書の読みどころは三つある。第一に、内戦研究の知見が豊富な事例とともに語られることだ。とりわけ全8章あるうちの最初の5章は、彼女のフィールドワークを交えた事例の紹介に費やされており、原題の「内戦はどのように始まるのか」（How Civil Wars Start）についての説明が繰り返される。その部分は邦題とのギャップが大きいのだが、後半の3章で米国に当てはめる作業に移るので、読む際には注意が必要となる。

　本書は実に読みやすい。それは原著者が内戦の起こった現地にまで徹底してフィールドワークを行い、そこで人々の生の声を拾い上げていることからもわかる。たとえばボスニア、ウクライナ、イラク、シリアなどにおいて、現地の人々が、本格的に銃撃戦が始まるまではその分断に気づかず、ほとんどの人々が「突然始まった」と率直な感想を述べているところや、北アイルランドにおける長年

の対立を描写した箇所などは、世界の別々の地域ながら、著者の目指す内戦の共通因子や「パターン」を見つけ出そうとするドライな試みに血を通わせるストーリーを提示していくやりかたが読みやすさや説得力を生み出している。

　第二に、なぜアメリカで内戦の可能性が高まっているのか、そのメカニズムを明快に提示していることだ。原著者は内戦が起こりやすい国の傾向として二つの要件があり、①国家が「成熟した民主制度」と「完全な独裁制」の中間にある、②国民の間に人種や文化の面で深刻な分断があること、と指摘している。北朝鮮のような独裁国が内戦が起こらず安定しているのはわかるが、米国のような民主的な国でさえトランプ政権の頃から活発になったSNSなどを使ったデマや過激な意見の普及のおかげで本書では「アノクラシー」と呼ばれる中間的な政治体制に移行してしまったとされる。

　さらに原著者が問題視するのは「政治の二極化」よりも「派閥政治」である。民族、宗教、土地によって集団が形成され、特定政党が他を収奪し、政敵を切り捨て、自身と一部の支持者のみのために政策を実施する、いわゆるアイデンティティー・ポリティクスの極端化が危険であり、しかもスマホの普及によるSNSの活用は派閥政治を加速させるので危険だというのだ。

　さらに興味深いのは「主流派たちの喪失感」が内戦の動因となることを指摘している点だ。戦略爆撃や自爆テロなど、安全保障の問題に定量分析を活用することで有名なシカゴ大学のロバート・ペイプ（Robert Pape）は、2021年の1月6日に発生した連邦議会議事堂襲撃事件で起訴された人物をすべてプロファイリングし、その大半が白人の富裕層の男性であり、共通項として自分たちは（有色人種に）社会的地位を奪われていると証言しているという報告書をまとめている。つまり主流派の危機感の現れなのだが、これは内戦発生の条件に合致し、現在の米国はその可能性が高いという、不気味だが納得できる主張が提示される。

　第三に、その解決法を明確に示していることだ。原著者は米国の第二次内戦を回避するには著者はSNSを規制しつつ「南アフリカ式の改革を目指せ」としている。ただしこれは本書で主張される「主流派が感じる喪失感が内戦につながる」という原則と、米国連邦議事堂に突入したデモ隊の大半が喪失感を感じている主流派で、しかも主要メディアでさえ分断している現在の米国内の現状を考えると、原著者の処方箋がどこまで有効であるのかについては疑問が残る。

　本書は一般書の体裁を取りながらも、その背後にある比較的新しい安全保障分野の学術的な内容をロジカルかつ読みやすい文体で体感できるという意味で、実に有益な内容となっている。（奥山真司）

P・N・エドワーズ『クローズド・ワールド——コンピュータとアメリカの軍事戦略』(深谷庄一監訳)日本評論社、2003年

Edwards, Paul N. *The Closed World: Computers and the Politics of Discourse in Cold War America,* Cambridge, MA: MIT Press, 1996.

背景・概要

　本書では、第二次世界大戦から冷戦期にかけてのアメリカにおけるコンピュータとその関連学問分野の発展史が、フーコー(Michel Foucault)のディスクール(言説)分析の手法等を用いて、軍事や政治との相互作用に焦点を当てながら描かれている。数多くの先端技術の開発に米軍が関わってきたことは周知の事実だが、本書が明らかにしているのは、軍の関与の深さと広がりが想像以上であること、科学、軍事、政治、社会の各言説の間に極めて強い相互作用が存在してきたことである。また、現在、大きな注目を集めている人工知能(AI)の軍事利用も取り上げられており、この問題の技術的・思想的な源流を知ることもできる。

　著者のエドワーズは、現在、ミシガン大学名誉教授、スタンフォード大学科学技術・社会プログラム・ディレクター、同大学国際安全保障・協力センター・フェローなどを務めている。本書のベースは、著者が1988年に提出した博士論文である。フェミニズムの視点から科学技術史を分析するダナ・ハラウェイ(Donna Haraway)が指導教官であることからもわかるように、著者はいわゆる安全保障研究者ではなく、科学技術社会論を専門としている。

推奨ポイント

　まず、本書のタイトルについて説明しておく必要があるだろう。クローズド・ワールドとは、冷戦的な思考・思想のメタファーである。著者は、クローズド・ワールド言説の代表として封じ込め戦略を挙げる。封じ込めはソ連という異物を一つのクローズド・ワールドに閉じ込めると同時に、アメリカ自身も外界から守られたもう一つのクローズド・ワールドに閉じこもることを意味する。そして、この状況・言説を支えるのが科学技術であり、ソ連による核攻撃の阻止を目的とする防空システムやミサイル防衛システム、さらにはそれらの基盤にあるコンピュータによる中央集権的で自動化された監視・制御システムなどもクローズド・ワールドの象徴とみなされる。また、著者が提示するもう一つの重要な概念が、人間を機械の一種とみなす、あるいは、機械を人間に近づけることで人間と機械の融合を促すサイボーグ言説である。

本書の最大の特徴は、これらの概念を使いながら科学と軍事、政治、社会の間の相互作用に焦点を当てている点にあり、少なくとも日本語で読める類書はない。著者の専門からして仕方のないこととはいえ、米軍の戦略・戦術への踏み込みに物足りなさを感じる面もある。また、クローズド・ワールドというメタファーの有効性・必要性にも若干の疑問符が付く。細かい欠点はほかにもあるが、本書で提示される分析の視角は欠点を十分に覆い隠すほど秀逸で、安全保障研究者が学ぶべき点も多い。以下、本書の内容で興味深い点を幾つか紹介しよう。

　まず、改めて感じさせられるのが、米軍と科学技術との深い関わりである。第二次世界大戦と冷戦期を通じて、米軍は大学や民間企業に巨額の研究開発費を提供した。特に基礎研究への投資は、第二次大戦中に創設された国防研究委員会（NDRC）と科学研究開発局（OSRD）、1958 年に発足した高等研究計画局（ARPA、現在の国防高等研究計画局（DARPA）の前身）を通じて行われた。本書では、フォン・ノイマン（John von Neumann）やウィーナー（Norbert Wiener）をはじめとする多数の著名な科学者の研究と、それを支えると同時にその方向性に影響を及ぼした米軍の意向や活動が紹介されている。著者によれば、第二次大戦の中から科学者と軍人によって構成されるコミュニティが生まれ、両者は一体となってクローズド・ワールド言説を作り上げていったのである。

　本書の前半では、初期のコンピュータ ENIAC や Whirlwind、SAGE 防空システムなどの開発がいかに行われたのかが紹介されている。SAGE の推進に積極的だったのは科学者（とそれを支持した世論）で、米軍の内部にはコンピュータに対する不信や嫌悪感も存在していた、また、当初は指揮統制における職人的判断を重視していた米軍も次第にコンピュータによる中央集権的な指揮統制を受け入れるようになったといった指摘は、科学と軍事の複雑な関係を窺わせる。

　本書の後半では、科学者と軍人のコミュニティの中から、サイバネティクス、認知心理学／認知科学、AI といった研究分野が生み出される様子が記述されている。これらの研究はいずれも、人間と機械の融合、すなわちサイボーグ言説に関わるものである。その源流は人間と機械の双方が組み込まれた指揮統制システムにあり、技術が発達するにつれ、判断が遅く信頼性も低い人間は機械に置き換えられるようになる（はずである）。1960 年代に ARPA が推進した AI の開発や、1980 年代に DAPRA が取り組んだ戦略コンピューティング構想（SCI）が掲げたヴィジョンは、2020 年代に行われている AI や自律システムの軍事利用のそれを先取りするものであった。加えて、AI の倫理的・法的な問題点がすでに SCI の段階で論じられていたという点も、非常に興味深い。（福田毅）

デービッド・サンガー『サイバー完全兵器』（高取芳彦訳）朝日新聞出版、2019年

Sanger, David E. *The Perfect Weapon: War, Sabotage, and Fear in the Cyber Age.*
London: Scribe, 2018.

背景・概要

　陸海空、そして第四の戦場である宇宙に次ぐ「第五の戦闘領域」と言われるサイバー空間では、有事、平時を問わず、サイバー攻撃と防御が交錯する「主戦場」となり、ミサイルや実弾が飛び交う前に、雌雄が決するとも指摘される。ネットワークで連接する偵察衛星や無人機といった軍事にとどまらず、原発や電力網、交通システム、ダムといった民間施設までが、「サイバー兵器」の標的となりうるため、その物理的、人的被害は計り知れない。

　サイバー攻撃は、ランサムウエア（身代金要求型攻撃）から、技術・機密情報の抜き取り、重要インフラの機能停止など、その目的や種類も多様だ。攻撃者が、「個人」か、「国家主体」かの特定も困難で、「犯罪」と「国家による敵対行為」の判別もつきにくい。一方、「見えない兵器」であるサイバー兵器の能力や使用について、攻撃側の国家が公表することはまれで、サイバー兵器利用の国際的ルールが確立されないまま、各国間で秘密裏に攻撃の応酬が過熱しているのが現状だ。

　著者のデービッド・サンガーは、米国ニューヨーク・タイムズの安全保障担当の記者で、秘密裏に行われるサイバー戦を綿密に取材し、実態を伝えている。

推奨ポイント

　現在の安全保障をとらえるのに、紛争前から水面下で攻防が繰り広げられる「サイバー戦」への理解は不可欠だ。しかし、サイバー活動やサイバー兵器は、他の戦闘領域における「軍事活動」と異なり、目に見えない。国家は秘密裏にサイバー攻撃を仕掛け、平然とその関与を否定するのが常だ。計り知れない被害をもたらしうる新兵器が、原則のないまま利用されている。著者は当局者や関係者への取材に基づき、米国を含めた国家が現在でもその存在を認めようとしない「サイバー兵器」やその使用の事例を掘り起こし、ルールなき新兵器の使用がどのような結果をもたらすのか、警鐘を鳴らしている。

　本書には、①サイバー兵器・サイバー戦の特異性②複数国によるサイバー兵器使用の豊富な事例③影響工作や認知戦といった「ソーシャルネットワーク（SNS）」の兵器化」の実態④サイバー空間に関する隠匿性やルール・議論の欠如

と提言、といった四つの特徴がある。

　第一は、サイバー戦の特異性を、他の戦闘領域や核兵器と比較しながら論じている。「サイバー兵器」は目に見えず、攻撃者の特定は困難で、どこに反撃すればよいのかも断定できない。核兵器では、その脅威や「相互確証破壊」による抑止力を誰もが認識でき、国家間や各国内の議論の積み重ねによって、使用の是非や軍備管理が確立されてきた。これに対し、サイバー兵器の存在は「秘密のベールに包まれ」、原則もないまま、もたらされる影響も十分理解せずに、秘密裏に開発・使用されていると問題視し、攻撃の様態も、物理的な被害から心理操作までさまざまで、抑止力を働かせる有効な手段も見つからないと指摘する。

　第二は、国家が決して公に認めることがないサイバー兵器使用の豊富な事例をあげ、攻撃の威力と深刻さを実感させられることだ。ロシアによるクリミア併合の際の「ハイブリッド戦」では、電力会社のシステムを遠隔操作で麻痺させ、各地の変電所を機能停止させた。米国とイスラエルはイランの核開発を遅延させようと、「スタックスネット」と呼ばれるサイバー兵器を使い、イラン核施設の約1000基の遠心分離機を破壊した作戦も紹介している。両政府はいまも事実を公に認めず、米国では「すべてのサイバー攻撃が秘密作戦として実施され、その存在自体を否定できるよう計画することになっている」との内幕も描いている。また、米国発の「スタックスネット」のコピーが、イランやロシア、中国、北朝鮮などのハッカーの手に渡り、米国を襲う「里帰り」が起きたとも指摘している。北朝鮮による米ソニー・ピクチャーズへのハッキングのほか、北朝鮮の弾道ミサイル試射の相次ぐ失敗の背景に、米国の「発射前阻止プログラム」の存在があったとの興味深い事例も紹介されている。

　第三の特徴は、選挙介入や影響工作など、「ソーシャルネットワークの兵器化」に関する記述だ。偽情報やターゲット広告による心理操作で行動変容を促し、対象国への選挙介入や対立の煽動など、サイバー大国・米国でもこれに対応できなかったとしている。第五の戦闘領域「サイバー空間」を通じて、人間の脳を第六の戦闘領域に見立てる「認知領域」をめぐる認知戦についても考えさせられる。

　第四は、サイバー攻撃、防御といった攻防を描くだけでなく、ジャーナリストの視点から、「サイバー兵器」の製造や使用のルールもなく、議論もないまま、「サイバー軍拡」が加速していることへの警鐘だ。サイバー能力に関する米国政府の秘密主義が転じて、民間に深刻な被害をもたらしうる外国のサイバー兵器の「超えてはならない一線」についての議論ができないとし、「デジタル・ジュネーヴ条約」の策定を目指すべきだと提言しており、示唆に富んでいる。（佐藤武嗣）

マーク・ユルゲンスマイヤー『グローバル時代の宗教とテロリズム―― いま、なぜ神の名で人の命が奪われるのか』(立山良司監修)明石書店、2003年

Juergensmeyer, Mark. *Terror in the Mind of God: The Global Rise of Religious Violence.*
Berkeley, CA: University of California Press, 2000.

背景・概要

　本書は、20世紀後半に発生した複数の異なる宗教組織が関与した事件を基に、宗教と暴力の関係について解明している一冊である。本書の「訳者あとがき」にある通り、原書の初版が刊行されたのは2000年1月のことであった。本書は、2001年9月11日に発生したアメリカでの同時多発テロ事件直後に新たな序文をつけたペーパーバック版の緊急出版を経て刊行された改訂版の翻訳である。

　本書は、二部構成からなる。前半部分は、キリスト教、ユダヤ教、イスラム教、シク教および仏教を背景とする組織と、それらによって引き起こされた事件に焦点が当てられている。その中には、著者による各組織の重要人物へのインタビュー内容も含まれる。後半部分は、前半部分で論じられた事例を基に、宗教と暴力の関係についての分析が展開されている。その分析によれば、宗教色の強い組織による特定の個人や集団などを目標とした暴力の行使は、それらの組織に共通する世界観に起因することが明らかにされている。著者は、その世界観を「コスミック戦争」という用語で説明する。

　宗教組織の構成員は、社会の世俗化やグローバリゼーションの深化によって現状への不満や将来への絶望を抱き、敗北感や阻害感に苛まれてきた。こうした現況は、犠牲者意識を強くする彼らにとって自らの存続や価値観を脅かす戦争状態である。そしてその戦争は、宗教組織にとって聖なるものとしてイメージされるのである。自らが虐げられている状況から脱するためには、自らが完全になるための社会条件を回復しなければならない。彼らの脅威認識の下で暴力は、阻害と抑圧の感情を代弁するものとなり、秩序の回復を約束する宗教によって正当化される。ゆえに、宗教組織にとっての力は、戦略的というよりも象徴的な側面が強いとされている。

　このため著者は、宗教組織にとっての戦争が現実以上に誇張されているという意味でコスミック戦争と呼ぶのである。その概念は、秩序と無秩序、善と悪、真理と虚偽といった形而上の二項対立でイメージされ、明確な敵を出現させるものである。宗教組織は、このコスミック戦争という宗教イメージを世俗の政治闘争に用いることで、自らに抑圧的な意識をもたらす現在の政府などへの優越感を得

ることができるのである。

推奨ポイント

　第一に、宗教と暴力が分かち難く結びついた結果として生じる問題は、依然として国際社会の安全を脅かしている。政情が不安定なイラクから内戦中のシリアへと勢力を拡大した「イスラーム国（Islamic State、以下IS）」の存在は、近年におけるその筆頭といえよう。その強みには、軍事力の保有や油田の奪取に伴う経済力の確保といった側面があるとの指摘もある。これに対して本書には、国家の安全を脅かすテロ組織による暴力的行為の背景を解明するうえで、その思想や世界観を理解する重要性が示されている。

　第二に、本書が提示するコスミック戦争という概念は、例えばISの行動を理解するうえでも一定の有効性があると考えられる。ISは、イスラム教の二大宗派のうち信徒数で多数派を占めるスンナ派の組織である。イラクおよびシリアは、割合こそ異なるが、ともにスンナ派とシーア派が混在する国家であり、イラク戦争後は両国ともシーア派を中心とする政権が統治してきた。ISの暴力的行為は、スンナ派の同胞が背教者であるシーア派の体制に弾圧されているとの認識によるものであるとされており、宗派対立として理解される。これはコスミック戦争の下地である。そして、明確な敵に対する切実な脅威認識が、現状を早急に変革させるための手段として暴力という過激な手法を正当化したといえよう。

　第三に、コスミック戦争という概念により、宗教組織が支持者を獲得する背景も理解されよう。再びISを例にとると、ISは、イギリスやフランスといった帝国主義列強が恣意的に確定した国境の受入れを否定し、「カリフ制国家」という新たな政治的枠組みに基づく政治主体性の確立を主張した。こうしたISの立場は、ヨーロッパ諸国で疎外感に苛まれている若者らにとって、彼らが必ずしも中東地域との出自上のつながりを持たなくとも、自身のアイデンティティを発見させ、ISへの共感を誘ったとはいえまいか。自らの置かれた絶望的な状況が現状よりも大きな戦争の一部であり、そこに勝利の希望を見出させるのがコスミック戦争である。ヨーロッパ諸国からISに参加した若者らにとって同組織の言説は、彼らの疎外感を歴史的な対立軸と結び付け、ある種の覚醒を体験させたのであろう。（江﨑智絵）

多谷千香子『アフガン・対テロ戦争の研究――タリバンはなぜ復活したのか』岩波書店、2016年

背景・概要

　2021年夏、アフガニスタンでは、イスラム主義勢力・タリバンが首都カブールをついに奪還、アフガニスタン政府は脆くも瓦解した。2001年の9.11テロ以降、米国を中心に国際社会が莫大な資源と労力を費やして遂行してきた「対テロ戦争」、そして「国家建設」の時代は、なぜ、あっけなく終わりを告げたのか。

　この問いに答えるには、アフガニスタンという脆弱国家――不安定な統治体制、極度の貧困、国民意識の分断、暴力の蔓延などに喘ぐ機能不全に陥った国家――において、「対テロ戦争」という縦糸と「国家建設」という横糸が複雑に絡み合いつつ織り上げられていった過程をつぶさに振り返る必要がある。

　様々な病巣に蝕まれてきたアフガニスタンは、単に不安定な脆弱国家としてではなく、21世紀初頭の国際関係の通奏低音となった「対テロ戦争」の主戦場、また、破綻国家の再建に向けた「国家建設」の実験場として注目を集めてきた。9.11テロ以降のアフガニスタンについては多くの著作物の蓄積があるが、なかでも法学者・多谷千香子（元法政大学教授）による本書は、同国における対テロ戦争と国家建設を不吉な結末へと導いた失策の数々を圧巻の筆致であぶり出している。

　多谷は、国内で検事としてのキャリアを磨いた後、オランダ・ハーグにある旧ユーゴ戦犯法廷判事に転身。その直後、9.11テロが発生、戦犯に対して適用される法理論をテロリストの処罰に適用できるのではないかと考えたことが本書執筆のきっかけになったという。ひたすらに真実を追い求める多谷の真摯さにより、本書は、対テロ戦争と国家建設の蹉跌を必然的に運命づけた数々の失敗を丹念に洗い出し、鋭い考察を加えた秀逸なドキュメンタリーとして結実した。

推奨ポイント

　2021年のタリバン復活およびアフガニスタン政府崩壊以降、筆者自身、その躓きの原因に幾度となく思いを巡らせてきた。同国の混乱の背後には、その内部に起因する問題点が少なくない。急峻な山々により地理的に分断された国土、耕作に適さない痩せた土地、麻薬栽培に大きく依存するいびつな経済構造、複雑な民族構成、極めて保守的かつ閉鎖的な部族社会、根強く残る地方分権の伝統など――。

だが、国外からの介入が同国に巣食う病巣をさらに悪化させてきたことも、また事実だ。洋の東西を結ぶ要衝に位置するアフガニスタンは、古来より「文明の十字路」として栄えると同時に、幾多の侵略者のターゲットとなってきた。時代を下り、19世紀から20世紀には英露の「グレート・ゲーム」の舞台となり、冷戦期には米ソの勢力争いの場になるなど、アフガニスタンは大国間の対立に巻き込まれてきたのである。しかし、結局、これらの大国も、この貧しく発展から取り残された国を思い通りにすることはできず、深い傷を負いながらの撤退を余儀なくされてきた。アフガニスタンが「大国の墓場」と呼ばれるゆえんである。

　2001年以降、米国を中心とする国際社会がアフガニスタンで展開した対テロ戦争、そして国家建設支援も、再び「大国の墓場」に葬りさられたのだといえよう。だが、21世紀初頭のこれらの試みは、9.11テロ後を契機に、突如として開始された点で、従来の大国関与とは大きく異なる。事前の計画や準備も、この脆弱国家に深く関わる覚悟もなく、勢いに任せて対テロ戦争の端を開き、同時に、一刻も早くアフガニスタンから手を引くための「出口戦略」として、現地の実情を無視して性急に進めた国家建設。そのいずれも、最初から頓挫することを運命付けられていたのだといってよい。

　唐突に始められた対テロ戦争および国家建設支援がたどった無惨な失敗の軌跡は、多谷の手による本書によって余すことなく炙り出されている。本書の前半は、9.11テロ発生の背景をつぶさに解明し、後半では、無計画な対テロ戦争がアフガニスタンを一層の混迷に追い込むとともに、恣意的な国家建設が新政府を蝕み、結果的にタリバン復活へと道を開いた様を克明に描き出している。本書は、本文250頁超の大部であるが、猟犬が獲物を追い詰めるように、「なぜタリバンは復活したのか」という問いに迫っていく多谷は、法学者らしい冷静さと真実を探究する情熱との間で絶妙なバランスを保ちつつ筆を進めていく。

　アフガニスタンをめぐる現実は、本書の終章「アフガン内戦の予感」が示した不穏な未来予想図をさらに超え、タリバンの完全復活とアフガニスタン政府の崩壊という結末に収斂した。この脆弱国家の統治能力を強化し、テロリストの巣窟化を防ぐという取り組みは、同国自身が抱える様々な問題を考えると、いずれにしても容易ならざる難事業であったろう。しかし、本書が鋭く糾弾する対テロ戦争と国家建設の失敗の数々を振り返ると、この国には、もう少し違う未来があったのではないかと思わざるをえない。本書が鮮明に描き出すのは、単にアフガニスタン一国の問題ではない。そこには、21世紀最初の20年の蹉跌を深く理解する手掛かりが散りばめられている。（藤重博美）

岩田一政編『2060 デジタル資本主義』日本経済新聞出版社、2019 年

背景・概要

　本書は、日本有数の経済系シンクタンクである日本経済研究センターが、2060年の将来に向かう各種の重要長期トレンドを基礎に、日本経済の行方や政策提言を行う報告書である。安全保障そのものが本書のテーマではないが、この本が取り扱う、世界のGDPランキングの長期予測や人口動態に基づく日本の国力の推移といった見通しは、日本の安全保障を検討する上でも重要な基礎指標となる。本書の具体的内容は多岐にわたるが、その中核を安全保障との関連で概括すれば、世界は米中印が他の諸国に比べて圧倒的に抜きん出た巨大経済規模を有する三つの巨人として登場しそうだという見通しであり、他方で大幅な経済成長を見込めない日本は米中印の5分の1にも満たない経済的国力を有するいくつかの諸国で構成される、いわば第二グループの一角を占める存在となる。

推奨ポイント

　筆者は本書に三つの価値があるように思う。第一に、眼前の短期的な現実から少し知的距離を置いて、長期的な国際秩序の行方を議論する上でのたたき台となるものである。10年前であれば、この種の議論をする際は、米国の一極が終わり、経済規模で日本を凌駕した中国がどこまで台頭するのか、果たして米中二極あるいはG2の世界が登場するのかが多くの人の関心事であった。例えば、当時の先駆的な研究報告である東京財団の『日本の対中安全保障戦略——パワーシフト時代の「統合」・「バランス」・「抑止」の追求』（東京財団、2011 年）では米中の「双極」が産まれるかどうかが将来シナリオの分析上の重要論点であった。その後10年たった2020 年代の今、世界の趨勢は米中二極化であると概念化する言説は定着せず、むしろ米中以外の諸国の国力増大や戦略、合従連衡の行方をも長期的な国際秩序の見通しを論ずる際に射程に収めることが当たり前となった。近年「グローバルサウス」という言葉の登場とこれへの批判が真面目に論じられるようになったことはその証左であるし、国際秩序の方向性を「多元的（pluralist）」（防衛研究所、日本国際問題研究所）、「G3」（石井正文氏）、「三つの世界」（細谷雄一氏）といった形で二極より複雑な形で概念化する動きが見られていることもその

ような背景からであろう。

　第二に、本書はこの種の長期トレンドを読む上で必要なリテラシー獲得のためのよい題材である。リテラシーの第一の鉄則は、あくまで巨視的（大雑把）にこうした長期トレンドを論ずることの重要性である。逆に言えば、本書の予測の具体的な詳細にまで立ち入って安全保障にかかわる長期的議論を行うことは避けるべきである。例えば、本書では2030年代に米中両国のGDPは一度逆転するが、その後2050年代までに米国が中国を再逆転する可能性（シナリオの一つ）が描かれている。これについて日本経済研究センターは本書発売後にそもそも米国が中国に抜かされないシナリオを強調し始めており、やはりその時の足元のトレンド次第で具体的な見通しは変わりうるものである。また、例えば経済協力開発機構（OECD）も似たような長期経済予測を時折発表しているが、これによれば2060年において米中印以外の諸国の中でインドネシアが米国の3分の1程度のGDP（＊これは同年の日本のGDPの2倍程度を意味するもの）となる見通しであり、日本経済研究センターとは随分予測が異なる。しかし、これらの具体的な見通しの差異やぶれは、本書を含む長期予測の価値を減じるものではない。より大づかみに対局に着目して眺めれば、やはり米中印が抜きん出た国力を有する巨人として登場すること、インドネシアを含めそれ以外の諸国がどうやら現在よりさらに強力なプレーヤーとして登場しそうなことは日本経済研究センターもぶれていないし、OECDの予測とも付合する。

　第三に、安全保障の観点から本書の見通しの限界を検討することも議論や分析の出発点として価値がある。本書が重視する指標は主に物質的かつ「タンジブル」なものであるが、日本の活力や国際的影響力を図る物差しとしてはいささか心ものとない。国際的なナラティブの形成やルールや協力枠組みに関する提案力、あるいは指導者個人の魅力といった、非物質的で「インタンジブル」な要素も同じく重要である。これらの項目で存在感を発揮することに成功するかどうかが、相対的国力が低下する日本が、国際的影響力を維持する上で一層重要になるだろう。日米豪印枠組みの提唱と実現、民主主義対権威主義といった二項対立的な言説への一貫した忌避、経済的困窮の問題をも包摂した人間の安全保障の提唱など日本はこれまでもそうした成果を挙げた実績がある。体系的な長期的経済見通しを提示する本書を読めば、自ずと「インタンジブル」な観点に目配りする必要に思いが至るであろう。（石原雄介）

伊集院丈『雲を掴め──富士通・IBM秘密交渉』日本経済新聞出版社、2007年

背景・概要

　日立製作所の社員が、米連邦捜査局（FBI）のおとり捜査により逮捕された「IBM産業スパイ事件」は、日本社会に大きなショックを与えた。IBMのソフトウエアに関する情報を秘密裏に入手しようとして逮捕されたこの事件は、1982年6月23日早朝に映像とともに大きく報道され、当時、経済系シンクタンクで働いていた筆者は、会社内で大きな動揺が走ったのを覚えている。

　本書は、この事件を機に、同様の嫌疑をかけられた富士通とIBMの間で1982年から83年にかけて行われた秘密交渉の詳細を描いている。伊集院丈はペンネームで、これを執筆したのは、この交渉で中心的な役割を果たした鳴戸道郎（後の富士通副会長）である。鳴戸は、当時、富士通の海外子会社を統括する海外事業本部で管理部長を務めており、交渉の矢面に立った。国益をも左右する最先端技術の国際競争・交渉の厳しい現場を経験した鳴戸は、これを後進のために書き残そうとして、本書を著した。読者は、安全保障にも大きな影響を与える最先端の国際技術競争が、いかに過酷で厳しいものであるかをうかがい知ることができる。

推奨ポイント

　現在、米中間では激しい技術覇権競争が繰り広げられているが、40年前は米国のターゲットは日本にあった。日本はまず半導体分野で米国企業を追い落とす勢いで国際競争力を急速に向上させ、これに続いてコンピュータ分野でも日本市場を中心に競争力を向上させていた。このような状況に危機感を抱いた米国が、官民一体となり日本に攻撃を仕掛けてきたのが、「IBM産業スパイ事件」である。

　当時の大型汎用コンピュータ業界では、IBMが世界で圧倒的な地位を確立しており、この地位を脅かす存在として日本のコンピュータ・メーカーがとらえられていた。しかし、日立や富士通は競争力を向上させてはいたものの、IBMの互換機、すなわちIBMと同様のソフトウエアが使える機種で市場シェアを拡大させていたのだった。このため、この互換機路線を成功させるためには、新機種が出るたびに、IBMのソフトウエア情報を迅速に入手する必要があった。

日立に対しては、FBIはおとり捜査で不正な情報入手についての証拠をつかんだため、逮捕という形になった。一方、富士通の場合は日立と比べて技術盗用の証拠がそれほど明確ではなく、両社は秘密交渉によりこの問題の決着を図った。通常はこのような企業間の秘密交渉の詳細は表に出ることはないが、1997年に本件の終結合意書が両社で調印されて守秘義務が消滅し、関係者が事実を語ることが許されるようになった。そして、これが交渉当事者であった鳴戸道郎という書き手を得て、秘密交渉の内容が日の目を見ることになったのである。

　本書は、個人などへの影響を配慮して小説仕立てになっており、登場人物は多くが仮名になっているが、「記述されている個々の出来事やIBM－富士通ソフトウエア紛争の展開も（表現上の創作はあるが）、日時・場所を含めて、ほとんどが事実に沿って描かれている（解説より）」。通常はうかがい知ることができない、最先端技術をめぐる競争と交渉の実態を臨場感をもって知ることができるのが、本書の最大の魅力である。

　一方、最先端技術の国外流出に関する米国の厳しい対応は、日本にとっての大きな教訓となる。このようなケースに対しておとり捜査も辞さないFBIの姿勢や、富士通の米国駐在員事務所と日本人幹部の住宅の主要な場所にはすべて盗聴器が仕掛けられていたといった記述には背筋が寒くなる。また、ターゲットを定め、官民を挙げて日本企業を追い込んでゆく様子は、理念をベースにして不正を容赦しない米国という国の特徴を把握するうえでも重要である。

　このような厳しい状況に立ち向かった富士通幹部の交渉姿勢からも多くを学べる。対応を誤ると会社が潰されてしまうという強い危機感を背景に、富士通はIBMと対峙し、厳しい情勢にもかかわらず常に戦略的な思考をもって交渉にあたった。また、IBMの顧客プログラムがそのまま動くコンピュータを富士通が提供し続けなければならないという、互換機メーカーの顧客に対する使命感の強さも特筆に値する。そして、この事件に関わった人々が、伊集院本人も含めきわめて個性的であり、ルール破りも辞さない豪傑のような人が多かったことも印象的である。

　この時代は、「戦争で米国に負けても経済では負けない」という気概をもった経営者や技術者が多かった。このような人々に支えられて、日本の技術的な成功と経済の急成長が実現し、国際関係における日本の地位の向上がもたらされたことは記憶にとどめておくべきだろう。なお、当時の汎用コンピュータを取り巻く技術環境については、解説部分で簡潔にまとめられており、当時の状況を知らない読者にとっては理解の助けとなる。（村山裕三）

安全保障研究コミュニティーの拡充　村田晃嗣

　戦前の日本では、統帥権の独立に守られ、軍事問題は軍部に独占されていた。第二次世界大戦後は、筆舌に尽くしがたい戦禍と敗戦の衝撃から、やはり軍事問題は学術研究分野では忌避されてきた。

　1952年に保安庁が新設されると保安大学校も設置され、54年に防衛庁に改変されると防衛大学校に改名した。帝国陸海軍が陸軍士官学校と海軍兵学校に分かれて教育を行ってきたのに対して、防衛大学校は陸海空自衛隊を統合した教育機関であり、戦前の精神主義を排して、理工系を中心とした教育を進めた。70年に高名な政治学者の猪木正道が第三代校長に就任し、74年には人文・社会科学専攻課程を増設した。ここに、政治や経済、さらに国際関係の専門知識を持つ幹部自衛官が養成されるようになった。

　同様に、1952年には保安研修所が設置され、54年に防衛研修所に改称された。こちらも73年に研究部、教育部を新設し、85年には防衛庁防衛研究所と改称して、政策部門に直結した調査研究体制を確立した。ロシアのウクライナ侵攻をめぐっては、同研究所に所属する研究者の多くがメディアに登場し、安全保障問題や軍事問題を解説している。

　また、当学会の前身である防衛学会が発足したのも、1973年であった。その事務局は防衛研修所内に置かれていた。2000年には、国際安全保障学会と名称を変更し、安全保障問題のより総合的な研究をめざしている。

　1959年には、吉田茂元首相によって、日本国際問題研究所も設置された。こちらは外務省OBが歴代の理事長を務め、民間の研究者を起用して多様な研究プロジェクトを推進してきた。雑誌『国際問題』の刊行でも知られる。

　民間では、防衛大学校を退いた猪木が、1978年に平和・安全保障問題研究所を興して、初代理事長に就任した（86年まで）。特に、この研究所はロックフェラー財団の支援により84年から若手研究者の奨学プログラムを運営し、多くの安全保障専門家を育成してきた。この奨学プログラムを立ち上げたのは、西原正（第七代防衛大学校長、のちに同研究所第七代理事長）である。また、88年には、中曽根康弘元首相が世界平和研究所を創設した。2018年には、中曽根康弘世界平和研究所と名称を変更し、21年に麻生太郎が第二代会長に就任した。

　安全保障研究に最も消極的だったのは、大学である。1980年代に、佐藤誠三郎が東京大学教養学部で「安全保障論」を講じた。日本の大学で「安全保障」を冠する正式な授業が行われたのは、これが初めてである。

　冷戦の終焉とともに、日本を取り巻く安全保障環境は激変し、それまでに蒔かれてきた研究の種が芽を出し、相互に連携し合うようになってきた。1997年に防衛大学校が総合安全保障研究科を開講したことは、まさに象徴的である。

IX　近代日本の安全保障
（1868 — 1945）

近衛文麿『最後の御前会議／戦後欧米見聞録——近衛文麿手記集成』
中央公論新社（中公文庫）、2015年

中央公論新社（中公文庫）、2015年

背景・概要

　近衛文麿は、1937年6月、45歳の若さで初めて内閣を組織して以来、大東亜戦争開戦までの4年5カ月の間に、3度のべ2年9カ月の長期にわたり首相として、国政に重大な役割を演じた。対外的には、日中戦争への対応、日独伊三国同盟の締結、南部仏印進駐を行い、対米戦回避に尽力した。国内的には近衛新体制を樹立したのである。戦後、戦犯容疑者として指名され自殺した。

　本書は、近衛の思想や軌跡を理解するうえで不可欠の代表的な文献6篇が収録されており、内容から二つに大別できる。第一に首相当時の回顧録である。「平和への努力」は盧溝橋事件から米内内閣成立まで、「最後の御前会議」は日米交渉と1941年9月6日の御前会議を対象に口述筆記されたものである。第二に近衛が執筆した論稿等である。「英米本位の平和主義を排す」は、1918年12月『日本及日本人』に発表した国際政治観の原典と言える著名な論文、「戦後欧米見聞録」は1920年に刊行されたパリ講和会議とその後の欧米視察記である。「世界の現状を改造せよ」は、国際連盟の脱退を受けて1933年『キング』に発表した論文、「近衛上奏文」は、戦争末期の1945年2月に天皇に奏上した際の文書である。

推奨ポイント

　本書は、単なる一政治家の手記集成ではなく、近衛が近代日本の歩み、さらに戦争への道において無視し得ない人物であるだけに、意義深い文献である。

　第一に、盧溝橋事件の勃発と日中戦争の拡大、三国同盟、日米交渉の経過など戦争への道を検討する際の不可欠の史料である。当該期間に関する史料や文献は数多く存在するが、首相として向き合った近衛自身の視点から再構成した点に大きな特色がある。もちろん、作成された時期が主に戦争末期であるために、戦争責任の観点から自己弁護が感じられるのは否定できない。対米開戦回避への自身の尽力を強調すると同時に、日中戦争の拡大や三国同盟の締結などについて、陸軍や松岡外相に責任が転嫁されている。「最後の御前会議」の結論部分で、問題は統帥と国務の不一致であり、それを抑え得るのは天皇ただ一人であるが、立憲君主として消極的であったことは「和戦いずれかというがごとき国家生死の関頭に立った場合には障碍が起こり得る場合なしとしない」と指摘していた。

第二に、「不世出の勝れた人物」（細川護貞）と評される、近衛の思想に見られる独創的な鋭い洞察である。近衛の論文は、日本を戦争へ導いた現状打破の代表的な思潮と批判されがちであるが、やや短絡的である。生涯を貫き両大戦期の日本の立場を象徴する論文とされる「英米本位の平和主義を排す」において、日本の生存権に基づいて「日本人本位」に考えるよう主張する一方、「経済的帝国主義の排斥」と「黄白人の無差別的待遇」といった「正義人道」の観点から国際連盟など大戦後の理想主義の新しい潮流を、近衛は積極的に期待していた。むしろ、日本が五大国として初めて国際舞台に登場した第一次世界大戦後開かれたパリ講和会議において、サイレント・パートナーに終始したなか、27歳の若き近衛がこのようなグローバルな問題意識を有していた点は凡庸な政治家でなかったことを物語っている。1920年代の国際協調時代から、世界大恐慌、満州事変の勃発により激動の時代を迎え、近衛は、「やむをえず今日を生きんがための唯一の途」として積極的に満州事変を是認するにいたる（「世界の現状を改造せよ」）。近衛の思想とその変転は、近代日本のジレンマを如実に物語っている。近衛は「理想追随家」（大宅壮一）と評されたが、近代日本の政治外交における「理想」と「現実」の狭間で、さらに、アジアか欧米かといった日本のアイデンティティをめぐって葛藤があった。いずれも、現在の日本にとって古くて新しいテーマである。

　米国認識も注目すべきものがある。近衛は、植民地老大国である「帝国主義」の英国とは対照的に、ウイルソン大統領に象徴される「理想主義」の新興国米国の「生気溌剌さ」に期待し、「要するに米国及び米国人に対する要訣は、包みかくさず何事もよく語るにあり」と述べていた。一方、米国人の気質のなかには「多量の好戦的尚武的素質」を含んでおり、近年「帝国主義的色彩」を濃厚にしつつあると、米国の二面性に揺れ動いていた（「戦後欧米見聞録」）。

　さらに、プロパガンダの重要性に対する警鐘である。日中戦争は中国との「プロパガンダ戦争」で敗北したと言われるが、約30年前に、すでに近衛はこの問題に着目していた。第一次世界大戦後、山東問題に起因して米国で高まっていた排日気運の最大の要因として、日本を軍国主義の国とする中国側のプロパガンダが米国の知識階級を動かしたと指摘した。したがって、日本もプロパガンダが急務であり、特に知識階級に対しては実業家ではなく留学生が有効であると提言したのである（「戦後欧米見聞録」）。まさに、現在の米国大学事情を察するに卓見である。

　近衛の思想と葛藤に見られる課題は現在の日本にも連なるもので、今後の日本の外交・安全保障を考える際に、数多くの示唆に富む文献である。（庄司潤一郎）

クリストファー・ソーン『満州事変とは何だったのか──国際連盟と外交政策の限界』全2冊（市川洋一訳）草思社、1994年

Thorne, Christopher. *The Limits of Foreign Policy: The West, the League and the Far Eastern Crisis of 1931-33.* London: Hamish Hamilton, 1972.

背景・概要

「国際関係の将来について予言するのは軽率だろう。にもかかわらず……現在ほど戦争の可能性の低い時期はかつてなかった」（上19頁）。1931年9月10日、国際連盟の提唱者の一人、イギリスのロバート・セシル（Robert Gascoyne-Cecil）が連盟総会でこう演説した。だが1週間後、日本の関東軍が中国東北部（満洲）で南満洲鉄道の線路を爆破し、満洲全域の侵略に着手する。国際紛争の平和解決を掲げた連盟の常任理事国を当事者とする、初の大規模な武力紛争が始まった。

　ただし、予言は外れなかったとも言える。日中両国も関係国も事変を戦争と認めなかった。さらに、戦争回避のための大国間の協調努力は事変後も続いた。

　このため著者は、満洲事変を1941年の日米英開戦の起点とみる議論は否定する。ただしこれは、満鉄線の爆破から真珠湾攻撃までを一貫した計画と考える、東京裁判史観のような歴史解釈を排斥するに過ぎない。同盟や個別の戦争に代わる軍縮と経済的相互依存を軸に、それでも侵略国が出現すれば国際社会全体が制裁する集団安全保障で平和を守る。この第一次世界大戦後の新たな国際安全保障の試みが、満洲事変で大ダメージを負ったとの視点は、本書を通じて明確である。

推奨ポイント

　著者のソーン（1934-1992）はイギリスの国際関係史家で、戦後秩序をめぐる米英の相剋を軸に、太平洋戦争（彼の言葉では極東戦争）の国際関係史上の意義を問う『米英にとっての太平洋戦争』（1978年、邦訳95年）や『太平洋戦争とは何だったのか』（1985年、邦訳89年）で著名である（訳者・出版社は本書と同じ）。

　本書を出発点とするソーンの「極東三部作」には、大きく二つの特徴がある。一つは、無政府の国際政治が持つ無計画性を淡々とした筆致で暴き出すことである。ここでいう無計画性とは、各国の利益の追求が、必ずしも意図通りの国際政治の展開に結びつかないことである。このためソーンの物語の中では、どれほど偉大で傑出した人物でも、その政治・外交・軍事指導は不確実で、必ず見通しを誤る。もちろんその描写は創作ではなく、膨大な歴史資料に裏付けられている。

　とはいえ、国際政治は無規律な権力闘争の繰り返しではない。19世紀以来、西洋諸国と日本による植民地統治は、極東だけでなくアジア・アフリカの圧倒的

な現実だった。「民族の自決」の標語が象徴するように、第一次大戦はこの現実を支える価値観を動揺させた。だが現実を変えたのは、大戦後に追求された新しい国際協調や安全保障の成功ではなく、失敗——つまり極東での大国間戦争である。以上の歴史観が、著者の「極東三部作」に共通するもう一つの特徴である。

それでも、満洲事変は太平洋戦争の起点ではない。むしろ本書が強調するのは、植民地帝国の元祖たる西洋の大国が、日本の満洲侵略に理解を示した事実である。国家統一に苦しむ中国への偏見もあり、居留民の保護・権益の自衛・満洲の秩序回復を軸に事変を正当化する日本の弁明は、特に事変初期に説得力を発揮した。その後も、満洲統治の負担が日本を悔い改めさせると期待し対決を避けた。しかし互いにここまで利己的になっても、国際政治の無計画性と、さらに本書は示唆するのみだが、第一次大戦が作り出した歴史の潮流は、日本と西洋諸国（中でも帝国の維持に固執した欧州諸国）に植民地支配の継続を許さなかった。

よって本書の主題は国際連盟の失敗ではない。本書が描くのは、大国間で世界を植民地や勢力圏に分割する帝国主義外交が第一次大戦で終わった後の、新たな国際秩序の模索とその失敗である。連盟の試みと失敗もその一部なのである。

以上のルール変更が特に明確に適用されたのは東アジアだった。1921-22 年のワシントン会議で、米英日が中心となり海軍軍縮を協定すると同時に中国を勢力圏に分割する「旧秩序に終止符が打たれた」からである（上48頁、下296頁）。そして日本は、対中関係に不安を抱えながら帝国主義に代わる門戸開放型の貿易競争に「非常な成功を見せ」た（下同頁）。だがワシントン体制の外にある欧米の植民地は日本に門戸を閉ざす。その代償が日本の満洲侵略への配慮だった。

以上の主題の一環として、本書は連盟の失敗を存分に描く。国際安全保障の観点から特に印象深いのは、武力制裁の明示的な規定を欠くなどの連盟規約の不備がその原因ではないことである。他の大国が「満州問題で日本を屈服させようとすれば、非常な犠牲を覚悟しなければならなかった」（下292頁）。それは連盟外のアメリカにも同様である。しかもそれで救われるのは、近代化に遅れた中国の辺境である。こうして、各大国は集団安全保障の費用を自発的に負担できなかった。もちろんこの費用とは、経済制裁に伴う財政的・経済的な負担だけではない。

これらの問題中、国際社会の「周辺」への軽視は現在緩和されただろうか。だが費用負担の問題はどうか。ロシア・ウクライナ戦争を見れば、国際社会は大国間戦争のリスクを冒して侵略国を制裁しているか。そうでなければ、国際社会は大国間戦争のリスクを冒すべきか。本書が描く戦間期国際社会のジレンマは、我々のジレンマなのである。（中谷直司）

波多野澄雄・戸部良一編著『日本の戦争はいかに始まったか──連続講義　日清日露から対米戦まで』新潮社（新潮選書）、2023年

背景・概要

　2025年に日本は戦後80年を迎える。明治維新から終戦までとほぼ同じ期間である。しかし、戦後は「平和の時代」であったが、戦前は対照的に「戦争の時代」であった。すなわち、戊辰戦争以降、内戦と対外戦争が頻発したのである。

　さて本書は、対米開戦80周年にあたる2021年12月から、現代文化會会議の主催で「対米戦争はなぜ避けられなかったのか」という問題意識のもと開催された連続講座を基にしている。近代日本の五つの戦争を対象として、日清・日露戦争（黒沢文貴）、満州事変（井上寿一）、支那事変（戸部良一）、そして大東亜戦争（森山優）と、当該分野の第一人者が執筆している。各々の戦争の生起・拡大した背景・原因と性質について論じており、一読するだけで、近代日本の戦争の流れを俯瞰することができる。

　さらに、第一次世界大戦の原因と遺産（小原淳）、真珠湾攻撃前後の英米関係（赤木完爾）、昭和天皇の戦争指導（山田朗）、大東亜戦争の遺産（波多野澄雄）を扱っており、本書の厚みを増している。最後の章では、対米開戦の「引き返し不能点」はいつであったかの問いに対して、各著者が回答を語っている。

推奨ポイント

　近代日本の戦争がいかに始まったかについてはこれまで様々な議論がなされ、多くの書籍が刊行されてきたが、本書は、類書にはないいくつかの特徴を有している。

　第一に、最新の研究を踏まえつつ客観的に実証することにより、決定論・宿命論を見直した点である。これまで、明治維新以来の日本帝国主義の一貫した「侵略」であったとするマルクス主義史観や、ペリー来航以来の西欧列強に対する抵抗・アジア解放とみなす「大東亜戦争肯定論」などといった見方がなされてきた。特に前者は、古くは「15年戦争」、最近では「アジア（・）太平洋戦争」という呼称に見られるように、今でも主流の一つである。しかし本書は、明治維新以来計画的にアジア大陸を「侵略」した結果最終的に対米開戦になったという一直線的な見方を否定し、政策選択の幅や認識の多様性に留意している。

第二に、多角的な視点である。単に日清や日露といった二国間ではなく、東アジアの国際関係、すなわち日本、中国、ロシア（ソ連）、英国、米国といった多国間関係の文脈において捉えている。赤木は、大同盟の形成へといたる英米ソ関係の視点から対米開戦を論じる。さらに、外交史的アプローチだけではなく、大日本帝国憲法体制の有する多元的な意志決定システムなど日本の政策決定過程に着目することにより、構造的分析がなされている点も意義深い。

　第三に、歴史に対する向き合い方である。現在の日本人は敗戦という結果をすでに知っているため、「現在の価値観を過去に遡って適用し、当事者を批判する断罪史観」、「無い物ねだり史観」「陰謀史観」などに陥りやすいと森山は指摘する。戦後日本に散見される見方で、謙虚さ・禁欲がより求められるゆえんである。

　第四に、近代日本の戦争が、領土や権益のみならず東アジアの秩序をめぐる戦いであったことを描写した点である。例えば、日清戦争は華夷秩序と西洋型主権国家システムの確執、大東亜戦争は大東亜共栄圏をめぐる戦いであった。今まさに、中国は「偉大なる中国の復興」と称して新たな秩序を模索し周辺国との軋轢を深めており、秩序をめぐる対立の色彩を深めつつある。

　第五に、近代日本の戦争の開戦原因だけではなく、戦争をより多角的に論じている点である。例えば、波多野は、大東亜戦争は、「四つの戦場」（日米、ヨーロパ宗主国との東南アジア、日ソ、日中）、と「三つの争点」（太平洋の覇権、国際秩序、植民地解放）からなる「複合戦争」とみなす。そのうえで、こうした複雑であった戦争が、戦後日本では、「侵略戦争論」と「解放戦争論」というように単純化・分極化した要因として、戦争責任追及に傾いた歴史研究と戦後日本を戦前とは断絶したものと捉える「平和主義」を指摘する。そして、大東亜戦争は批判されるべき面もあるものの、「民族が継承すべき、あるいは顕彰すべき何かがあるのではないか、という問いは現在非常に重たいものがある」と結んでいる。

　最後に、「引き返し不能点」については、時系列的には、韓国併合、北部仏印進駐、三国同盟、独ソ戦、南部仏印進駐、日米交渉の失敗、ハル・ノートなど様々な見解が示された。総じて、開戦直前まで戦争回避の可能性があったとされる。さらに、「後戻りできない（陸海軍という）巨大組織の慣性」（波多野）、「日本らしく非（避）決定を繰り返せばよかった」（森山）というように、国策決定システムにおける制度や組織の問題点も指摘された。

　本書は、近代日本の開戦原因や戦争の意味を問い直すきっかけになるとともに、緊張が高まりつつある東アジアの安全保障環境において、将来日本はいかに対応すべきかという問いに対して、多くの示唆に富んでいる。（庄司潤一郎）

高坂正堯と日本の安全保障研究　岩間陽子

　本書で取り上げられた書物の中には、高坂正堯の単著が4冊含まれている。他にこれほど多く取り上げられた著者は一人もおらず、日本の安全保障研究にとっていかに大きな存在かがわかるだろう。高坂を世に出したのは雑誌『中央公論』の名物編集者粕谷一希で、高坂以外にも山崎正和、永井陽之助、塩野七生など多くのスターを生んでいる。『海洋国家日本の構想』所収の「現実主義者の平和論」は、冷戦下日本の思想状況をよくあらわしている。高坂は、決してパワー・バランスだけですべてを説明しようとするような「リアリスト」ではなかった。しかし、「国際政治における力の役割を重要視する意味において現実主義者であり」、「理想主義者を批判し、それと対話をかわすべきだと思った」と自ら語り、日本の「現実主義」に違和感を持ちつつも、あえてその看板を背負った。サンフランシスコ体制下の日本は、ソ連と講和条約を締結することができず、いわゆる「片面講和」のまま、米国の同盟網の中に組み込まれた。しかし、国内においては思想的に「冷戦」を抱え込んだままであった。特に社会科学では、マルクス主義的思考がかなり強く、そうでない人々は、いわば「反共」の闘士として共同戦線を組まざるを得なかった。

　当時の自民党がそうであったように、「反共」は実際には多様な集団で、筋金入りの右派から高坂のように今から見ればかなり中道の知識人もいた。ただ、当時は日米安保や自衛隊に反対する「理想主義者」があまりに多かったため、安全保障研究をしようと思えば、「タカ派」とのレッテルを貼られるしかなかった。「すごいタカ派の先生がいる」というのが、何も知らない私が京都大学に入って最初に聞いた、高坂先生の噂であった。彼があえて広い世間を読者として、聴衆として選んだのは、いわゆる「学会」には高坂のような人間を歓迎する雰囲気がなかったこともあったかもしれない。高坂が尊敬する人物として、ウォルター・リップマンをあげていたのを記憶している。研究者であるとかジャーナリストであるとかいう肩書には無頓着で、学問の枠にとらわれることなく、ただ書いたものの質だけで書き手を評価していた。そして高坂の国際政治観が、単なる「反共」を超える長期的、歴史的視点を備えていたからこそ、今なお読まれているのだろう。

　粕谷と高坂の付き合いは、最後まで続いた。「遺稿」となったのは、粕谷が立ち上げた都市出版が刊行する雑誌『外交フォーラム』の1996年9巻7号（通算93号）緊急増刊号に書いた、「21世紀の国際政治と安全保障の基本問題」（高坂正堯著作集第3巻所収）であった。安全保障は「人間存在のもっとも深いところにある矛盾と関わるもの」であり、「決して人生とか財産とか領土とかいったものに還元されはしない」「日本人を日本人たらしめ、日本を日本たらしめている諸制度、諸習慣、そして常識の体系を守ることが安全保障の目的なのである」と説く高坂の言葉は、今後とも読み継がれてほしいと願う。

X　現代日本の安全保障
（1945─）

吉田茂『回想十年』全 4 巻 新潮社、1957 年

　私が持っている『回想十年』には「渋谷古書センター」のシールが貼られている。つまり、私が東大駒場の学生だった時代に購入したものである。本書を幾度も読み返すうちに、吉田が執筆の場とした神奈川県・大磯町の旧・吉田邸を見たくなり、幾度か足を運んだ。この拙稿の読者の中からも、吉田茂が晩年を過ごした旧吉田邸に足を運ぶ人が出てきてほしい。百聞は一見に如かず。

　4 巻本の『回想十年』の第 1 巻は、第二次大戦前の日本外交の回顧、敗戦後の占領政治、何回かの外遊での経験の記述からなり、第 2 巻の目玉は「警察予備隊から自衛隊へ」である。つまり、吉田の「再軍備」観。第 3 巻では対日講和問題、朝鮮戦争が、第 4 巻では対米協調外交、そして「思い出す人々」などが扱われている。

推奨ポイント

　吉田茂の強みは、他の政治的なリーダーたちが経験できなかった再軍備を手がけた点にある。ところが、第 1 巻には当時の西ドイツ首相・アデナウアーとの見解の相違が如何に大きかったかが詳述されている。「私は次のように話した。今日本にとっては再軍備するのは却って逆効果を来す恐れがある。日本の経済力はまだそれに堪えられるまでにはなっていない」。悲しい言葉である。ところが――

「西独側は私のこの説明にだけは合點してくれなかった。……西独は自国軍隊の再建をはじめるつもりだということであった」

　さぞかし悔しかったことだろう。が、程なく転機がくる。『回想十年』の第 2 巻――

「私は昭和 25 年 7 月……マッカーサー元帥から緊急重要な書簡を受けとった」。内容は警察予備隊創設命令であった。吉田はどうしたか。「総司令官のこの支持に対しては、特別な関心を以てこれを迎えた。むしろ、絶好な機会にもなるとさえ考えた」。吉田は抜け目がなかった。

　第 4 巻で吉田は言う。「一切の前提として、何より根本問題は国防と安全並び

に治安の保障である」。だから吉田は自衛隊を創設。ただし、次のような戒めの言葉を残している。

「過去の誤りに顧みて、軍国主義の復活を避けるために特に意を用い、文官優位の原則を確立し、……人選になかなか苦労したものである」

吉田茂首相、御苦労さんでした。ただ一点。「文官優位」より、「文民優位」の方がよくありませんか。（佐瀬昌盛）

［追記］

佐瀬昌盛教授（第3代国際安全保障学会会長）が指摘する、戦後日本特有の政軍関係も、当学会の会員を中心に深く研究されてきた。この機会に代表的な研究を紹介しておきたい。

いわゆる「文官優位」の形成過程をめぐっては、以下のものがある。

宮崎弘毅「防衛二法と文民統制について——防衛法シリーズ（3）」『国防』第26巻5号（1977年5月）。

中島信吾「戦後日本型政軍関係の形成」『軍事史学』第34巻1号（1998年6月）。

佐道明広『戦後日本の防衛と政治』（吉川弘文館、2003年）。

中島信吾『戦後日本の防衛政策——「吉田路線」をめぐる政治・外交・軍事』（慶應義塾大学出版会、2006年）。

さらに吉田茂の旧軍人あるいは旧軍に対する姿勢、および旧軍人の動静について言及している研究には以下のものがある。

波多野澄雄「『再軍備』をめぐる政治力学——防衛力『漸増』への道程」『年報・近代日本研究』第11号（1989年）。

柴山太『日本再軍備への道　1945〜1954年』（ミネルヴァ書房、2010年）。

加えて、読売新聞戦後史班編『「再軍備」の軌跡』（228頁に記載）も戦後日本の再軍備を鳥瞰する好著である。

なお吉田の著作は、『回想十年（合本）』（中央公論新社、中公文庫Kindle版、2022年）として入手可能である。

佐瀬青年が訪れた大磯の旧吉田茂邸の母屋は2009年に火災で焼失したが、関係者の尽力により2016年に再建され、大磯町教育委員会の管理の下、一般に公開されている。（赤木完爾）

高坂正堯『宰相 吉田茂』中央公論社、1968年（中公クラシックス、2006年）

　1960年代、粕谷一希編集長時代の『中央公論』にはさまざまな分野の気鋭の学者たちが集った。高坂正堯はそのひとりで、ヨーロッパ国際関係史への造詣と国際政治学の観点に立脚した日本外交論、安全保障論は、永井陽之助などとともに論壇で注目を浴びた。その存在はやがて佐藤栄作首相の首席補佐官・楠田實の目にとまり、佐藤政権にかれらの新しい感覚が注入されていくことになる。

　『宰相 吉田茂』は、1964年から1967年にかけて『中央公論』誌上で発表された「宰相吉田茂論」、「与党の危機感を戒める」、「大衆民主主義と世論形成」、「吉田茂以後」、「強行採決の政治学」、「偉大さの条件」を収めた論集である。吉田茂という外政家が戦前・戦後を通じて一貫してもちつづけた思想と行動、講和と安全保障をめぐる吉田の選択とその国際政治的な意味、そして独立回復後に吉田と彼の後継者たちが直面した困難の本質が明らかにされている。強烈な個性の放った輝きと限界を鮮やかに浮かび上がらせると同時に、吉田をはじめ戦後の政治指導者たちを通して「戦後日本」という国家の姿を描き出し、外交史研究に大きな影響を与えた。

　冷戦期の国際政治と高度経済成長期に入った日本を背景に生まれた「戦後日本」論である。時事評論は、多くは時の経過とともにある種の歴史的文書となっていく運命を免れない。しかし、『宰相 吉田茂』は時代を超えた普遍的な命題への洞察を内包しており、今日なお色褪せない魅力をもっている。

　本書の関心の中心は吉田茂と彼の外交、なかでも講和と安全保障をめぐる決定である。よく知られているように、吉田は米国の主導する対日講和に呼応して多数講和を選択し、日米安全保障条約を結んで米国の防衛保障を確保する一方で、日本自身の軍備再建には慎重な姿勢に終始した。高坂は、この一連の決定が、彼が「商人的国際政治観」と名づけた吉田の確固たる哲学に支えられていたと論じる。吉田にとって、国際関係においてもっとも重要なことは、「その国が富み栄えているかどうか」であった。海外領土と生産基盤を失った日本が生きていくためにはまず経済復興が必要であり、貿易を通じてこれを達成しようとしたのが吉

田であった。吉田は、「政治、外交の実際家として力の役割を一度も否定しなかった」。だが、軍事力には二義的な役割しか認めなかったことによって、自衛力整備よりも経済復興を優先するという決定を下すことができたのだという。

本書は、少し前に発表された「現実主義者の平和論」(『中央公論』1963年1月号)と同様に、中立を志向する外交論に批判的検討を加え、現実主義の立場から日本外交を構想するという側面をもっていた。ただ、彼は全面講和論を単に「非現実的」と切り捨てたのではない。全面講和論者が「よりよき世界のための日本の役割」を考えていたのに対して、吉田茂をはじめ多数講和論者は「日本の具体的利益」を考えていたのだと論じ、外交における利益と価値の相克として講和論争を理解しようとした。ここに、イデオロギー対立に絡めとられがちな不毛な外交論争を排し、対話可能な着地点を見出そうとする高坂の真摯な姿勢を感じることができよう。

講和・独立時の吉田の選択を冷戦状況と国民の要請に適合的な決定として高く評価する一方で、外政家としての吉田の限界を明らかにしたことも本書の特徴である。それは、鳩山一郎や岸信介、池田勇人といった後継者たちの直面した困難でもあった。力と利益が圧倒的に支配する国際政治の現実と自主・独立を求める国民の希望に形を与えるという要請とのバランス、議会制民主主義システムのありよう、ナショナリズムとの向き合いかたなど、高坂が目を向けた講和後の日本の諸課題と指導者たちの姿は、自由で民主的な政治、社会の発展と維持には何が必要なのか、今日を生きる人びとにとっても切実な問いを投げかけている。

『宰相 吉田茂』が描いた帝国の外交官としての吉田は、豊富な一次史料に基づく今日の実証的な外交史研究からみれば、やや評価が甘いかもしれない。逆に、岸信介論は厳しすぎるように思われる。安保闘争の記憶がまだ生々しい時期で、安保改定の意義や岸の外交政策全体を長期的視点に立って分析するには機が熟していなかったのであろう。その意味では本書も時代の制約は免れなかったのかもしれない。国民党政権との講和をめぐる政策形成や自衛力建設についての考察も史料的制約を感じさせる。それでも、本書を読み返すたびにあらたな発見があるのは、高坂が力と利益と価値の体系に生きる現代の国家と人びとが逃れられないジレンマを見事に切り取ってみせているためではないだろうか。たとえば次の一文を味わいたい。「憲法の条文をそのまま受け取って完全非武装と割り切ってみても、それを変更して軍備を合法化してみても、巨大な軍備が人類を脅かしているにもかかわらず、それを消滅させる方法を見つけることができないでいるという現在の人間の苦境から、われわれは逃れることができない」。(楠綾子)

読売新聞戦後史班編『「再軍備」の軌跡——昭和戦後史』読売新聞社、1981年（中公文庫、2015年）

背景・概要

　敗戦後、対日占領政策によって大日本帝国陸海軍は1945年のうちに解体され、日本の軍備は文字通りゼロとなった。では、今われわれが目にしている自衛隊はどのように生まれ、成長したのか。本書はその草創にかかわる物語である。当然のことながら、自衛隊は一朝一夕に今日の姿になったのではなく、実に多くの紆余曲折を経た。特にそれは草創期である1950年代において顕著であった。

　1950年代の日本にとって、再軍備は最大の政治問題の一つだった。占領が始まった頃はまだしも、講和独立が現実的な課題として迫ると、講和後の日本の防衛をどのようにするのかが、東西冷戦が深刻化する中で日本に突きつけられた大問題となったのである。1950年6月の朝鮮戦争勃発を契機として、陸上自衛隊の前身である警察予備隊が創設され、1954年7月に陸海空自衛隊が発足し、戦後日本の防衛力再建は一応の区切りをつける。本書は、タイトル通り日本の再軍備の軌跡を追ったものであり、1980年10月から1981年5月まで、計198回にわたって読売新聞に連載された「昭和戦後史——"再軍備"の軌跡」を再構成、加筆したものである。

推奨ポイント

　本書を推奨する第一のポイントは、その構成にある。再軍備過程の特定の部分ではなく、全体に迫ろうとしているのである。まず、戦後日本の防衛力再建には三つの特徴を挙げることができるが、本書はそれらの側面について不足なく描いている。

　第一の特徴は、陸海空三つの組織が同時に発足したわけではなかったことである。1950年に警察予備隊が創設された後、1952年に海上警備隊が発足した。そしてその2年後、1954年に航空自衛隊が誕生し、3自衛隊がそろうことになった。なぜ三つの組織が同時ではなく、バラバラの時期に誕生したのか。そしてこの時期に、この順番だったのはなぜか。これらは偶然のことではない。第二に、これらの組織が航空自衛隊をのぞいて複数回名称を変更していることである。警察予備隊が保安隊に、そして陸上自衛隊へと、海上警備隊が警備隊に、そして海上自衛隊へと名称を変更した。これらの変更についてもそれぞれ理由あってのこ

とである。そして第三に、「軍」という呼称の組織ができたわけではなかったということである。これについてはいうまでもなく憲法との関係が政治的に大きな論点となったからであり、戦後長らく最大野党であった社会党が自衛隊を憲法上認められた存在として公言するのは1990年代の半ばになってからである。この問題の起源は、本書が対象とする再軍備草創期に遡ることができる。

さらに本書は、3自衛隊という実力組織の起源のみに光を当てているわけではない。戦前期とは異なり、戦後日本の防衛機構では他の民主主義国と同様に文民統制制度を採用したが、そこでは主に行政官から構成される組織——内部部局——の存在の大きさが日本の特徴として指摘されることが多い。本書はその歴史的起源についても活写しつつ、彼らが再軍備過程において果たした役割の大きさや、戦前期国防の主人公であり、戦後も自衛隊に参入した旧軍人との複雑な関係についても切り込んでいる。加えて、本書は防衛を人材育成の面から支える士官教育—防衛大学校—の始まりや防衛産業の起こりについても丁寧に追っている。つまり、日本の防衛力再建のある時期、ある側面にだけ焦点を当てているのではなく、その全体像を捉えようとしている点が本書の大きな推奨ポイントなのである。

本書を推奨しうる第二のポイントは、読みやすい文体と迫真性を備えていることにある。元が新聞への連載ということもあり、一般の読者にも読みやすく、わかりやすいことは大きな特徴である。さらには、読み手がその場に居合わせたかのような迫真性を備えた文体で執筆されている。それは、執筆が新聞記者によって構成されたチームによって行われ、新聞紙上に連載時、当時入手可能であった内外の文献や資料を網羅的に収集、活用したことはもちろんだが、新聞社の組織力と機動力でもって多くの関係者にインタビューを行い、そうして得られた証言を縦横に活用しているからであろう。聞き取りの対象は、警察予備隊の最高幹部をはじめ、今では鬼籍に入り、証言を得ることができない人物たちだ。そうした意味で歴史的に非常に貴重な証言である。なお、本書に活用された証言はインタビュー全体の一部だが、中には証言記録として、渡邉昭夫監修、佐道明広・平良好利・君島雄一郎編『堂場文書』[DVD-ROM版]（丸善、2013年）の中に収録されていると思われるものもあり、研究上大変貴重な史料となっている。

刊行から40年以上が経ち、この間、新たな史料が発見され、それらも用いた研究が進展しているが、本書の輝きが失せたわけではない。日本の安全保障の現在地について、その根本から理解を深めようとする際に、まずは手に取るべき本の一つといえるだろう。最後に、本書は2015年に中央公論新社から文庫版が刊行されていることを付言しておく。（中島信吾）

毎日新聞社政治部編『転換期の「安保」』毎日新聞社、1979年

背景・概要

　日中国交正常化の政治過程を、交渉の主要論点となった日米安保体制の是非に照準を合わせドキュメンタリー・タッチで再現した新聞連載を書籍化。1979年の第1回サントリー学芸賞政治・経済部門を受賞し、学術的にも高く評価された。

　「日本が米国との関係をどうするかは日米間の問題です。われわれは関知しません。（しかし）日本にとって日米安保条約は非常に大事です。堅持するのが当然ではありませんか——」。歴史の舞台が回った1972年9月の日米首脳会談。安保堅持を訴える田中角栄首相に、中国が初めて公式に安保容認を打ち出した際の、周恩来首相の発言がリアルに再現される。それに先立ち、同年7月に訪中した公明党の竹入義勝が薄氷を踏む思いで周から聞き出した中国側の正常化条件「竹入メモ」。その1年前のニクソン・ショックという国際政治の地殻変動、さらに安保廃棄がスローガンだった革新陣営の動揺……。

　アクターの描写は、「舞台の上の役者たちを観るように鮮やか」だ。それを可能にしたのは、著者である斎藤明ほか2名の毎日新聞政治部記者の安保問題に対する強い問題意識に裏打ちされた取材力にある。それは、田中金脈事件報道で雑誌の後塵を拝した新聞の政治報道の、失地回復の試みでもあった。

推奨ポイント

　政治学者の京極純一は、本書に大要次のような序文を寄せている。〈「このごろ、安保、安保と騒がなくなったなぁ。どうしてだろう」。有権者の疑問に正面から受け止めたのがこの本である。「そんなの、政界の常識じゃないか」といなしたりせず、「野党の弱みだもの、黙っていなくちゃ」とかわしたりせず、政界の常識を丁寧に説明した本である。〉また、評論家の粕谷一希はサントリー学芸賞の選評でこう指摘している。〈この労作の意味は、問題意識がこれまでの新聞ジャーナリズムを超え、その方法が、近年、語られるニュージャーナリズムの手法を超えていることである。／革新陣営が再起し、新しい構想力をもつための原点はここにあり、日本人が国際政治に習熟してゆく出発点がここにある。〉

　本書の刊行後、当事者のオーラルヒストリーや外交文書の公開を生かして日中国交正常化の政治過程研究はより精密になり、幾つかの秀作が発表されている。

例えば、外務省条約課長として交渉に深く関わった栗山尚一による『外交証言録 沖縄返還・日中国交正常化・日米「密約」』岩波書店、2010年、はインタビュアーの周到な準備により、戦後日本の基本スタンスであるサンフランシスコ体制と日中国交正常化を両立させることが重要だったことや、日中共同声明の第三項（「中華人民共和国政府は、台湾が中華人民共和国の領土の不可分の一部であることを重ねて表明する。日本国政府は、この中華人民共和国政府の立場を十分理解し、尊重し、ポツダム宣言第八項に基づく立場を堅持する。」）のポツダム宣言のくだりが栗山の腹案だったことなど、貴重な証言を引き出している。

実は、本書取材チームキャップの斎藤と栗山は旧知の間柄であり、サンフランシスコ体制堅持という栗山の考えと安保に焦点を当てた斎藤らの問題意識は共鳴しているように思える。斎藤は1981年、別の取材班をつくって長年の課題である日米「密約」に挑み、ライシャワー元駐日米大使の核持ち込み発言を引き出すが、そこでも本書の手法や栗山らとの信頼関係が生かされることになった。

こうした位置づけを踏まえ、本書の推奨点を挙げると次の4点に集約される。

第一は、安保を基軸に日中国交正常化の政治過程を描いた着眼点である。55年体制下の政策対立が防衛問題、安保にあったことは周知の事実だが、1970年代の日本政治は、中ソ対立、米中接近を咀嚼できない国内冷戦の只中にあった。1959年に毎日新聞に入社した斎藤にとって60年安保は当初から持ち続けたテーマであり、安保改定の再評価が本書の底意であったとも言えるのではないか。

第二は、今日の出来事でもなく、外交文書が公開される30年後でもない、日中国交正常化から約6年という中間的な時間の経過の中で検証に取り組んだことである。日々の取材に追われる記者にとって数年前のニュースをテーマにするのは容易なことではない。一方、6年という時の流れが証言を得やすくし、1978年の日中平和友好条約という進行形の出来事まで追い続けたことが推進力になった。

第三は、与野党の政治家にも官僚にも、当事者にとって愉快ではない話も、自在に取材したことである。記者のインタビューは学者のオーラルヒストリーのような精密さはない代わりに、夜討ち朝駆けの突破力がある。当時の斎藤らは派閥記者の限界を抱えていたが、その人脈を逆手にとって隠された事実に肉薄した。

第四は、人に会って話を聞くという取材の原点を大事にしていることである。公文書が真実を伝えるとは限らないし、外交文書では「竹入メモ」のような野党外交を十分フォローできない。東アジアの国際秩序が揺らぐ中、日中関係を日本の安全保障から捉えることが重要になっている。アカデミズムもジャーナリズムも、先覚記者の仕事に敬意を払ってほしい。（岸俊光）

千々和泰明『安全保障と防衛力の戦後史 1971～2010──「基盤的防衛力構想」の時代』千倉書房、2021年

背景・概要

　本書は戦後日本において防衛力のあり方を長年規定してきた基盤的防衛力構想の形成から終焉までを分析した本格的な防衛政策研究である。この構想がなぜ、長きにわたって持続したのかという問いに基づき、戦後日本における安全保障・防衛政策に関する様々なステークホルダー間の利害関係、議論の軸、その結末等を時系列的にたどることで、戦後日本の防衛力のあり方をめぐる政策史の実態を明らかにしている。同時に日本における防衛政策策定にかかわる政治力学を読み解くヒントも提供しており、実務者にとっても有益な1冊である。この構想をめぐる議論の対立軸は、「脅威対抗論」vs「脱脅威論」、「防衛力整備重視」vs「運用重視」の二つであったとされ、高度に政治的な概念として基盤的防衛力構想が「意図せざる合意」へと昇華していった経緯が詳細に分析されている。また、同構想の生みの親とされる久保卓也氏の役割が実は相対的なものであったこと等、従来の単純な通説とは異なる、より実相に近い見方も提示されている。著者の千々和泰明は防衛研究所の日米同盟史、防衛政策史を専門とする研究員であり、内閣官房に出向して政策実務に携わった経験を基に本書を執筆している。

推奨ポイント

　本書を読み終えた後の率直な感想は、長年の疑問を解消してくれる本書に出会った喜びとともに現役時代に出会いたかったという複雑なものであった。自分自身も長年防衛政策の実務に携わってきたが、同構想の多義性に翻弄され建設的な議論ができなかったという自戒の念があったからである。

　本書を推奨するポイントは以下の四点に集約することができる。第一に、基盤的防衛力構想を巡る政策史は「日本はいかなる防衛力を持つべきか」という根源的な問いに向き合ってきた結果を示すものであり、日本が将来にわたっていかなる戦略の下、いかなる防衛力を持つのかを考える手がかりを与える点である。2022年12月に戦後初となる国家防衛戦略を含む戦略3文書が策定されたものの、防衛政策の基本と呼ばれる「専守防衛」や「非核三原則」などの見直しは先送りされている。このような我が国独特の長年に渡り継承されている基本政策等

を見直し、いかなる戦略を確立し、いかなる防衛力を持つべきかを考える際、本書は重要な視点と問題解決へのアプローチを示唆してくれる。

　第二に、基盤的防衛力構想の起源と変遷を丹念に調べることにより、従前の通説とは異なる見方を提示している点である。基盤的防衛力構想の「生みの親」として知られてきた防衛官僚・久保卓也氏の所謂「KB論文」で示された「脱脅威論」が直線的に同構想につながったわけではないことや、防衛力のあり方をめぐる対立の軸が「日米同盟」vs「自主防衛」よりも「防衛力整備重視」vs「運用重視」であったこと等、従来の通説とは異なる見方を提示している。元々防衛政策の策定プロセスはブラックボックスと呼ばれるように、どのようなアクターの利害がどのような影響を及ぼしたか、意思決定に関わる資料等がほとんど開示されていないことが多い。細部の史実を丁寧に紐解かなければステレオタイプの直線的な解釈に陥ってしまう。本書は当事者へのインタビューや個人資料等を丹念にフォローし多角的視点からより実相に近い見方を提示している。

　第三に、日本における安全保障・防衛政策の策定に当たる実務者に対して、安全保障・防衛にかかわる原理・原則、軍事的合理性に対して様々なステークホルダーの利害調整が行われるダイナミズムを理解するための知的基盤を提供している点である。冷戦期に較べて国内政治情勢や国民の自衛隊に対する理解・期待の高まりなど政策策定を取り巻く環境は大きく変化してきている。しかし、政策策定プロセスの政治力学や利害調整のプロセスを理解しなければ、望ましい政策の策定やその実現も覚束ない。近年は、脅威や戦い方の変化が大きく、政治主導の浸透によって政策策定のスピードは格段に速くなっている。したがって、政策に関わる実務者には本書のようなわが国における政策史に関する基礎的知識が不可欠である。

　第四に、本書がわが国における安全保障・防衛政策研究の新たな可能性を提示した点である。従前は、米国に存在する資料をベースに研究者が組織の外から行う研究が主体であり、史実を明らかにすることに主眼があった。本書は筆者自身が政策策定の実務に携わった経験に基づき、わが国における安全保障・防衛政策の策定に関わる独特の政治力学や変遷の経緯を明らかにすることによって、その他の防衛政策の見直しに資する手がかりを提供している。安全保障・防衛政策にかかる政策研究の難しさ、すなわち一次資料の入手が困難なこと、職務上知り得た内容に関する守秘義務があること、ステークホルダー間の利害調整のプロセスが表面に出にくいこと等を克服するための研究手法や組織内の実務経験者が研究を行うことの意義を示した点に大きな意味があると思料する。（荒木淳一）

高坂正堯『世界地図の中で考える』新潮社（新潮選書）、1968年／2016年

高坂正堯『世界地図の中で考える』新潮社（新潮選書）、1968年／2016年

背景・概要

本書は半世紀以上も前に書かれた。国際政治学者の高坂正堯が既存の学術的な枠組に捉われず、自在に文明論を展開する。ベトナム戦争に敗れた米国を軸に「世界地図」を編む。「世界地図」とは、私たちの地理的視野を写したものだ。この地理を見る目は「地政学」という分析視角へとつながっていく。

五部構成の本書は、第一部「タスマニアにて」で国際政治学の出発点を記す。豪州の南東端に位置するタスマニアは国際政治の表舞台からは最果ての地。意外な書き出しだ。だが、タスマニアから見上げた世界は、私たちの「地理的視野を豊かにしてくれる」と高坂は説く（23頁）。

第二部「パックス・アメリカーナ」では米国文明の輪郭を浮き彫りにし、米国の力の源泉を明らかにする。本書のハイライトである第三部「文明の限界点」では米国の苦悩を描く。第四部「さまざまな文明・ひとつの世界」では、インドネシア、フランス、日本を題材に、その独自性を描き、米国の介入主義を戒める。第五部「世界化時代の危機」では、開発援助を取り上げる。途上国の経済発展への障害が、技術や資金不足ではなく、社会的・制度的なものであることを喝破する。

推奨ポイント

筆者は本書を平和・安全保障研究所（RIPS）に就職したときに手にした。修士課程を終え、安全保障研究を本格的に志したときだ。RIPSの副会長をしていた高坂の著作は代表作も含め他にも読み漁った。しかし、本書が当時の私に最も深く刺さった。ワクワクしながら洞察と含蓄に富んだ文章に下線を引く。文明論を語るスケールに魅了され、その語りのバランス感覚に膝を打つ。今から安全保障を学ぶ読者にとって有益な一冊となると考え、推すことにした。

以下、高坂の名言を紹介しよう。国際政治を見る眼として欠かせない一丁目一番地は次の引用から学べる。「世界にはさまざまな信念体系を持った国や文明が存在する。一つの国で常識と考えられることが他の国ではそうではなく、ある国では正しいと考えられることが、別の国では悪なのである。それこそ、国際政治のもっとも重要な特質なのである。だから、国際政治を普遍的な正義や理念で割

り切ることはできないのである。(147頁)」「ひとつの文明はいかに強力であり、優れたものであっても、異質の環境においては強力ではなくなり、よい効果を及ぼし得ないのである。(114頁)」「世界の歴史はひとつの原理で価値判断することができるほど単純なものではないのである。(中略) あるひとつの体制を、時と場所と無関係に、抽象的に判断するくらい大きな誤りはないのである。あるひとつの国や文明は、あるひとつの限度のなかでのみ、善であり、強力でありうるのである。(148頁)」これらの主張は、欧米によるリベラルな価値観の押しつけに対する警鐘として現代の平和構築の文脈でも意味をもつ。

さらに、高坂は開発援助における尊厳維持の課題を語る。「社会の広汎な文化的進歩は、真物の自発性や内在的な可能性と尊厳の感覚が十分存在しなければできない。(中略) 屈辱感を持ったり、あるいは軽蔑感を持っている人々と村人との接触は新しい文化様式の急速な学習には役立たない。ここに、植民地統治がなぜ文明を伝えることに失敗したのかのもっとも基本的な理由が述べられている。そして、植民地支配の下での経験によって尊厳を喪失したことが、南の諸国の今日の国家建設と近代化の努力にとって、いかに大きな負債であるかを教えている。さらに、優越感にもとづく北の援助がなぜ成功しないかを示唆している。(220頁)」このくだりも高坂の本質を見抜く力を示す。

次に、学問に対する基本姿勢を述べた箇所を引用する。学術的な探究や議論が、なぜ重要なのか。高坂は語る。「ものごとはすべて条件附きのものである。明るみに出ていることの裏にも重要な事実があり、原則には例外があり、できごとには背景がある。だから、そうしたものを抜きにした知識はしばしば現実離れした世界像を与えることになるのである。つまり、表面的であるだけではなく一面的な世界像を持つことになってしまう。(259頁)」「議論というものは事実を一面的に捉えるのではなく、さまざまな、そして、ときには相矛盾する側面を教えてくれるものとして不可欠の重要性を持っている。(中略) 公正な議論以外に、人間の頭脳の限界的性格を是正するものはないのである。(262頁)」

議論のための議論ではなく、私たちの地理的視野を豊かにするために議論するのだ。それが「対話」の目的であり、醍醐味である。多様で複雑かつ重層的で流動的な現実を把握するためには、多角的な視点が欠かせない。自分の正義、主義、学説に固執せず、柔軟で開かれた思考法が大切だと本書は伝えてくれる。常に開拓者精神を忘れず、自分の「世界地図」を広げる学習者であることが、21世紀においても安全保障研究を目指す者には求められよう。これが時代を超えて語り継がれていくべき本書のメッセージだ。(上杉勇司)

奥宮正武『戦争は日本を放棄していない』PHP 研究所（PHP 文庫）、1991年

とても興味が湧くタイトルである。本書は、国家安全保障に関し、「日本は戦争を放棄しても、戦争は日本を放棄していない」のはなぜか、が解き明かされてある。この現実を、日本の締結する条約、国際情勢、歴史的事実を切り口に、総合的かつ論理的に分析されている。あわせて、日本が生きのびるための条件が導出されている。

本書の最初の出版は1975年である。時は、ヴェトナム戦争が終結した年である。紹介するのは、1991年に、同書をその後の国際情勢の推移、特に1990年代初頭のペルシャ湾危機、続く湾岸戦争に応じて改訂されたものである。奥宮の執筆の動機は、わが国が世界的に孤立すること、世界と日本の関わりへの危機感であった。

著者の奥宮正武は1909年生まれ、元海軍中佐、大本営海軍参謀。大東亜戦争においては、ミッドウェー海戦やマリアナ沖海戦に参加している。戦後創設された航空自衛隊で勤務し、1964年退官後は松下電器、PHP 研究所で研究に従事し、2007年に鬼籍に入った。著書は、『ミッドウェー』『機動部隊』『零戦』『真実の太平洋戦争』等多数であり、その多くが海外の言語に翻訳されている。本書にも、その歴戦を乗り越えた人でしか書けない著者の落ち着いた筆力がある。

本書は、安全保障を学ぶあるいは志す人にとって、「古典」といっていいだろう。古典は、読み継がれ、普遍性を有する。本書は、歴史や国際法の膨大な研究や、海外フィールドワークを基に執筆されている。ゆえに、本書はいつ読んでも色褪せない。読むたびに、時代を超えてもぶれぬ視座を与えられる一冊である。

筆者と本書の出会いは1991年、米国海軍兵学校（アナポリス）の学生時代である。当時3年生であった筆者は、一時帰国の夏休みに地元の書店で本書を手にした。タイトルが『戦争は日本を放棄していない』、普通は逆ではないか。興味が湧いた。解説は、京都大学の高坂正堯である、間違いはないだろう。本書を読むことにより、日本と世界の関わり方や自衛隊の役割が明確になった。当時海上自衛隊に入るかどうか迷っていた自分に、将来進むべき指針と使命感を与えた。

背景・概要でも述べたが、本書は初版が冷戦時代に書かれ、今回紹介する文庫版はポスト冷戦時代の初期に書かれた。当時日本は、湾岸戦争後の世界秩序にどう関与するか、不評であった同戦争への財政的貢献のみへの疑問で揺れ動いていた。2022年2月にロシアの侵攻で開始されたウクライナ戦争においても、物価高騰や欧州への飛行ルートの変更と、戦争は日本を放棄していないのである。

　奥宮がそう説くのに、本書に通底する三つの主な理由がある。第一に、わが国のエネルギーと食の自給能力が著しく低く、自国の力のみでは国家の存続すら危ぶまれること。第二に、わが国を除くほとんどすべての国が戦争に備えることを規定した憲法をもっていること。第三に、わが国が、戦争に関する多くの条約や国際法法規に直接かかわりをもっていること。これらの論点は、2023年の令和の今日においても、不易のロジックである。

　筆者が本書について推奨するポイントを三つ述べたい。

　第一点は、常に歴史的かつ国際的な視点に立った、史実と常識に基づく普遍性と先見性である。最終章の第8章における「日本──生きのびるための条件」は秀逸である。特に、日本が学ぶべき例としてオーストリアの国際協力に言及している。同国に学ぶべきは、自らの独立と安全のための国際的関与である、と。初版が書かれたのが1975年であることを考えると、著者の慧眼に唸るばかりである。

　第二点は、日本社会において、見逃されている影響を明らかにしていることである。特に、「もし自衛隊をなくしたら」における自衛隊に関する分析は明快である。自衛隊を廃止したら、日米安全保障条約は廃止されること。その結果わが国は最も不安定な国となり、貿易は不振を極め、他国の介入を招く危険性を喝破している。

　第三点は、平易に論じられていることである。本書は、難易な抽象的理論や数式を使わずに国家安全保障が語られる。文庫ゆえ、手を取る読者を一般層としていることは、安全保障に関心を持ちはじめた方々には最適である。

　解説で、高坂は本書に対し「ある人のものの考え方というものは、その人の論文、書物を読むことによってはじめて理解しうる」、「奥宮さんの著作は日本の愚行でもあり、悲劇でもあった太平洋戦争への深い反省の生み出したものと言えるし、その安全保障政策論の健全さはそのためのものであるように思われる」とする。

　研究も実務も、先人の到達点を出発点として進んでいかなければならない。その意味で、本書に込められた歴史の教訓は時代を超えて読み返され、継承されるべき知的財産である。「戦争は日本を放棄していない」のだから。（北川敬三）

杉山滋郎『「軍事研究」の戦後史――科学者はどう向きあってきたか』
ミネルヴァ書房、2017 年

背景・概要

今日の世界では、米国、欧州、中国をはじめとする多くの国が軍事、民生目的を問わず先端技術の活用を進めており、日本もまた例外ではない。しかし、科学技術のデュアルユース性――軍事用途にも民生用途にも利用できる性質――がいかなるかたちで政治化するのかという点は、国や時代によって違いがある。2015年に発足した防衛省の安全保障技術研究推進制度は、それまで学術界で忌避されてきた「軍事研究」を大学を巻き込むかたちで推進することを目指すものとして大きな反発を呼び起こした。

日本の政治的文脈において重要なのは、科学技術のデュアルユース性は必ずしも今日はじめて意識されたものではなく、戦後、繰り返し論争の的になってきた問題でもあったという点である。では、日本が（さまざまな例外こそあれ、大枠としては）「『軍事研究をしない』という方針を今に至るまで貫くことができたのはなぜなのか」。科学史を専門とする著者の杉山滋郎はこのような問題意識に立ち、戦後日本において「軍事研究」をめぐって戦わされた論争を歴史的に整理することを試みている。なお、「軍事研究」という表現自体が政治性を帯びていることに杉山は自覚的であり、それを踏まえてあえてこの言葉を用いていることにはここで触れておきたい。

推奨ポイント

本書は近年展開された学術・科学技術と軍事安全保障の関係をめぐる論争を入り口として、戦前から戦中にかけての科学者動員の歴史を描いたうえで、冷戦期の論争、そして冷戦後から今日に至る「軍事研究」問題の展開を示す。本書の特徴は以下の3点にまとめられる。

第一に、本書が科学史的な立場から、科学技術と安全保障の関係をめぐって提起されたさまざまな主張を多角的に分析している点である。本書の中核は大学や日本学術会議といったいわゆる学術界の議論を追うことに据えられているが、議論の推移をみれば、「科学者の論理」も決して常に一枚岩だったわけではなかったし、「政府の論理」も一貫していたわけではないことがわかる。日本の安全保

障政策をめぐる多くの議論と同様、「軍事研究」をめぐる論争もしばしば規範と戦略的合理性の対立という視点から議論されがちだが、本書のアプローチは、論争が単純な二項対立ではなく、そこにより細分化された主義主張や利害が内在していることを明らかにしている。

　第二に、「軍事研究」や基礎研究、デュアルユース、また、学術界が関与すべきではない「兵器」とは何かといった、論争の中で解釈の分かれてきた問題について、歴史的経緯を踏まえて丁寧に解きほぐすことで、基本概念やそれが持つ政治的意味合いを掘り下げる作業が試みられている。それは、抽象的な概念定義を目指すものではなく、また、現代の国際安全保障環境を踏まえた再定義を行おうとするものでもない。あくまでも歴史的経緯の中でこれらの概念がどのようにとらえられ、摩擦の対立軸を形成してきたのかを解き明かそうとするものである。このような科学史的なアプローチによって問題の経緯を描くにとどまらず、それを踏まえて新興技術をめぐる今日の課題にも分析が及んでいるのは、歴史分析を目的とする学術書としては異色かもしれない。しかしそれによって、歴史と現在をつなぐ視点が提供されていることは、本書に政策研究や安全保障研究の観点からの付加価値を与えている。

　第三に、このような学術的なアプローチが採用されることで、いわゆる「べき論」から一定の距離を置いた分析が行われている点は重要であろう。2015年以降、デュアルユース技術の安全保障利用を進めるべきである、あるいは科学と軍事の接近を許すべきではない、といった主張を伴う論考や書籍が数多く発表された。そもそも、政策的、社会的な関心に鑑みれば、こうした「べき論」は期待に応えるべくして応えたものということもできるだろう。杉山自身もおそらく学術が軍事に接近することを支持しているわけではなく、執筆の背景に科学者／科学史家としての規範的な問題意識があったことも読み取れる。しかし、本書ではそのような著者の立場と分析が可能な限り切り離されており、そのことがこの問題を検討するための学術的な素材として大きな価値を示すことにつながっている。

　もちろん、この一冊をもって今日の科学技術と安全保障をめぐる問題に明快な解が与えられるわけではない。しかし、今日の国際安全保障環境に照らし合わせて科学技術と安全保障のかかわり方を変える必要があるかどうかということを考えるだけでなく、そもそも日本でなぜこのような争点が生じてきたのかを踏まえることも、現実的な安全保障研究や政策形成には不可欠の視点となる。本書はそのための有益な材料を提供してくれるものとなっている。（齊藤孝祐）

田中明彦『安全保障——戦後50年の模索』読売新聞社、1997年

本書は、読売新聞社が1990年代後半、「20世紀の日本」をテーマに発行したシリーズ全12冊のうちの第2回配本である。第1回は北岡伸一『自民党——政権党の38年』（吉野作造賞受賞）、第3回が五百旗頭真『占領期——首相たちの新日本』と、そうそうたる執筆陣がそろっている。

当時、『新しい「中世」』（サントリー学芸賞受賞）で冷戦後の世界システムを提示し、気鋭の国際政治学者として頭角を現していた田中は、シリーズ編集委員を務める北岡教授の誘いを受けて執筆に取り掛かった。第二次世界大戦後、日本人が自らの安全保障についてどのように考えてきたかを、できるだけわかりやすく、しかも体系的に述べた本を作ろうと取り組んだものである。「敗戦と憲法第九条」（第一章）から「冷戦後の安全保障」（第十章）まで全10章の構成で、ポツダム宣言受諾から新憲法制定の動き、橋本龍太郎首相とクリントン米大統領による「日米安全保障共同宣言」（1996年）までの経緯を取り上げている。

田中は、1954年生まれ。東京大学教養学部卒業、マサチューセッツ工科大学大学院博士課程修了（Ph.D.）。東大教授、副学長、国際協力機構（JICA）理事長。

推奨ポイント

自衛隊の活動に関する日本の憲法論議は、国内だけにしか通用しないという意味でガラパゴス状態にある。戦後の国会で繰り広げられてきた与野党論戦は、「55年体制」の下、米ソ対立のような「ミニ冷戦」が持ち込まれ、憲法9条の解釈をめぐる不毛な神学論争に終始してきたからだ。しかも、冷戦時代、日本の論壇における言論空間はいささか狭く、理想主義的な国際政治観が主流を占め、憲法改正論はタブー視されていた。

こうした国内消費向けの神学論争を読み解くには、まず、幅広い観点から戦後の安全保障政策を振り返ってみることから始めるのが頭の整理になる。そのための最初の1冊として、本書はイチ押しだ。

本書が刊行されたのは、1997年。戦後日本の安全保障論議は、何が国益に資するかという政策論ではなく、憲法第9条の解釈論にエネルギーを費やす不毛な議論に明け暮れていた。ところが冷戦終結、湾岸戦争を経て日本の国際貢献の

あり方が問われるように様変わりした。自衛隊の海外派遣実施を経てからは、憲法改正論議がタブー視されなくなってきたという時代背景がある。

田中は本書の冒頭、国土の軍事的防衛にとどまらず、幅広く、多様な国家、国民の安全保障を考えるという視座を提示し、戦後の日本が、何を、何から、何で守るのかという問いを設定した。戦後の日本の再軍備の軌跡を通じて、安全保障政策の「規範」と「戦略」がどのように形成されてきたのか、虚心坦懐、分析結果を明示した。

筆者は、新聞社の北京支局特派員の勤務を終え、1998年、帰国したのち、東京本社解説部で安全保障問題に取り組んだ時、本書に出会った。その視点は当時、とても新鮮に映った。それ以来、座右の書の一つとして活用してきた。

日本国憲法制定以後の吉田茂と芦田均の論争を取り上げ、当時の首相・吉田の憲法解釈を鋭く批判。警察予備隊・保安隊・自衛隊創設以降、国会を通じて様々な与野党攻防の中で編み出された政府統一見解の数々を「知的アクロバット」と位置づけた視角はとても鋭い。戦後の国会で、「戦力」や「自衛権」など防衛問題をめぐって登場する様々な政府統一見解は、自衛隊の活動を合憲とするために積み重ねられてきた解釈を守り抜くうえで、精緻に組み立てられてきたからだ。

田中は、いわゆる「芦田修正」の意味について、「もしここで芦田がしたような解釈を政府が打ち出していれば、日本の安全保障をめぐるその後の神学的ともいえる論争は防げたかもしれない」と振り返る。しかし、吉田は、野坂参三（日本共産党）の質問に対する答弁で、自衛戦争をも否定するような解釈を示した。なぜなら、天皇制の維持と連合国の信頼を勝ち得て独立を達成するために、極端な解釈をも受け入れるという姿勢をとったからだ――という田中の分析は、その後の日本の針路について深く考えさせられる。「答弁は確かに不用意だった」というマイナス評価が前提にある。吉田と芦田は、外交官出身の政治家同士という共通項がありながら、それぞれ異なる政党の党首であり、占領期の首相を経験してきたことからライバル関係にあったことが影響したのか、とも思わせるのだ。

独立回復後の自衛隊創設時、参議院による「自衛隊の海外出動禁止決議」（1954年）が出された。これについて、田中は「国際社会の安定や平和のために、日本がなしうることがありうる」という発想や「同盟関係を結ぶことが何を意味するのか」との発想が全く欠如している――と、厳しく批判したことも注目される。日本の国際貢献や日米同盟強化につながる考え方の原点を提示しているからだ。本書はすでに品切れとなっているが、図書館や古本で入手可能である。（笹島雅彦）

槇智雄『新版　防衛の務め──自衛隊の精神的拠点』中央公論新社、2020年

防衛大学校の前身となる保安大学校が開校したのは1953年4月のことである。当時の吉田茂首相に請われて、その初代学校長となったのが槇智雄（1891-1968年）であった。

一般に広く知られる人物ではないが、12年間にわたる在職中、学校長として学生に繰り返し説いた理念は「槇イズム」とも呼ばれ、現代の自衛隊の中にも深く根付いている。初期の防大卒業生の回想でも、槇の慈父のような存在が印象深く語られることが多い。

槇が卒業式や入校式などに行った講話をまとめたのが『防衛の務め』である。学校長退任後の1965年に刊行され、2009年には中央公論新社から復刊された（2020年に再度復刊）。

復刊にあたって付された「自衛隊の精神的拠点」という副題が示すように、本書は一人の学校長の訓話集という域を超えて、戦後新たに設立された自衛隊において自衛官はいかなる倫理観に基づいて任務にあたるべきか、その理念の源流を示している。

本書の第一の特徴は、戦後初期の防衛政策において、将来自衛隊の中核を担う人材教育がどのように行われていたのかを、槇の講話を通じて理解できる点である。

1930年代、満洲事変をはじめとする中堅幹部の暴走を目の当たりにした吉田茂は、再軍備のプロセスにおいて「下剋上のない幹部」を作ることを重視した。そのために吉田は保安大学校の学校長を文民から選び、民主主義の時代に適した、軍事的専門性に限定されない広い視野を持つ幹部養成教育にこだわった。槇に対しても吉田は、民主主義の時代に即した士官教育の必要性を語り、それが槇の教育の指針となった。

槇は戦間期にオックスフォード大学で政治哲学を学び、1920年代から慶應義塾で政治学や政治思想史などを講じていた。民主主義とは何かを知り、また、第一次世界大戦で英国の若者がノーブレス・オブリージュを実践して戦場に向かう

のを目の当たりにした槇は、英国かぶれでもあった吉田が思い描く士官教育の担い手として格好の人物であっただろう。

　1953年4月の1期生の入学式以降、槇は民主主義の下での命令と服従の関係性や自衛官が体現すべきノーブレス・オブリージュのあり方、自由と放縦の違いといった命題を繰り返し語り続けた。また、しばしばパスカルの『瞑想録（パンセ）』にある「力の伴わぬ正義は無力であり、正義の伴わぬ力は抑圧である」という言葉を紹介し、防衛力と正義とは不可分であり、正義に必要となる信念をもって防衛任務にあたることの重要性を説いた。講話の内容は哲学的で多岐にわたるが、自衛隊に対する社会の評価が定まらない時代にあって、学生一人一人が民主主義体制下での幹部自衛官のあるべき姿や国防という任務の崇高さを理解し、自発的かつ誠実に任に当たることの大切さを説いた。

　もっとも、講話の内容はやや難解で当時の学生もすべてを理解できたわけではなかったようである。だが、本書が編まれたことで、学生が実務に就いた後も槇の理念に立ち返ることが可能となり、防衛大学校の枠を超えて自衛隊としての規範を示す典拠となった。本書の解説で田中宏巳が指摘しているように、槇の講話は戦前の「軍人訓誡」や「軍人勅諭」に匹敵する重みを持ったといえよう。

　第二の特徴は、吉田茂の安全保障政策における防衛大学校の位置づけを示している点である。

　本書では、槇が小泉信三（慶應義塾元塾長、当時は皇太子の教育責任者）を介して吉田と会談した様子が描かれている。吉田自身、回想録（『回想十年』）の中で警察予備隊創設時に幹部要員養成の問題に気をつけたと述べているように、首相在職中から幾度も防大を訪問するなど、吉田は防衛大学校からどのような学生が輩出されていくのかに関心を持ち続けた。現在でも吉田は槇、小泉と並んで、防衛大学校建学の三恩人と呼ばれている。

　実際、「軽武装」を特徴とする吉田の安全保障政策は、防衛大学校における人材育成という点と密接に結びついていた。日本再軍備をめぐる日米交渉において吉田は、大きな陸上部隊の迅速な創設という「量」と「速さ」を求めるアメリカ側に対して、将来的な「民主的軍隊」の創設と、民主主義や規律を理解する士官の育成という時間をかけた「質」の確保を訴えていた。つまり、吉田の軽武装路線は、経済情勢を勘案した状況対応であると同時に、人材育成という長い時間軸を意識したものとして理解できる。吉田茂と防衛大学校のつながりを描写する本書は、吉田茂の安全保障政策についても、そうした新たな解釈の手がかりを提供している。（高橋和宏）

手嶋龍一『外交敗戦——130億ドルは砂に消えた』新潮社（新潮文庫）、2006年

背景・概要

　冷戦終結直後の1990年から1991年にかけて、イラクのクウェート侵攻により湾岸危機・湾岸戦争が起こった時、筆者は小学校6年生だった。だがブラウン管テレビの映像で見る限り、この事態に際して大人たちがうまく日本の舵取りをしてくれているようには思えなかった。むしろ自衛隊派遣の是非を中心に、日本社会全体がどうしていいか分からず戸惑っている、そんな雰囲気だった記憶がある。子供ながらに、日本が世界においてけぼりにされている感覚をおぼえた。

　この時の強い印象からか、大学4年生になった筆者は「湾岸戦争をめぐる日米関係」をテーマとした研究に取り組んでみたいと思い、大学院進学に必要な研究計画書「まがい」のものを書いた。それを恩師にあたる先生に見ていただいたところ、先生は筆者のあまりの不勉強に愕然とされ、後日ご自宅から何冊もの関連書籍をわざわざお持ちになりお貸し下さった。そのなかの一冊が本書であった。

　著者の手嶋龍一はNHKに勤務した外交ジャーナリストである。当時は改題前の『一九九一年日本の敗北』というタイトルで、製本仕様も文庫化前のハードカバーであった。

推奨ポイント

　ページをめくると、湾岸戦争をめぐるまさに「日本の敗北」が、巧みな構成・筆致とともに目のなかに躍動感をともなって飛び込んできた。

　130億ドルもの大金を拠出したにもかかわらず、小出しで時宜を得ないがゆえに国際社会から評価されない財政支援。多国籍軍への人的貢献を、自衛隊ではなく、自衛隊とは別組織の「国際平和協力隊」に担わせるとする国連平和協力法案をめぐる廃案までのドタバタ。そして1991年1月の橋本（龍太郎）＝（ニコラス・）ブレイディ日米蔵相会談であらわになった、財政支援をめぐる外務省と大蔵省の二元外交。綿密な取材にもとづき、湾岸戦争をめぐる日本外交に関しイメージしていたよりもはるかに詳しく、かつ物語としても深掘りされた内容の本が既に世に出ていることに衝撃を受け、研究計画は頓挫してしまった。

　ただ、本書で描かれた日本外交官の群像劇が、新たな地平を見せてくれた。たとえばワシントンの村田良平駐米大使は、駐米サウジアラビア大使のバンダル王

子を通じた情報収集に努め、1990年12月の時点で本省に向けて危機が戦争に発展することを示唆する公電を発した。これは「湾岸危機の村田電」として特別に名づけられるほどに重要度の高い情報であり、危機の帰趨に関する日本政府の予測が和戦両様に揺れるなかで小さくない意味を持つものであったという。また、松永信雄前駐米大使と大蔵省との暗闘や、自衛隊派遣に消極的な栗山尚一外務事務次官の苦悩、斎藤邦彦駐イラン大使によるイランの局外中立に関する情報収集、自衛隊による武器弾薬輸送に関する柳井俊二条約局長のいわゆる「下剋上答弁」なども印象深かった。

　結局筆者は修士論文では戦後歴代駐米日本大使の役割をテーマに選んだが、それには本書の影響もあったと思う。その修士論文をリバイズした論文の抜刷を、ワシントンDC留学中、NHKワシントン支局長であった著者に厚かましくも送ってみた。すると著者からわざわざ連絡をもらえ、支局にて数時間にわたって一大学院生の相手をしてくれ、イラク戦争の報道などで自身が中継していたスタジオなども直々に案内してくれた。感銘を受けた本の著者と直接話をすることができた、留学時代の忘れがたい思い出である。

　ところで本書では触れられていないが、国連平和協力法案をめぐっては部隊の指揮権をめぐって大問題が生じた。法案では、首相が国連平和協力隊の指揮権を有することになっていた。一方防衛庁側は、たとえ国連平和協力隊としての派遣であっても、部隊に対する防衛庁長官の指揮権を残すことは譲れない一線であった。しかし国会の場で、防衛庁側の答弁に、その場で海部俊樹首相自身が待ったをかけたのである。同法案の廃案は、こうした混乱も一因であった。戦後初めて自衛隊の海外での運用を検討することを迫られた時、部隊の指揮権を誰が持つのかという軍事上の最重要事項について、日本は答えを用意できなかったのである。

　日本の外交・安全保障の姿は、1991年の「敗北」のころとは大きく変わった。1992年からのPKO参加や、対テロ特措法（2001年制定）・イラク特措法（2003年制定）にもとづく自衛隊派遣、そして平和安全法制の制定（2015年）による「国際平和共同対処事態」への対応の恒常化などである。また本書では外務省の対応に紙幅が割かれているが、今日では防衛省も主要なアクターとして役割を果たすのみならず、国家安全保障会議（NSC）や内閣官房国家安全保障局（NSS）による、政府全体による取り組みがなされるであろう。

　そうした変化の原点がどこにあったのかを知るうえでも、本書が色あせることはないだろう。（千々和泰明）

佐瀬昌盛『新版 集団的自衛権──新たな論争のために』(一藝社、2012年)

背景・概要

　2015年の平和・安全法制をめぐる日本国内の大論争を経験した世代にとって、集団的自衛権は聞き慣れた言葉である。しかしそれ以前は一部の専門家や行政官、政治家の関心にとどまっていた。その時代から集団的自衛権をめぐる政府解釈の問題を探究してきたのが、長く防衛大学校で教鞭をとった佐瀬昌盛だった。

　本書は前半部分が2001年にPHP新書として刊行された同題の『集団的自衛権──論争のために』の再録であり、後半が2012年の刊行時に新たに追加された部分という構成になっている。刊行は第二次安倍晋三政権が誕生する直前だった。安倍政権は、上述の平和・安全保障法制によって集団的自衛権の限定的行使容認を含む日本の安全保障基盤の強化を進めた。その前後には集団的自衛権に関連する文献が多数刊行されたが、本書はまさにそのはしりだった。

　著者の佐瀬は、集団的自衛権に関する政府の解釈に文字通り憤慨していた。当時の政府解釈は、国際法上は日本も主権国家として集団的自衛権を有するとしつつ、その行使は自衛のための必要最小限度という範囲を超えるものであるために憲法上許されないというものだった（1981年答弁書など）。佐瀬はこれを、憲法上集団的自衛権を有するのか否かの判断を避けるものだと批判し、それが焦点だったにもかかわらず、範囲を超えるという数量概念が混入されたことの問題点を厳しく指摘した。さらに、こうした政府解釈は一貫したものだとの内閣法制局の主張に対し、実際には1950年代から大きく変化した経緯を論証した。政府は、1970年代から80年代にかけて野党対策として集団的自衛権をいわば悪者として切り捨て、それによって個別的自衛権を死守しようとしたのである。そして本書は、こうした集団的自衛権解釈を「日本的バイアス」だと糾弾した。

　全体として、研究者としての真摯で緻密な探究、そして怒りとともに皮肉とユーモアが混ざった「佐瀬節」が印象的な佐瀬の代表的著作である。

推奨ポイント

　日本にとっての集団的自衛権は、第一義的には日米同盟に関する問題であり、当然その観点からの議論が多い。本書でも日米安全保障条約における集団的自衛権の扱いや日米ガイドラインの問題が検証されている。しかし、本書のアプロー

チが特徴的だとすれば、それは著者が国際法と国際政治の接点に着目し、さらにNATO・欧州研究の知見を加えることで、日米同盟にとどまらない視野からこの問題を論じているからである。佐瀬はNATO研究の泰斗であり、それが集団的自衛権の問題に取り組む基礎になったであろうことは想像に難くない。

　米国の一部の日米同盟専門家は、集団的自衛権に関する日本の神学論争ともいえる不毛な議論を熟知している。他方で、同じ米国でもそれ以外の外交安全保障政策コミュニティの人々はそれらをあまり知らない。彼らが、本来同盟の根幹であるはずの集団的自衛権に関する日本の特殊事情を知ったら「半信半疑状態に陥るはず」だとの佐瀬の指摘はそのとおりである。米国にとってのより普通の同盟であるNATOを踏まえた視点だ。ともに集団的自衛権を行使することで集団防衛体制、つまり同盟が成立するのである。これが当たり前の同盟だ。

　他方で、国際連合憲章によって国家「固有の権利」とされた集団的自衛権は、同盟がなくても行使可能である。欧州の中立国の事例を詳細に検証し、中立国も集団的自衛権を有すること、つまり集団的自衛権は同盟に依拠するものではない点を論証したのも本書の重要な貢献だといえる。

　安倍政権によって実現した平和・安全法制は、集団的自衛権という言葉は使わなかったものの、日本が攻撃を受ける前の「存立危機事態」の段階で米国など「我が国と密接な関係にある他国」を支援するために武力を行使する可能性を認めることになった。これは、日本の従来の立場に照らせば極めて大きな変化であり、集団的自衛権に関する政府の憲法解釈は変更された。しかしそれによっても、佐瀬が提起し続けた問題は決して過去のものになっていない。

　というのも、2015年の平和・安全法制をめぐる国内の議論は、集団的自衛権をめぐる「日本的バイアス」を改めて浮き彫りにし、結果としてほとんど集団的自衛権とは呼べないような限定的なものにたどり着いたからである。佐瀬が訴え続けてきた国際法や国際政治の常識や現実に即した理解からはまだほど遠い。

　個別的自衛権（の行使）よりも集団的自衛権（の行使）が数量的に大きく、危険であるかのような理解はやはりまだ根強いし、攻撃を受けた国を補給や情報提供など、直接的な武力の行使以外の手段によって支援することを頑として集団的自衛権の行使とは呼ばない（呼べない）現実もそのままである。集団的自衛権の行使には「密接な関係」の存在が不可欠であるとの「誤解」も健在にみえる。もっとも、これらの問題を清算するには佐瀬が述べるように憲法改正が必要なのだろう。それでもまずは集団的自衛権自体に関して理解をさらに深めなければならない。引き続き本書に立ち返る必要があるゆえんである。（鶴岡路人）

青木節子『日本の宇宙戦略』慶應義塾大学出版会、2006年

1957年にソ連が人工衛星「スプートニク1号」の打上げに成功し、本格的な宇宙開発・利用の時代が幕を開けた。以後、冷戦期を通じて、米ソを中心とする大国・先進国は国家威信や軍事力の向上などを目的として多数の人工衛星を打上げた。冷戦後はさらに多くの国々が宇宙開発・利用を行うようになり、企業も国家と並ぶ宇宙活動の担い手となっている。

本書は世界の宇宙開発・利用を国際宇宙法の観点から解説した書籍であり、2007年度の国際安全保障学会最優秀出版奨励賞（佐伯喜一賞）を受賞している。

著者の青木節子は1959年生まれの法学者である。1990年にカナダのマッギル大学法学部附属航空・宇宙法研究所博士課程を修了し1993年に博士号を取得した。立教大学法学部助手、防衛大学校社会科学教室専任講師、助教授、慶應義塾大学総合政策学部助教授、教授を経て、現在は同大学大学院法務研究科（法科大学院）教授を務めている。2021年には国連宇宙空間平和利用委員会法律小委員会の議長を日本人として初めて務めるなど、世界的に著名な宇宙法研究者である。

推奨ポイント

宇宙開発・利用を国際法という観点から深く学びたい読者に、本書は最適な一冊である。「広く大学学部生と宇宙の開発と利用に関心のある社会人を対象」とする「実用的な解説書」であるという著者の言葉（まえがき参照）に違わず、初学者でも理解できる平易な言葉で書かれている。

同時に、本書は国際安全保障学会の学会賞を得ていることからもわかる通り、国際法にとどまらず国際安全保障や軍事に関心をもつ読者にとって学びの多い一冊である。本書を通じて読み手は、宇宙の軍事利用の歴史、宇宙の軍備管理に関わる国際法、そして日本における宇宙の防衛利用について、特に理解を深めることができる。

日本では、宇宙の軍事利用は最近になって始まったものであるという誤解がみられることもある。しかし本書の第1章「宇宙開発・利用の歴史」を読めば、宇宙開発・利用はその始まりから軍事と密接不可分な関係にあり、とりわけ大国や

先進国にとって安全保障・軍事は宇宙開発・利用に取り組む主要な目的となってきたことがわかる。

　また、宇宙は時に開拓時代の米国西部に例えられるなど無秩序な空間といわれることがある。だが、本書の第2章「国際宇宙法の基本原則」および第4章「宇宙の軍備管理」を読むことで、主要な宇宙活動国が加盟する宇宙関係条約があり宇宙の軍備管理に関わる規定も存在すること、軍縮会議を中心として宇宙の軍備管理を強化するための国際的な努力が行われてきたことを解することができる。第4章ではまた、ロシア・ウクライナ戦争をめぐって議論となっている、第三国の商用衛星に対する武力行使の適法性についても考察がなされている点は特筆に値する。

　日本による宇宙の防衛利用に関心のある読者には、本書の第5章「宇宙の平和利用原則――日本独自の『非軍事』解釈」を勧めたい。自衛隊による宇宙利用は2008年の宇宙基本法成立後に始まったとの認識が根強く存在する。だが、同章を読むことにより、自衛隊は1969年の国会決議によって宇宙開発・利用上の制約を受けながらも、公衆電気通信サービスの無差別公平原則や一般化理論と呼ばれる政府統一見解に基づき、長年にわたり宇宙を利用してきたことを知ることができる。

　加えて、民生目的の宇宙開発・利用（国家が行う非軍事目的の宇宙活動）や商業目的の宇宙開発・利用も安全保障と密接に関係していることから、可能な限り本書を通読することを勧めたい。参考までに紹介しておくと、すでに言及した章に加えて、本書は、はじめに「真の宇宙大国をめざして」、第2章「衛星通信における自由と公平」、第6章「宇宙環境の保護――宇宙のゴミ問題」、第7章「宇宙の産業化と国内法」、第8章「アジアの宇宙開発利用と国際協力――地域協力への道」、終章「岐路に立つ宇宙政策」で構成されている。

　なお、本書刊行後の宇宙開発・利用に関わる動向については、青木が2021年に新潮社から出版した新書『中国が宇宙を支配する日――宇宙安保の現代史』を紐解くことを勧めたい。副題の通り、同書は宇宙安全保障に焦点を当てた書籍である。主題となっている中国はもちろんのこと、米国や日本の取り組みにも十分な紙幅が割かれている。同書を読むことで、中国による初の衛星破壊実験（2007年）や日本における宇宙基本法の成立（2008年）、中国による量子科学衛星の打上げ（2016年）、米国による宇宙軍の創設（2019年）、航空自衛隊宇宙作戦隊の創設（2020年）、「ニュー・スペース」と称される民間宇宙ビジネスの興隆がもつ安全保障上の意味合いなどを理解することができる。（福島康仁）

大田昌秀『新版　醜い日本人——日本の沖縄意識』岩波書店（岩波現代文庫）、2000年

背景・概要

「日本人は醜い——沖縄に関して、私はこう断言することができる」。衝撃的な一文から始まる本書の初版が出版されたのは、1969年のことである。当時、沖縄はいまだアメリカ統治下にあった。1965年に佐藤栄作首相が沖縄を訪問、1968年には沖縄で「即時無条件全面返還」を掲げる屋良朝苗が初の琉球政府行政主席公選で当選し、沖縄では日本復帰を求める機運が高まっていた。その後、外交交渉を経て1969年11月に沖縄返還が合意され、1972年に沖縄の復帰は実現する。

このように沖縄の日本復帰がようやく現実味を帯びようとしていた時期に本書は出版された。著者の大田昌秀は、当時琉球大学教授で、すでに沖縄を代表する論客であった。大田は学生時代、沖縄戦を学徒兵である鉄血勤皇隊の一員として体験し、戦後は早稲田大学に進学、その後アメリカに留学して研究者となった。

本書において、大田は沖縄の日本復帰を前に、近代以降の日本政府の沖縄政策、さらに日本国民の沖縄認識を鋭く批判した。そして沖縄の犠牲の上に平和や安全を享受しそれを顧みない日本国民の「自己変革」を求めたのである。

推奨ポイント

『国際安全保障がわかるブックガイド』の中の一冊として本書を挙げることに違和感を覚える方もいるかもしれない。また、本書の厳しい批判に対し抵抗を感じる方もいるかもしれない。それでもなお、日本や東アジアの安全保障を考える上で、沖縄の視点を入れることは不可欠だと考え、「沖縄の主張」として代表的な著作である本書を取り上げた。

今日においても沖縄には在日米軍専用施設の約7割が集中している。さらに近年では、中国の軍事力増強や海洋進出に対して宮古、石垣、与那国といった先島諸島を含む沖縄への自衛隊の配備・増強が進んでいる。台湾有事の危機も指摘される中、沖縄の安全保障上の重要性はますます高まっているといえよう。

しかし、安全保障環境や地理的重要性だけではすまされない歴史が、沖縄にはある。アジア太平洋戦争末期には、沖縄戦で民間人を巻き込む地上戦が戦われ、

住民の四人に一人が犠牲になった。そこでは住民同士による集団自決、日本兵による住民殺害といった惨劇も起こった。そもそも沖縄が戦場になった背景には、「国体護持」や「皇土防衛」のため、できるだけ米軍による日本本土侵攻を遅らせるという日本軍の目的があり、沖縄は「捨て石」とされたのである。

戦後沖縄はアメリカの冷戦戦略上の重要拠点として占領・統治された。1951年に調印されたサンフランシスコ講和条約では、日本が国際社会に復帰する一方で沖縄は引き続きアメリカの統治下に置かれることになる。戦後日本が安全と繁栄を享受する一方で、沖縄では米軍基地が次々に建設され住民の人権も抑圧された。ようやく1972年に沖縄は日本に復帰したが、復帰後の沖縄においてほとんどの米軍基地は維持されることになり、今日に至っている。

このように、沖縄の犠牲において日本の安全や平和を成り立たせようとしてきた日本政府・日本国民を大田は厳しく批判し、それを「制度的な差別」と呼んだ。深刻なのは、多くの日本国民にその自覚がないことである。大田は次のように述べる。「沖縄戦における犠牲の意味をあいまいにし、戦争の処理さえも終わっていないまま、沖縄をして、ふたたび国土防衛の拠点たらしめようとの発想が、現実化しつつある」。

その上で大田が強調するのが、沖縄の実情を認識するととともに、沖縄の問題を「自分の問題」として関心を持つことの重要性である。大田は、「沖縄問題は、決して単なる沖縄県のみの問題ではなく、本質的に『本土問題』であり、日本国民すべてが解決に当たるべき問題だということである」と主張する。

ちなみに大田は、1990年に沖縄県知事に就任し、1995年の米兵による少女暴行事件や1996年に返還合意された普天間飛行場の移設先をめぐって日本政府と対峙した。このような自身の体験も踏まえて2000年に改めて岩波現代文庫から出版されたのが、「新版」である。

大田は本書において繰り返し、日本の民主主義のあり方を問うている。そしてその批判は今日においても妥当なものだと言わざるを得ない。今日、権威主義的な国家の台頭に対し、日本はアメリカとともに「自由」や「民主主義」を掲げて戦後国際秩序を維持するべく対抗しようとしている。しかし、アメリカ主導の戦後国際秩序は沖縄の犠牲の上に成り立ってきたし、今日でも沖縄の民意がしばしばないがしろにされていることが忘れられてはならない。本書は、そのすべてに同意できなくとも、日本の安全保障を考える人間ならば「何をいかに守るのか」について立ち止まって考えなければならない警句に満ちている。（野添文彬）

西村繁樹『防衛戦略とは何か』PHP研究所（PHP新書）、2012年

背景・概要

　本書の最大の特徴は、冷戦期の米ソの軍事的競争と日本の防衛戦略、防衛戦略の策定と政策への反映、官僚や研究者による防衛論議の展開、戦略の欠如が国際関係に与える否定的な影響などの重要な問題について、論理的かつ踏み込んだ議論を展開している点である。冷戦期の日本の防衛政策については多くの専門書が存在し、詳細かつ正確に事実関係を描き出しているものも少なくない。しかし、本書ほど冷戦期の日本の防衛戦略の核心を端的に、かつわかりやすく論じているものはない。冷戦期の日本の防衛戦略を理解しようとする者は、まず本書を手に取るべきである。

　また本書は、著者である西村が自衛隊に勤務しながら「戦略家」として成長し、自身が考え出した戦略を政策に反映させたプロセス、また日本における論客の一人として防衛論議に参加した様子を、個人的な感情も含めて描き出した回顧録としての性格をもっている。本書を読むことで彼の思考プロセスをたどり、その人生を追体験できるため、特に「戦略家」を目指す若手の研究者や実務者にとっては貴重な参考になるであろう。

推奨ポイント

　本書の論点は次の通りである。第一に、冷戦期にソ連が日本のみを単独で攻撃する可能性は極めて低かったために、日本の防衛戦略は、米ソのグローバル戦争のなかで自国がどのような役割を果たすべきかという点から考察されるべきものであった。具体的には、①ソ連が多数の弾道ミサイル搭載原子力潜水艦（SSBN）をオホーツク海で運用するようになったため、北日本が米ソの戦略核競争の主戦場の一つとなった、②このため、日本が北方や海峡地域で防衛態勢を固めることがソ連に対する有効な牽制となり、グローバル戦争の抑止に寄与することになったということである。

　第二に、西村の考案した防衛戦略が政策に反映されたプロセスについてである。西村は1985年に陸上防衛戦略策定の核心部署である陸上幕僚監部防衛部防衛課防衛班に配属され、「陸上自衛隊将来構想」を策定することになった。西村

は米ソの戦略核競争が北日本を含む戦域で展開されていたことを踏まえ、陸上自衛隊が重要な役割を果たせることを明らかにした。そして、そのために地対艦ミサイル（SSM）や多連装ロケットシステム（MLRS）を用い、海峡を通過するソ連の水上艦艇を撃破し、またソ連地上軍による海峡沿岸地域の占領を拒否する戦略──「前方対処・早期撃破」──を導入させることに成功した。これにより、陸上自衛隊は「陸を守る」だけでなく、「陸から守る」ことのできる戦力に発展したのであり、この発想は対艦ミサイルを中心とする現在の南西防衛戦略の基礎にもなっている。

　第三に、西村は日本における防衛論議で見落とされがちだが重要な点を指摘している。例えば、防衛事務次官を務めた久保卓也は、しばしば「基盤的防衛力」の考案者として語られるが、実は晩年の1980年の論考で、日本をはじめとする西側諸国が防衛上の役割を果たすことが、米ソのグローバル戦争を抑止することにつながるという議論を展開していた。これは、「基盤的防衛力の久保 vs. 所要防衛力の制服組」として語られる俗説とは異なるものである。また、1980年代、日本政府は「基盤的防衛力」に基づく「防衛計画の大綱」を維持したまま防衛力強化を進めたが、これについて西村は、「実益をとって日本の大綱擁護論者に妥協した彼らのプラグマティズムは、日本国内の戦略論議の息の根を止めた」と批判している。言葉を大切にする西村らしい指摘である。

　最後に、西村は、日本が自国の軍事的役割を正確に説明していなかったため、米国をはじめとする各国に誤解を与えたと論じている。まず、80年代に「基盤的防衛力」を維持したまま防衛力を大幅に増強したため、周辺諸国に日本の軍事力は無原則に膨張するとの印象を与えた。また逆に、米国に対しては80年代の日米防衛協力の意義を説明できていなかったため、貿易摩擦が起こると「国防など眼中にない日本」というナラティブを拡散されてしまった。この点は、台湾防衛にコミットしているにもかかわらず、あくまで「わが国の防衛」であると主張しようとする現在の議論とも通じるものがある。米国で孤立主義志向が高まると、再び現実とは乖離した「日本ただ乗り論」が登場するかもしれない。西村の議論の多くは、今日でもその重要性を失っていない。（道下徳成）

旗手啓介『告白──ある PKO 隊員の死・23 年目の真実』講談社、2018 年

　国連の平和維持活動（PKO）や日本の国際貢献に興味ある人に、まずお勧めしたい一冊が本書だ。1992 年 6 月 15 日、日本政府は PKO 法を成立させ、自衛隊等の要員を国際平和活動に本格的に参加させる体制を整えた。冷戦終結後の激動する世界の中で、経済活動に専心してきた戦後日本がようやく国際貢献に目覚めた瞬間だった。その興奮から国際安全保障研究の道に進んだ研究者も少なくない。

　その直後、日本政府が初めて自衛隊、警察官、選挙監視要員を大規模に派遣した PKO がカンボジア国連暫定統治機構（UNTAC）だった。本書は、その日本人文民警察官たちの奮闘を蘇らせたノンフィクション作品だ。「国際貢献」の厳しさを当時の日本社会に告げることになった、一人の文民警察官──髙田晴行警部補──の死の真相に迫る。そこで明らかになる「23 年目の真実」は衝撃的だ。

　著者の旗手啓介は 1979 年生まれ（PKO 法成立当時、中学生）の NHK ディレクターである。2016 年放映の NHK スペシャル「ある文民警察官の死」は、第 71 回文化庁芸術祭賞テレビ・ドキュメンタリー部門優秀賞を受賞するなど社会的に高い評価を受けた。その取材内容をもとに旗手自身が書き下ろしたのが本書だ。

　本書は関係者への膨大なインタビューに加えて、その過程で入手した未刊行資料を随所で引用しながら、巧みな筆さばきで緊迫したカンボジア PKO の時代と現場に読者を誘う。本書は学術書ではないが、UNTAC や PKO 法、そして現地情勢の客観的な説明も行き届いているため、読者は日本文民警察隊の活動を国連、日本政府、そしてカンボジアの視点から立体的に深く理解することが可能だ。

　本書の第一の特徴は圧巻の情報量である。旗手は日本文民警察隊の隊長を務めた山﨑裕人がカンボジアでの活動を率直に綴った『総括報告（未定稿）』に加え、多くの同隊隊員の証言や日記も広く収集、さらには髙田晴行警視（殉職後、二階級特進）とともに UNTAC に従事していたスウェーデン文民警察官やオランダ部隊、そして事件に関係したと思われる元ポル・ポト派兵士からも貴重な証言を得た。それら多数の関係者の「告白」に基づき本書は 1993 年 5 月 4 日の日本文民警察襲撃事件に迫る。その結果、今まで国連や日本政府が正体不明の武装集団に

よる犯行だと処理してきた事件が、紛争当事者たるポル・ポト派による組織的な襲撃だったこと、さらなる犠牲者が発生していてもおかしくない攻勢だったこと、文民警察を保護する立場にあったオランダ海兵隊の護衛体制に深刻な問題があったこと、そして同隊小隊長の反射的な発砲にポル・ポト派が反撃し、それが丸腰の髙田警視の死を招いた可能性が高いことなど、偶然の要素も含む新事実が臨場感を伴いながら次々と明らかになる。本書は冷戦終結後のPKOに関する第一級のケース・スタディなのである。

第二の特徴は、日本文民警察隊が現地で直面した問題を抉り出すことで、国連と要員提供国とが抱えるPKOの課題を描き出している点にある。ポル・ポト派が和平協定に明記された武装・動員解除を拒んだことで、カンボジア現地情勢は悪化、UNTACは文民警察部門に対しても治安維持や警察行政の実施を迫る。だが、そのような活動は和平協定にもPKO法にも書かれていない。こうして事件の背景ともなった国連と日本政府の板挟みになった山﨑隊長ら日本文民警察隊の苦悩を、本書は明晰に描く。一般的にPKO要員は本国政府と国連指揮官の二重の指揮系統に属するから、両者の判断が対立したときにはジレンマに陥る。厳格な参加規程を設けたPKO法を持つ日本の場合、そのジレンマが際立つのだ。それゆえ本書は、このPKOが抱える普遍的な課題を考える格好の素材となっている。

第三の特徴は、日本の国際平和協力の特質を明らかにしている点である。政府が神経を尖らせて安全な担当地域を確保した自衛隊とは異なり、非武装の日本人文民警察官たちは他国要員と同じくカンボジア各地に分散派遣された（止むなく自動小銃を自費購入する隊員もいたという新事実が、その過酷な環境を物語る）。だが、そうした状況下でも住民と真摯に交流し、ポル・ポト派とも接触を保ちながら安全策を講じていく隊員たちの姿は、その後の日本の国際平和協力の有様にも通じて興味深い。その反面、彼らに対する日本政府の杜撰な対応も現在に通ずることを本書は告げる。髙田警視の事件の後、政府は襲撃に遭遇した他の日本人文民警察官たちに箝口令を敷いたのだ。PKO法は憲法九条との整合から「停戦合意の成立」を要員派遣の前提としており、ポル・ポト派の襲撃となれば、国内政治上、その前提が崩れてしまうのである。こうして日本の国際貢献は開かれた検証を欠いたまま出発した。事件の真相が本書によって公になるまで23年が必要だったことは、その「検証なき国家」という実像が変わらなかったことを物語る。

こうした本書の批判は政府だけではなく、メディア自身も含む日本社会全般に対しても向けられる。その自責の念から著された本書の無数の「告白」は、国際安全保障に関心を持つ読者が挑戦するに足る問題提起に満ちている。（村上友章）

吉次公介『池田政権期の日本外交と冷戦──戦後日本外交の座標軸 1960‐1964』岩波書店、2009年

背景・概要

　本書は、1960年から64年までの池田勇人政権期に「日本がどのように冷戦に関与したか」（1頁）を明らかにするものである。本書が扱う事例は日本の対米・対西欧・対東南アジア外交であり、分析と叙述に際しては三者の相関関係が意識される。その上で本書は、高度経済成長による国力伸長を背景に、「池田政権期の日本は、米欧と並びたつ『三本柱』の一翼を担う『自由主義陣営の有力な一員』として、アジアにおける共産主義との戦いで応分の役割を果たすという、新たな日本外交の座標軸を定めた」（251頁）との明快な結論を提示する。

　本書によれば、池田政権期は戦後日本外交の画期であった。52年の占領終結から50年代末までの日本には、反共外交を展開しようという意思こそあれ、独立の完遂以外の外交目標を追求する余裕はなく、西側からの離脱と中立化の危うさがつきまとい、反共外交を推進する国力も不足していた。これに対し、池田政権期には、「大国」としての地位が外交目標の一つとなり、「自由陣営の一員」としての立場が安定し、経済力を軸とする国力も伸長した。そして64年以降の日本外交は、冷戦終結まで、池田政権の定めた座標軸に沿って展開していく。

推奨ポイント

　本書は、日本の安全保障政策を捉える際の常識的見方といっても過言ではない「吉田路線」論に代わる視座を提供する。「吉田路線」とは、吉田茂首相が選択した憲法9条と日米同盟の組み合わせを基盤として、大国政治から距離をおきながら、自国を軽武装にとどめつつ経済的実利を追求する外交路線である。「吉田路線」論に依拠すると、戦後日本は、大国政治の一形態である冷戦への関与を回避してきたという解釈が成り立つ。実際、軍事という狭義の安全保障面では、自衛隊創設をはじめ日本が冷戦の影響を受けたことを示す事例こそ多い一方、日本が冷戦に自発的に関与しようとしたことを示す事例は見つかりにくい。

　しかし、政治・経済・外交を含むより広義の安全保障面に目を向けると、「吉田路線」論では捉えられない、日本が積極的に冷戦に関与しようとしていた事例が多いことが明らかになる。例えば、池田政権期を含む60年代の日本の対東南

アジア・対韓政策に、共産主義の浸透と拡大を防ぐという反共外交の側面があったことは、本書をはじめ多くの研究が指摘しているところである。70年代後半からの「戦略援助」も、米欧と協調しながら、世界規模でソ連の影響力拡大を阻止しようとするものだった。さらに、79年のソ連によるアフガン侵攻後に冷戦が激しい対立局面に入る中で、日本はソ連の西側離間策に対する警戒から、G7サミットなどの場で西側の結束誇示に腐心していた。こうした事例はまだある。

　本書は、「日本の冷戦関与」論、さらにいえば「日本の大国政治関与」論と呼びうる見方を提示し、以上のような事例に一定の一貫性があったことを教えてくれる。上でも触れたように、戦後日本外交、特に対アジア外交に反共政策の側面があったことは、これまでの研究でもしばしば指摘されてきた。本書は、そうした主張をより明確にするとともに、日本の政策を単体で扱うのではなく、それを他の西側諸国の対アジア政策と関連づけた分析を提示する。本書が開拓した冷戦の文脈における日米欧関係という主題は、その後十分に研究が進んでいるとはいい難いが、極めて重要であろう。研究状況の是正が待たれるところであり、これは2010年代以降の現実からの要請でもある。

　2010年代に大国間競争の復活が指摘されるようになり、2022年のロシアによるウクライナ侵攻をきっかけとして、「新冷戦」という言葉が使用される頻度も高まった。日米欧や韓豪などの自由主義陣営が結束度を高める一方、中ロを中心とする権威主義陣営の提携関係も強まっている。そして両陣営は、かつて第三世界と呼ばれた「グローバルサウス」に対する影響力の相対的拡大を模索している。こうした中で、日本は、G7サミットでの結束の追求などの行動に示されるように、自由陣営の一員として大国政治に自発的かつ積極的に関与しようとしているように見える。冷戦と「新冷戦」の間には様々な差異があるものの、現代日本にとって、冷戦への関与の経験から学ぶことは少なくないだろう。

　実際、本書が指摘する池田政権期の日本外交の限界は、日本の大国政治への関与に伴う難問を示唆している。まず、「中立主義国を自由主義陣営に引き寄せ、東南アジアでの共産主義の拡大を阻止することは容易ではなかった」（254頁）。日本が大国政治に関与することと、それが好ましい結果を生むかどうかは、別問題ということだ。また、「日欧関係は対米関係の『従属変数』として、『対米協力』の枠内に止まる傾向があった」（255頁）。自由陣営内における立ち位置をどのように定めるかは、その一員として大国政治に関与するに際し、日本が熟慮しておくべき課題だろう。本書は、大国間競争の時代における日本の安全保障を思案するための重要な基礎を提供してくれる。（吉田真吾）

総合安全保障研究グループ『総合安全保障戦略（大平総理の政策研究会報告書5）』大蔵省印刷局、1980年

背景・概要

　1978年に首相に就任した大平正芳は、中長期の政策ビジョンを検討立案すべく、学界、官界、財界などの識者からなる政策研究会を九つ立ち上げた。本書はその一つ、「総合安全保障研究グループ」による報告書である。同グループの議長は、財団法人平和・安全保障研究所理事長の猪木正道であり、高坂正堯京都大学教授が政策研究員・幹事として報告書のとりまとめにあたった。本書の全文は、データベース「世界と日本」（https://worldjpn.net/）で公開されている。

　総合安全保障とは何か。本書では、安全保障政策の総合的な性格として二つの観点が示された。第一に、「いくつかの異なるレベルでの努力から構成されなくてはならない」との点であり、「①自助の努力のみならず、②国際環境を全体的に好ましいものにする努力、若しくは、③それを部分的に好ましいものにする努力」という三つのレベルの努力が提示された。第二に「われわれが関心を持つべき対象領域が多様であり、また、われわれがとり得る手段も多様である」点である。これは、軍事的安全保障に加えて、1973年からの第一次石油危機以後に重要性が明白になってきた、経済的安全保障や食糧安全保障などを含むものである。

推奨ポイント

　総合安全保障とは、経済安全保障や資源安全保障など軍事以外の側面を含んだ安全保障である、としばしば説明される。それゆえに、総合安全保障は「軍事軽視」である、ないし、軍事以外の側面を隠れ蓑にして実は「軍事偏重」である、と正反対の批判にさらされてきた。

　だが、これらの批判は、二つの意味で本書の主眼とは異なる。第一に、本書が導入したのは、そうした対象領域・手段の多様性だけではなく、三つのレベルという観点であった。そもそも戦後日本の安全保障政策は、実体として非軍事的要素を包含していた。したがって、本書の本質的な意義は、自国のみの安全保障から西側諸国を中心とした国際的な安全保障へと、安全保障政策の地平を広げたことにあると言えよう。

　第二に、本書が論じたのは、各レベルや多様な対象領域・手段同士の関係性である。三つのレベルでの努力は、相互補完的であるが相矛盾し得る。たとえば、

①のレベルの自衛努力や③のレベルにあたる同盟は、過剰になれば他国に脅威を感じさせ②のレベルを損なう。さらに、①と③のレベル同士も矛盾して、同盟の運営を難しくさせることがある。また、アメリカとの協調の必要が、石油の確保という必要と矛盾することもあり得るように、いくつかの政策手段はトレード・オフの関係に立つのである。

こうした基本的な枠組みは、その後の安全保障論議でも定着していった。たとえば、1994年の「防衛問題懇談会」（樋口廣太郎座長）、2004年の「安全保障と防衛力に関する懇談会」（荒木浩座長）、2010年の「新たな時代の安全保障と防衛力に関する懇談会」（佐藤茂雄座長）の各報告書なども、三つのレベルを用いるアプローチを踏襲している。

本書の議論の前提にあったのが、「1970年代の国際情勢の変化の中で最も基本的な事実は、なんと言っても、アメリカの明白な優越が、軍事面においても、経済面においても、終了したことである」という認識である。それゆえ、国際的なプレゼンスを増した日本が、ふさわしい責任を果たすことが基本的な課題であると論じられた。こうした観点から、日米関係における適切な「役割分担」とは何か、日本はいかに「国際貢献」すべきか、と繰り返し問われていく。

上述のような議論を踏まえ、本書の結語では政策提言がなされている。安全保障の確保には多くの分野における各レベルでの努力を総合したものでなくてはならない以上、防衛庁のみならず、外務省や大蔵省、農林水産省、通商産業省、国土庁など多くの省庁が関係する。そこで、安全保障政策を総合的、有機的に推進していくための機構として、「国家総合安全保障会議」の設立が提言された。

この提言をもとに設置されたのが「総合安全保障関係閣僚会議」である。だが、各政策の総合調整の決定の場として重視されたのは、あくまでも閣議であり、同組織は意見・情報交換の場にとどまった。同会議は1990年までに21回開催されたが、休眠期間を経て2004年には廃止された。それでも、こうした提言の流れは、2013年に設立された「国家安全保障会議」に結実したと見ることができる。

本書の問題意識には、日本の安全保障論議において、「われわれは、一方における自主防衛を目指した軍備増強論と、他方における『平和主義』に基づく軍備廃止論の二つの極論の間にあって、この問題を現実的に考える国民的環境が育ってこなかったことを、認めざるを得ない」という反省があった。果たして今の日本はこのくびきから自由になっているのか。本書は、安全保障政策の転換期にある今日にこそ、読まれるべき一冊である。（山口航）

研究と社会活動──テロリズムと国民保護への関わり　宮坂直史

　筆者は1980年代前半の大学生時代に、後に本学会の会長となる神谷不二先生のゼミで米ソ関係や軍備管理、戦間期の国際関係などを学んだ。この時の勉強がその後の学者人生の基礎となったが、実はそれより前の中高校生の頃から赤軍派のテロとかソ連や北朝鮮のスパイ物に興味があった。そういう国際政治の下層底流に惹かれたまま、後年テロリズム研究の道を選んだ。本学会では1995年にテロ支援国家リビアに関する稚拙な論文を『新防衛論集』に初めて寄稿し、その後もテロについての拙稿を何本か『国際安全保障』に掲載させていただいた。

　こうして論文は騙しだまし書いていたものの、テロリストと対話したこともなければ、事件に巻き込まれたこともない。臆病にもテロを実験的に実行したこともなかった（現在も）。このようなリアリティの欠乏感を抱いたまま、せめて研究を同業者以外の社会の必要とされる所に還元できないものか漠然と考えていた。

　その転機は9.11テロ後、有事法制の一環として国民保護法が制定されたことで不意に来た。国民保護とは武力攻撃や大規模テロリズムの発生時に、住民を避難・救援するスキームである。だが同法は災害対策基本法を下敷きにして起草されたので、自然災害とテロや戦争が同一視されている。全国で多数行われてきた訓練の多くは、テロや戦争の悲惨な現場、最新の情勢、過去の教訓、事態の展開における予測困難性を無視した形で住民避難を強いて、かえって人々を危険に曝すものだった。

　筆者は20年近く国民保護に関わることで、国や地方の岩盤的縦割り行政、前例踏襲と個別マニュアル思考、国内外に対する説明・宣伝能力の欠如、さらには多機関での取り組みが無責任体制と化す危険性などに気づいた。それらの変革の難しさも痛感した。ただ悲観していたばかりではなく、一部の訓練ではシナリオや状況付与を作成したり、コントローラーやプレーヤー、評価役や監修役として関与したりした。それらを通じて国や自治体、警察、消防、海上保安庁、インフラ事業者、救命救急など様々な分野の友人を得ることができた。意識の高い担当者も各所にいる。そして長い時を経て、一例を挙げるなら、住民を避難させる時には迅速にとか、健常者よりも「要配慮者」に手厚く支援をという常識がようやく訓練に反映され始めた。些細なことと思われるかもしれないが、これでも大きな前進で達成感はある。

　安全保障は主に法学、政治学、社会学、経済学、歴史学などの方法で研究されてきたが、国民保護の研究には行政学や心理学、情報学や救急医学なども関係し、その実際の運用には物理、化学、建築工学、電気電子、放送、物流など幅広い分野の知識も必要とされる。テロ発生時でも武力攻撃時でも民間事業者のパワーが被害の局限化や敵への対処にも不可欠になる。抑止は破られることもあるのだから、それに備えた研究を進め、国際比較も交え、その知見を社会に還元するためにも本学会会員の学問分野や実務経歴は、今より多彩であってもよいのではないかと思う。

XI　テキスト　基本図書

防衛大学校安全保障学研究会編著（武田康裕・神谷万丈責任編集）『新訂第５版　安全保障学入門』亜紀書房、2018年

背景・概要

　本書は、1998年に初版が発刊されて以降、本稿執筆時点で第５版を重ねる。今後執筆者や版の改訂を重ね、長く出版され続ける書籍になるだろう。

　安全保障は、それぞれの時代の関心を反映し、扱うべき主題が変化する。しかし、安全保障学として問題や課題を解釈する際の基本的な視覚は安定している。その意味で、本書の重要な点は、「現在」と「過去から継続してきた叡智」の両立を図っている点である。

　同時に、同書は日本の防衛および安全保障の最高峰の学術機関である、防衛大学校の教授陣により執筆されていることに重要な意味がある。もちろん、この教授陣および彼らの執筆内容を絶対視すべきではない。しかし、日本の防衛・安全保障政策を担う自衛官が、これら教授陣より、どのような内容を学んできたのかを知る上で、本書は貴重な資料であり、また、日本の安全保障学を主導し続けている教授陣が、この学問分野の正統な解釈を提示する学術的な意義は大きい。

推奨ポイント

　本書は、第一部の「安全保障学入門」と第二部の「日本の安全保障政策の基礎知識」より構成される。

　まず第二部の内容から論じるべきだろう。安全保障政策は、時代で受容された思想や社会的コンセンサスに基づき、政府がそれらを防衛戦略と防衛装備調達などを通じて、具現化していく。防衛・安全保障は、宣言政策と運用政策に大別される。本書は、その資料編として主要な政策や制度（法制度を含む）の概要を網羅的に記載している。同時に、それら政策の背景にある様々な「主義（ism）」を説明し、政策形成に貢献する社会的なコンセンサスを示している。

　この第二部には、時代のスケッチを保存する意義がある。時間が経過すると、その時代に重要であった政策やその背景にある主義が、どのような意義を持っていたのか忘却される傾向にある。ただし、政策は過去の蓄積の上に構築される。その意味で、本書の第二部は、今後本書の改訂が重ねられたとしても、安全保障問題の第一級の研究者の時代精神や認識を知る上で、重要な意義を持つ。

　その上で、第一部では、安全保障学で我々が知るべき重要な概念が網羅されて

いる。安全保障学が、社会に対して政策選択肢を提示する役割を担っていることは言うまでもない。社会科学の階層を考えると、安全保障学は国際関係論や国際政治学のサブセットと位置づけられ、また国際関係論は政治学の一部を構成する。そして安全保障学は、伝統的なパワーの関係を論じるものに加え、非伝統的な安全保障まで含まれる。これは、上位に位置づけられる学問領域の関心の拡大に従って、安全保障学自体も関心領域が拡大するという事情が背景にある。したがって、安全保障学は狭義の意味での軍事学の関心対象を大きく超えるものになる。

　実はこの点について、安全保障学の中には大きな議論がある。たとえば、冷戦後、さらに特定すれば2001年以降、テロリズムが脅威として関心を集めた。その際、安全保障研究の中では、これが国内の治安維持の問題なのか、あるいは安全保障問題として対処すべき問題なのか議論されたことがある。また、国際法を含め、安全保障学で扱われる問題は、それぞれの専門分野でも重要な課題として扱われており、改めて安全保障学の中で議論する必要があるのか、という指摘も見られた。これらは、安全保障学の外縁を探る議論でもあった。

　本書でも、安全保障学の外縁をどのように規定するかについて、編集者や執筆陣の問題意識が見られる。第一章の「安全保障の概念」は、普遍的定義の欠如の指摘に始まり、第十五章の「二一世紀の安全保障」は、パワーバランスの変化とリベラル国際秩序の動揺を提示して終わる。おそらく次期改訂版では、ウクライナ戦争後の国際秩序に関する内容が含まれるだろう。第5版の本書には、安全保障学をめぐる普遍的課題から、国際社会の変化がもたらす挑戦を学術的に解釈するまでの対象領域の範囲の中に、戦争と平和、国際協力、パワーをめぐる問題、勢力均衡と同盟、覇権、集団的安全保障と国連、紛争管理、核、軍備管理軍縮、政軍関係、非軍事的な安全保障、非伝統的安全保障、国際法という、これら問題に関心を持つ者が知るべき知識が盛り込まれている。

　しかし、安全保障学はこれら内容で十分とは言えないだろう。たとえば経済安全保障や、非伝統的安全保障でも環境や人間の安全保障、さらには資源をめぐる国際競争など、国際社会で注目を集める課題に対する解説は盛り込まれていない。さらに、ウクライナ戦争に見られるような国際社会の変化により、伝統的な安全保障概念のどこがどのように変化していくか、経過や変化も説明する必要がある。つまり、本書は今後更なる進化を遂げる必要があるのである。

　それら諸課題を議論する基盤が提示されている点でも、本書の価値は極めて高いと考える。（佐藤丙午）

ジョセフ・S・ナイ・ジュニア、デイヴィッド・A・ウェルチ『国際紛争——理論と歴史 原書第10版』(田中明彦・村田晃嗣訳)有斐閣、2017年

Nye Jr., Joseph S. and David A. Welch. *Understanding Global Conflict and Cooperation: An Introduction to Theory and History.*10th ed. Boston, MA: Pearson, 2016.

背景・概要

「複合的相互依存」や「ソフト・パワー」などの議論を展開してきた国際政治学者であり、ビル・クリントン政権下で国防次官補として日米安保再定義を担当するなど、米国政府の要職も務めてきたナイが、ハーバード大学で担当していた講義内容をまとめたテキストとして、原書初版は1993年に刊行された。以来、国際政治学や安全保障論のテキストとしてきわめて広く活用されてきた。

第7版までの原書名は、直訳すると「国際紛争を理解する」であり、第8版からは、かつての教え子であったウェルチを共著者に迎え「グローバル紛争と協力を理解する」に改名された。副題は「理論と歴史へのイントロダクション」のまま変わっていない。邦題は原書第3版を訳した最初の邦訳以降、「原書第〇版」の部分を除き、変わっていない。

現行版は2016年(奥付上は2017年)刊の第10版であるが、驚くべきは、原書改訂のたび、つまり7回にわたり、非常に多忙な両訳者によって邦訳も改訂されてきたということである。米国外交に最も影響力をもつ国際政治学者にも選ばれたことのあるナイの講義を、日本にも広く届ける重要な貢献である。

推奨ポイント

最大の特長は、やはり何をおいても国際政治学の入門書としてのクオリティの高さであろう。ペロポネソス戦争を主な例外として、20世紀以降の主要な戦争・紛争を中心に現代の国際政治の展開を学びながら、リアリズムとリベラリズムの対立軸が中心になるものの、マルクス主義、コンストラクティヴィズムも含む、主要な国際政治理論や多くの概念化された原理などを学ぶことができる。国際政治学——またそれが裾野を拡大してきたことを踏まえれば安全保障研究——の重要な基本を十分すぎるほどに網羅している。

とはいえ、初学者が容易に理解できるわけではおそらくない。たとえば、第1章の序盤に、コンストラクティヴィストは利害が「アイデンティティと相互作用する」と論じる(9頁)とあるように、無論説明は施されてはいるが、かなり高度な記述が次々と出てくる。しかし特に序盤が難しく感じられるというのはよく

あることで、諦めずに読み進めてもらいたい。あとからより具体的な説明を通じて分かることもあるだろう。実際、図表の多用やコラムの挿入など、学習効果を高める工夫が種々講じられている。各章末には、関連年表に加え、特に考えてもらいたいことを「学習上の論点」としてまとめてあり、重要な問題についての思考を促すとともに、知識の定着を図ってもいる。

　特に良質さを感じさせるのは、理論と歴史、事象との密接な関連づけである。国際政治のテキストを作ろうとすると、えてして理論を扱う部分と具体的なイシューや組織・制度などを扱う部分とがそれぞれ独立し、完結してしまいがちになるが、本書は違う。

　たしかに序盤は理論や抽象的な概念に重点を置いているが、第3章「ウェストファリアから第一次世界大戦まで」以降にも、ただ時系列的に経緯を追うだけの章は出てこない。異なる理論を適用して一事象の異なる側面を描き出すなど、すぐれて国際政治学的な議論が一貫して展開され、その代償でもあるとはいえ、たとえば第5章「冷戦」もやや断片的な経緯描写になっている。続く第6章「冷戦後の紛争と協調」も、冷戦後に多発した内戦や民族紛争の事例紹介ではなく、いきなり紛争の管理という抽象的な話から始め、そのための法や組織、そして国連の話をしてから、ようやく事例の話に入る。と思いきや、再び介入と主権との衝突という論点に軸を移す、といった具合である。

　理論の適用例を多々示してくれるだけでも貴重だが、重要な概念も事例と関連づけられながら非常に多く登場する。また、論者名を明示しての学説紹介も多い。高度に感じられる要因のひとつだが、勉強を進めていく際の重要な指針となる。

　こうして、特に第3章以降は概して時代順に国際政治を追っていくなかで、国際政治の主要な展開や課題に加え、国際政治学の理論、基本的な概念や原理、学説、論点などの実に多くに触れることができるようになっているのである。到底真似のできない見事な作り込みであり、邦訳されたテキストとしては異例といわれるほどに長く、広く使用され続けている所以でもあろう。

　このように、きわめて充実した入門書としての本書は、講義主体の受動的な授業よりも、学生たちが「学習上の論点」を自分たちで議論できるくらいに、リーディングを主体とした能動的な授業において、その効果をより発揮するのではないか。ただでさえ読書量低下が顕著といわれる日本の大学生には、いっそう高いハードルになってしまうかもしれないが、より平易な入門書で少々トレーニングを積んだあとで、じっくりと挑戦してもらいたい、そんな一冊である。（石川卓）

宮岡勲『入門講義 安全保障論 第2版』慶應義塾大学出版会、2023年

背景・概要

中国の覇権主義的行動や北朝鮮によって繰り返されるミサイル発射など、日本を取り巻く安全保障環境は厳しさを増している。そうしたなか、「安全保障論という学問的な見地から具体的に日本の安全保障問題への理解を深めることのできるテキストの出現が望まれている」（i頁）という問題意識から生まれたのが本書である。著者の宮岡勲は慶應義塾大学教授で、国際政治理論から安全保障を研究している。

本書の特徴は、安全保障論・国際政治理論・政治思想の名著・基本文献への手引きとなっている点、アメリカを中心に発展してきた伝統的な安全保障論に焦点を当てている点、そして理論を実際の日本とアメリカの国家安全保障戦略と照らし合わせて解説している点である。

各テーマの解説では重要文献の引用が豊富になされており、ハンス・モーゲンソー（Hans Morgenthau）やケネス・ウォルツ（Kenneth Waltz）の著作を読んだことのない読者であっても、原典の文章に触れることができる。碩学による名著を手に取るきっかけになるであろう。

推奨ポイント

本書は安全保障の概念規定に始まり、4つの部から構成される。第1部「リアリズムから見た紛争と平和」は、「無政府状態と国家存立」、「覇権の盛衰」を扱った各章から構成され、パワー移行理論などが説明される。第2部「リベラリズムから見た紛争と平和」を構成する各章では、「民主的平和と普遍的価値」、「制度的平和と国際秩序」、「商業的平和と経済的繁栄」が取り上げられる。安全保障レジームなどがトピックとなっている。

続いて第3部の「防衛の戦略的アプローチ」では、抑止論を含む「自国の防衛体制」、「同盟の形成と管理」、PKOや国際協調に関する「安全保障協力」について概観される。最後に、第4部「現代の安全保障課題」として、「核兵器の戦略と管理」、「グローバル化」、海洋・宇宙・サイバー空間などの「グローバル・コモンズ」に言及されている。

以上のように本書は安全保障に関する幅広い重要テーマを網羅したものである。本書を通じ、ここで挙げられている各文献が安全保障論全体のなかでどのような位置づけにあるのかを知ることで、原典への理解を深めることもできるだろう。また、安保三文書を構成する国家安全保障戦略など、日本の政策文書で使われている文言が、安全保障理論でいうとどういうところに当たるのかが示されているので、理論・政策双方の理解を深めやすいといえよう。

　他方、序章での安全保障の概念規定や、古典的リアリズムの勢力均衡理論の説明などでは、やや抽象度の高い叙述となっている。これらの説明に際しては歴史上の具体例を示すなどの工夫がなされているものの、国際政治史についてある程度前提知識があった方がスムーズに読み進められるだろう。

　また、ある理論が紹介されたあとに、それを批判する学説が紹介される、という構成になっている部分がある。単極平和論と、それに対する批判や、民主的平和論と、やはりそれに対するリアリストからの批判などである。ここには、読者に性急に正しい答えを探さずに「それぞれの文献を批判的に検討して、〔中略〕自分自身の頭で考える」（ⅴ頁）よう促すねらいがあると考えられる。ただ課題としてはやや難度が高く、「これから初めて安全保障を勉強したい」という気持ちで本書を手に取った初学者には苦しいかもしれない。

　もっとも、難度の高いものについては「発展」項目にまとめ、読み飛ばしてよいことにするなどの配慮がなされているので、読者が初学者の場合はこうした配慮に従って読み方を工夫した方がよい。

　ここで、本書とともに、小笠原高雪他編集委員『国際関係・安全保障用語辞典［第２版］』（ミネルヴァ書房、2017年）をあわせて紹介しておく。本辞典では、宮岡著でも登場する「勢力均衡」や「安全保障のディレンマ」といった安全保障に関する基本的な概念のみならず、「ウクライナ危機」などの現代国際関係や国際法上の重要用語が列挙されている。加えて、2015年の平和安全法制制定にともない登場した「存立危機事態」や「重要影響事態」といった、日本の安全保障政策における新概念も押さえられている。

　大変ハンディでもあり、宮岡著ともに適宜参照すれば、安全保障問題への理解が増すことになるだろう。

　日本社会における安全保障問題への関心の高まりと論争の活発化は好ましいが、だからこそ安全保障に関する基本的な概念や考え方、用語についての正確な理解が必要とされる。そのなかで両書が果たす貢献は少なくない。なお以上の二冊は、出版企画委員会としての紹介文献であることを付言しておく。（千々和泰明）

執筆者一覧 (50音順)　※数字は掲載ページ

270

赤木 完爾（あかぎ かんじ）
慶應義塾大学名誉教授。法学博士。
主要著書：『第二次世界大戦の政治と戦略』（慶應義塾大学出版会、1997 年）
ほか。

国際安全保障学会
安全保障・軍事防衛問題に関する理論的・実証的な研究を行う目的から
1973 年防衛学会として設立され、2000 年に名称を変更、現在に至る。

国際安全保障がわかるブックガイド

2024 年 2 月 24 日　初版第 1 刷発行
2024 年 3 月 13 日　初版第 2 刷発行

編著者―――――赤木完爾・国際安全保障学会
発行者―――――大野友寛
発行所―――――慶應義塾大学出版会株式会社
　　　　　　　　〒 108-8346　東京都港区三田 2-19-30
　　　　　　　　TEL〔編集部〕03-3451-0931
　　　　　　　　　　〔営業部〕03-3451-3584〈ご注文〉
　　　　　　　　　　〔　〃　〕03-3451-6926
　　　　　　　　FAX〔営業部〕03-3451-3122
　　　　　　　　振替　00190-8-155497
　　　　　　　　https://www.keio-up.co.jp/
装　　丁―――――竹田壮一朗
印刷・製本――中央精版印刷株式会社
カバー印刷――株式会社太平印刷社

©2024 Kanji Akagi and Japan Association for International Security
Printed in Japan ISBN978-4-7664-2933-6

慶應義塾大学出版会

入門講義　安全保障論 第2版

宮岡勲著　欧米の政治思想や国際政治理論をベースに、ウクライナ情勢や東アジアの国際環境の変化、日本の安保3文書改定などををはじめ、大幅に加筆修正した増補改訂版。　　　　　　定価 2,750 円（本体 2,500 円）

入門講義　戦後国際政治史

森聡・福田円編著　米・中・露の大国外交とヨーロッパ・中東・アジアの地域情勢が複雑に絡み合う現代。主要国の外交や地域政治の構図とその変化を浮き彫りにし、激動する時代に日本がどう向き合ってきたかをたどる、新しい視点の入門書。　　　定価 2,860 円（本体 2,600 円）

入門講義　戦後日本外交史

添谷芳秀著　憲法、日米安保、歴史問題、沖縄基地問題、北方領土問題……。日本が抱える外交問題の起源はここにあった。占領期から現在までの日本外交を、変動する国際政治のなかで読みとき、将来への視界を切りひらく、日本外交史入門の決定版。定価 2,640 円（本体 2,400 円）